现代农业公园规划理论与产业实践

唐桂梅　著

中国农业大学出版社
·北京·

内 容 简 介

本书主要内容包括农业公园概述、农业公园规划理论与方法、我国农业公园发展现状与问题、农业公园景观建设类型、农业公园的发展策略、农业公园创新规划模式、农业公园产业规划体系、基础配套体系规划、农业公园规划后评价体系、农业公园规划实践。本书可作为农业公园经营者和管理者的参考书籍，也可作为我国职业院校相关专业的教学用书。

图书在版编目(CIP)数据

现代农业公园规划理论与产业实践 / 唐桂梅著 . --北京：中国农业大学出版社，2024. 7.
ISBN 978-7-5655-3241-2

I. F324. 3

中国国家版本馆 CIP 数据核字第 2024QK4076 号

书　　名　现代农业公园规划理论与产业实践

作　　者　唐桂梅　著

策划编辑	张　玉	**责任编辑**	张　玉
封面设计	中通世奥图文设计		
出版发行	中国农业大学出版社		
社　　址	北京市海淀区圆明园西路 2 号	**邮政编码**	100193
电　　话	发行部 010-62733489，1190	读者服务部	010-62732336
	编辑部 010-62732617，2618	出　版　部	010-62733440
网　　址	http://www.caupress.cn	**E-mail**	cbsszs@cau.edu.cn
经　　销	新华书店		
印　　刷	河北朗祥印刷有限公司		
版　　次	2024 年 12 月第 1 版　　2024 年 12 月第 1 次印刷		
规　　格	185 mm×260 mm　　16 开本　　14.5 印张　　341 千字		
定　　价	45.00 元		

图书如有质量问题本社发行部负责调换

前 言

我国是一个农业大国，耕地面积有限且人口众多，对农产品的需求量大。为提高作物产量，不可避免地要使用化肥和农药，然而，对化肥和农药的过度依赖造成了农业环境污染，有些地方出现了耕地质量下降、水体富营养化等问题，对农田生态产生了很大危害，严重影响乡村生态安全和食品安全。城市的扩张以及乡村产业结构调整对我国乡村地区的景观格局造成了不利的影响，城乡一体化进程中大量乡村建设项目的开展造成农田和自然林地被侵占，新建的人工林往往物种单一，自然群落不断贫化，自然生态协调共生的环境关系日渐失衡。原生生境的消失和退化还造成当地小气候环境的改变，乡村固有的田园风光遭到破坏，传统的乡村聚落逐渐减少，古朴原始的特色民居被别墅代替，农民的生产方式和生活理念发生改变，整体的乡村景观格局受到很大的冲击。解决中国农田生态危机和乡村景观生态安全问题迫在眉睫。

城市化进程推动了社会经济的快速发展，但同时也引发了一系列的负面效应，如交通拥堵和生态环境恶化导致雾霾频发和 PM2.5 超标。社会竞争的日趋激烈严重影响城市居民的身心健康，使他们承受着环境和心理的双重压力，有些居民长期处于亚健康状态，渴望回归自然，以释放和缓解生活压力。乡村能为游客提供优美的景观环境和舒适的休闲空间，城市居民越来越渴望回归乡村，寻找“乡愁”。随着乡村振兴战略的实施和城乡一体化进程的推进，城乡之间的交通越来越便利，推动了乡村休闲旅游的快速发展。

2023 年中央一号文件提出，继续支持创建农业产业强镇、现代农业产业园、优势特色产业集群。为了顺应时代的需要，满足城市居民对良好生态环境和安全食品的需求，要大力发展休闲农业和乡村旅游业，而多样化的农村景观环境为休闲农业和乡村旅游业提供了产业环境。如今，中国的休闲农业和乡村旅游产业已逐步形成规模，但也依旧具有无序性和盲目性，存在着许多尚未解决和值得探索的问题，如产业结构单一、同质化竞争激烈、乡村生态环境破坏等，限制了农业产业的发展。此外，需要不断缩小城乡之间的差别，如何使农业和农村经济快速、持续、健康发展是中国农村产业发展面临的难题。只有理顺农业发展的思路，探索新机制，拓展新功能，形成新动能，优化产业产品结构，壮大新产业新业态，不断延长农业产业链，提升农业价值链，才能解决目前休闲农业和乡村旅游发展面临的瓶颈和问题。

随着乡村休闲旅游的进一步发展，农业公园作为乡村休闲旅游的亮点和重要组成部分，也是吸引旅游者的关键。农业公园是农业生态系统与自然生态系统的有机结合，以乡村特有的历史文化、乡村景观、生态环境、农业生产等资源为依托，与乡村居民生活、乡村文化、农业生产等息息相关，能给参与者带来与众不同的体验，产生经济效益和社会效益，进而带动地方农业和旅游业发展。因此，农业公园的规划和建设具有经济价值、休闲体验价值等。

本书主要内容包括农业公园概述、农业公园规划理论与方法、我国农业公园发展现状与问题、农业公园景观建设类型、农业公园的发展策略、农业公园创新规划模式、农业公园产业规划体系、基础配套体系规划、农业公园规划后评价体系、农业公园规划实践。

目前，国内已出版的乡村休闲旅游相关书籍较多，但有关农业公园规划建设的书籍较少，尤其是现代农业公园规划理论与实践相关书籍更少，且研究内容也有待深入。本书从农业公园规划理论与实践相结合的视角出发，通过翔实的案例，系统地研究了我国现代农业公园规划的理论与方法，以及现代农业公园的发展方向、创新模式等。本书可作为农业公园经营者和管理者的参考书籍，也可作为职业院校相关专业的教学用书。由于编者学识水平有限，经验不足，书中难免有不妥和纰漏之处，还望同行和广大读者不吝指正。

唐桂梅

2024 年 3 月

目录
Contents

第一章

农业公园概述

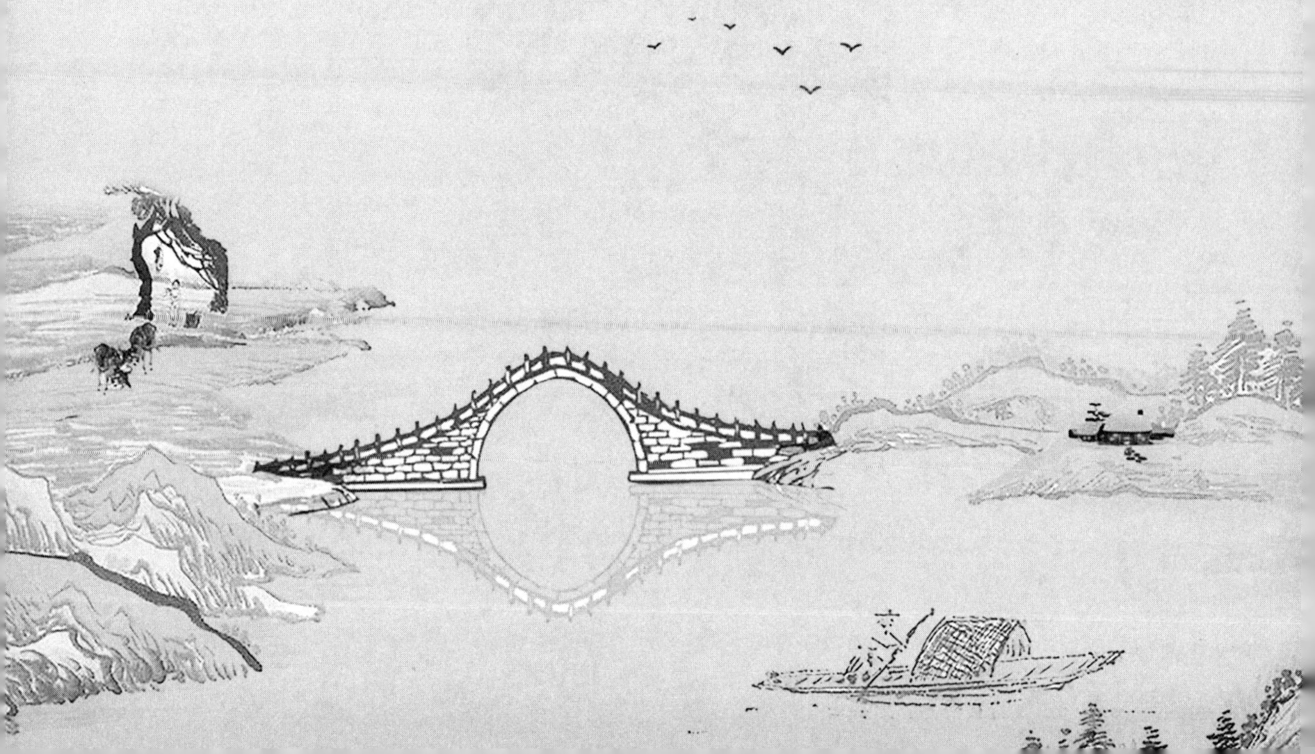

第一节　国内外农业公园研究综述

一、休闲农业研究进展

（一）国外休闲农业研究进展

1. 国外休闲农业的起源与发展

休闲农业起源于19世纪的西方发达国家，至今已有100余年的历史。休闲农业的出现主要源于农村生产力和生产技术的发展。最开始时，休闲农业活动的形式比较简单，主要在教堂、酒馆等场所开展，初步表现出休闲农业的一些特点。早期自发开展的休闲农业项目主要包括骑马、野营、钓鱼和划船等贵族化的活动，普通民众不能广泛参与，且乡村风貌和配套设施的建设并未受到重视。随着经济的发展和人们生活水平的提高，带有地方特色、科技含量高的休闲农业项目开始出现，休闲农业的目的和功能也发生着转变。

国外休闲农业的发展经历了四个重要阶段：第一个阶段是19世纪30年代，人们开始自发地参与观光农业旅游活动；第二个阶段是20世纪中期，城市化所产生的环境污染和工作压力使人们渴望身心放松，促进了休闲农业的发展，这个阶段休闲农业与旅游活动相结合，具有了交叉产业的特征；第三个阶段是20世纪80年代，不同性质和功能的休闲农业项目被广泛开发并推广；第四个阶段是21世纪初至今，休闲农业项目已具相当规模，休闲农业产业进入成熟阶段。

2. 国外农业休闲旅游发展实例

由于地理位置、发展水平、历史背景等的不同，每个国家的休闲农业都有自己特点和不同的发展模式（表1-1）。这些模式值得我们去学习和借鉴，通过学习先进的经验能够让我们少走弯路，同时可以对照我国所处的发展阶段和基本国情，认清现阶段出现的问题，找到对症下药的办法。

休闲农业在日本、澳大利亚、法国、新加坡、马来西亚、德国等国家发展水平较高，形成了自己的特色和风格，例如，澳大利亚以优质、绿色的牧场为吸引物，新加坡以高科技农业为特色，马来西亚以节庆活动而闻名。

表1-1　国外休闲农业发展实例

国家	特点	主要内容
日本	政府主导	休闲农业与乡村旅游法规体系完善，农业、旅游、教育等各部门协同发展休闲农业，构建“区域旅游开发平台”，成立协会推动产业的发展，加强对农业生产和农产品加工的监管
澳大利亚	绿色农业	拥有高质量的草原和牧场，葡萄酒庄园以及葡萄酒酿造颇具特色。注重对农业生态环境的保护，整个农业生产过程具有规范化和生态化的特点
法国	文化色彩	休闲农业具有浓烈的浪漫主义色彩，最大的特点是美景、美味和美食，薰衣草、橄榄油、葡萄酒、松露等产品享誉世界。政府对农业生产过程进行监管

续表1-1

国家	特点	主要内容
德国	创意农业	度假农场非常有名，倡导环保和家庭式生活，大力发展创意农业，进行生态种植
新加坡	科技农业	以农业科技研发为特色，建设各种农业科技园，展示国内外优秀农业科技成果，具有明显的科普教育功能
马来西亚	节庆活动	将花卉种植与旅游发展结合起来，举办各种与花卉相关的节庆活动，吸引大量游客前来参与体验

（二）国内休闲农业研究进展

1. 中国休闲农业的起源与发展

中国地大物博，农业资源丰富，但由于历史、经济等原因，休闲农业的发展起步较晚。直到 20 世纪 80 年代后期，中国的休闲农业才开始起步，其中北京、上海以及珠三角和台湾等地区的休闲农业发展比较早，具有典型代表性。中国对休闲农业和乡村旅游的研究始于 20 世纪 90 年代初期，现在专家学者们对观光农业的理论和实践研究成果已经比较丰富，可以查阅到很多公开出版的期刊论文和书籍。

2. 中国休闲农业的发展阶段和形式

中国休闲农业的发展主要可分为四个阶段（表 1-2）：第一个阶段是早期兴起阶段，第二个阶段是成长阶段，第三个阶段是发展阶段，第四个阶段是规范提升阶段。如今，中国的休闲农业已经进入了规范提升发展阶段，即休闲农业 4.0 版，主要特点为注重农业产业结构调整以及生态和产业环境的可持续性。通过这些阶段可以看出，中国休闲农业经历了功能、布局、经营主体等方面的变化。首先，在发展方面，最初是农民自发，如今有政府政策和规划的引导；其次，在功能方面，由单一走向了多元；再次，在选址方面，从选择近郊到选择区位交通、资源适宜的地方；最后，从经营来看，由农民的个体分散经营走向了社会资本以及农民合作组织组成集群经营。

中国的休闲农业活动有不同的载体，如农家乐、休闲农庄、古镇、古村落、渔乐园、民俗村、养生养老园、专类园、乡村景区等多种形式（表 1-2）。从本质来看，这些载体基本上是一致的，都是休闲农业在某一个特定条件下的不同表现形式，但是在资源特性、功能定位、产业类型、发展经营等方面又具有不同的特色。目前，农业公园是农村产业结构调整，自然、经济、社会可持续发展的最佳形式。

表 1-2　中国休闲农业的发展阶段和形式

阶段	类型	时间	主要内容	特点	代表形式
早期兴起阶段	休闲农业 1.0 版	1980—1990 年	农户自发地利用自家的院落，依托周边的自然资源，为游客提供农家餐饮	自发性，无规律，规模小，布局分散	农家乐

续表1-2

阶段	类型	时间	主要内容	特点	代表形式
成长阶段	休闲农业2.0版	1991—2000年	增加了采摘、园艺等集参与性和观赏性于一体的内容，与当地的传统民俗文化相结合，增设了公共服务设施	规模和市场开始扩大，进入主动发展阶段，有不同的表现形式	以田园风光、草原牧场、渔区景色、林区景观等为特征的农业观光园
发展阶段	休闲农业3.0版	2000—2013年	休闲农业成为最受欢迎的一种旅游方式。在规划设计中增加了乡村文化景观的利用，尤其是濒临消失的非物质文化遗产的保护，以产业带动农业	突出参与性，将休闲农业融入周边旅游线路中，形成整体的旅游产业链	科技示范园、农业产业园、农庄、文明村、民俗村、古镇、古村落、渔乐园、养生养老园、专类园、乡村景区等类型
规范提升阶段	休闲农业4.0版	2013年至今	农业生产、休闲游憩、景观保护、文化体验等功能结合，为艺术审美的对象和乡村产业发展的平台	进行农业产业结构调整，注重生态和产业环境的可持续性	农业公园

二、农业公园研究进展

（一）国外农业公园研究进展

目前，国外关于农业公园的研究文献较少，大部分集中在农业公园的生态特性和可持续发展等方面，比如对农业公园的生产、动物、植物、土壤进行生态学研究，而对农业公园的规划设计、开发建设和产业发展等方面的探讨相对较少。

（二）国内农业公园研究进展

中国最早出现“农业公园”的文献是1994年王育民撰写的《马来西亚农业公园》。尽管总体上对农业公园的研究非常少，但是研究数量呈逐渐增加的趋势。

三、生物多样性与农业公园关联性分析

（一）生物多样性研究进展

生物多样性是人类社会能够持续发展的基础，因此生物多样性的保护成为国际社会最关注的问题之一。

随着人类活动的干扰和气候变化的影响，地球上的有些物种正面临灭绝的境况。动物自然栖息地被侵占和人为隔离，野生动植物资源被过度开发，外来物种的入侵，土壤、空气和水的污染，不理性的农林产业活动不断进行，导致全球生物多样性面临日益严重的退化和丧失的威胁。

1. 生物多样性的定义

对于生物多样性定义的研究，不同的学者有不同的理解和定义。生物多样性的概念最先由 Wilson 于 1985 年提出，他认为生物多样性就是生命形式的多样性。1992 年，联合国环境与发展大会在巴西里约热内卢召开，153 个国家签署了《生物多样性公约》，该公约认为生物多样性是地球上所有存在的生物体形成的一个生态综合体，具有总体多样性和变异性。1995 年，联合国环境规划署发表的著作《全球生物多样性评估》对生物多样性作出定义：生物多样性是所有生物种类、种内遗传变异和它们与生存环境所构成的生态系统的总称。

2. 生物多样性的价值

生物多样性是地球生命的基础。它在维持气候，保护水源、土壤和维护正常的生态学过程中有重要作用。生物多样性的意义主要体现在它的价值。对于人类来说，生物多样性具有直接使用价值、间接使用价值和潜在使用价值。

(1)直接价值。生物多样性的直接价值是指使用价值或商品价值，是人们直接收获和使用生物资源所形成的价值。生物多样性的直接价值按照产品形式分为显著实物型直接价值和非显著实物型直接价值。

显著实物型直接价值以生物资源提供给人类直接产品的形式出现，体现在生物资源被直接用作食物、药物、能源、工业原料等。

非显著实物型直接价值体现在生物多样性为人类所提供的服务，如生物多样性供人类进行生态旅游、动植物观赏、科研教学等。

(2)间接价值。生物多样性的间接价值是指生物多样性在生态系统中的作用和提供的生态系统服务。这些作用和服务能确保自然产品的持续生产，在使用过程中却不受损坏。由于它们不是通常经济意义上的物品和服务，一般不出现在国家经济的统计资料中。

(3)潜在价值。生物多样性的潜在价值是指物种在未来某个时候能为人类社会提供经济利益的潜能。人类在发展过程中，不断地在自然界中搜寻新物种及其新功能。如昆虫学家寻找能用于生物控制的昆虫，微生物学家寻找能帮助进行生物化学制造过程的细菌，动物学家寻找比现存物种更有效地生产动物蛋白且对环境损害又较小的物种。如果将来生物多样性减少了，科学家发现和利用新物种的机会也将减小。

3. 生物多样性保护的基本原则

(1)坚持保护优先，科学利用。切实加大生物多样性保护力度，采取有效措施减少经济社会活动对生物多样性的干扰和破坏，在尊重自然规律和科学规律的基础上，制定并实施重要生态系统和各种资源的利用管理制度，推动生物多样性的可持续利用。

(2)坚持分区施策，突出重点。针对不同区域的生物多样性特点，统筹规划，合理布局，因地制宜地制定和实施生物多样性保护政策和措施。以生物多样性保护优先区域为重点，以实施重大保护工程为突破点，充分发挥示范建设的带动作用。

(3)坚持以人为本，民生改善。正确处理生物多样性保护与发展的关系，将生物多样性保护与区域增产、增收相结合，不断提高区域群众生产生活水平，将生物多样性保护与区域环境治理、城镇化、新农村建设相结合，努力改善区域群众居住环境。

(4)坚持各方参与,惠益共享。加大生物多样性保护宣教力度,广泛动员,引导全社会共同参与生物多样性保护。构建合理的生物遗传资源及相关知识的获取与利益分享机制,保障利益相关方以公平、公正的方式分享生物遗传资源及相关知识所带来的惠益。

4. 生物多样性保护的具体措施

(1)生物多样性信息收集与管理。开展生物多样性保护的首要任务就是要查清生物多样性的本底及动态变化情况,包括生物多样性的编目和生物多样性信息动态管理,具体工作包括物种分类、编制名录、物种保护优先的排序(即濒危等级的划分)、优先保护地区的确定以及生物多样性保护信息系统的建立与维护等。中国于 2013 年 9 月、2015 年 5 月、2018 年 5 月先后首次发布《中国生物多样性红色名录——高等植物卷》《中国生物多样性红色名录——脊椎动物卷》《中国生物多样性红色名录——大型真菌卷》。

(2)迁地保护。迁地保护是指将生物多样性的组成部分移到它们原本生活的自然环境之外进行保护,与就地保护不脱离原来的自然环境有根本的区别。它是物种保护的一种重要形式,某种情况下也会与就地保护存在交叉。迁地保护需要场地和设施。主要场所是那些为各种目的而建立的、收集野生动植物进行人工圈养或栽培的设施。如动物园、植物园、公园的动植物展区,或野生动植物的饲养、繁育、栽培中心和商业性养殖场等。在经费充足时,可以根据濒危物种的特殊需要在靠近濒危物种分布区的地方设计、建造新的迁地保护设施。应利用现代科学技术作为辅助手段,在有限的空间内创造濒危动、植物生存的必要条件。

(3)就地保护。就地保护是指在原来生境中对濒危动植物实施保护。就地保护是生物多样性保护的最根本途径和最优方式,它的最大优点在于物种能在原生环境中持续不断地进化,使其能继续适应变化的环境条件。规划、建设、管理自然保护区,有利于保护对当代和子孙后代具有巨大价值的生物多样性,对于落实环境保护基本国策、实施可持续发展战略,都具有重大的现实意义和深远的历史意义。自 1956 年建立第一个自然保护区以来,截至 2021 年,中国已建立各级各类自然保护地近万处,约占陆域国土面积的 18%。

(4)完善政策法规体系。应不断建立健全生物多样性保护政策法规体系,制定相应的中长期规划和行动计划,为生物多样性保护和管理提供制度保障。中国在 2011—2021 年颁布或修订了《中华人民共和国森林法》《中华人民共和国草原法》《中华人民共和国渔业法》《中华人民共和国野生动物保护法》《中华人民共和国环境保护法》《中华人民共和国海洋环境保护法》《中华人民共和国种子法》《中华人民共和国长江保护法》和《中华人民共和国生物安全法》等 20 多部与生物多样性相关的法律法规,覆盖了野生动植物和重要生态系统保护、生物安全、生物遗传资源获取与惠益分享等领域,为生物多样性保护与可持续利用提供了坚实的法律保障。

(5)加强公众教育。生物多样性在美学、伦理学等方面具有重大价值。但是,公众对无形价值的认识是有限的,这方面的普及教育也是欠缺的,尤其是生态伦理学方面。从决策者到每位普通公民,都有责任以实际行动参与此项工作。中国持续开展生物多样性保护宣传教育和科普活动,在国际生物多样性日、世界野生动植物日、世界湿地日、六五环境日、水生野生动物保护科普宣传月等重要时间节点,举办系列活动,调动全社会广泛参与。发布《"美丽中国,我是行动者"提升公民生态文明意识行动计划(2021—2025 年)》《关于推动生态环境志愿服务发展的指导意见》，为各类社会主体和公众参与生物多样性保护工作提供了指南和规范。

(二)农业公园生物多样性构建的内涵

在生物多样性的内涵方面，傅伯杰等提出生物多样性包含4个方面的内容，分别为遗传多样性、物种多样性、景观多样性和生态系统多样性。其中：遗传多样性是生物多样性的内在形式，是物种多样性、景观多样性和生态系统多样性的内核；物种多样性是生物多样性最关键的层次；物种多样性和景观多样性是构成生态系统多样性的单元；生态系统多样性则是物种多样性、遗传多样性和景观多样性的基础与生存保证。

遗传多样性是生物多样性的重要组成部分，是地球上生物个体中包含的遗传信息的总和。任何一个物种或一个生物个体都保存着大量的遗传基因，基因的多样性是生命进化和物种分化的基础。一个物种所包含的基因越丰富，它对环境的适应能力就越强。种群内的遗传异质性越丰富，遗传结构越复杂，抗人为干扰能力越强，对外部环境的适应能力就越强。种群内的遗传多样性降低到某一阈值后，遗传异质性会逐步消失，一旦消失，将难以恢复。在农业公园中，种群的遗传异质性及其结构与景观格局有着直接的联系，农业公园景观破碎化对遗传多样性的影响较大，与农业公园景观特征密切相关的斑块面积、生态系统多样性、斑块动态和干扰等对物种遗传变异和结构也会产生直接或间接的影响。农业公园景观破碎化产生的孤立物种生态生境，能隔离物种遗传异质性，导致种群遗传结构的复杂程度降低。此外，景观的破碎化还会造成种群内的近亲繁殖，不但威胁遗传多样性，也会造成物种的退化，威胁物种的生存与发展。遗传多样性的降低是乡村物种减少、生境退化的重要原因。因此，遗传多样性的研究对农业公园物种的保护和更新具有重要意义。

物种多样性是生物多样性的核心，是衡量区域生物多样性的重要指标，是指地球上动物、植物、微生物等生物类的丰富程度。物种是生物分类的基本单位，是生态系统中的物质循环、能量流动及信息传递的基本环节。当生态系统丧失某些物种时，就可能导致系统功能的失调，甚至使整个系统瓦解。物种多样性也是衡量一定地区生物资源丰富度的一个客观指标。一般采用物种丰富度和物种均匀度来表现物种多样性。物种多样性是农业公园生态系统的重要组成部分，农业公园具有多样的动物、植物、微生物资源，共同形成多样的生态系统，而对乡村资源进行盲目开发和无序建设将导致物种生态环境遭到破坏，生物多样性不断丧失，对乡村生态系统造成很大的危害。

生态系统多样性主要是指地球上的生态系统组成、功能的多样性以及各种生态过程的多样性，包括生境的多样性、生物群落和生态过程的多样化等多个方面。生态系统由植物群落、动物群落、微生物群落及其生境的非生命因子如光、空气、水、土壤等所组成，是各种生物与其周围环境所构成的自然综合体。生境主要是指无机环境，如地貌、气候、土壤、水文等。生境的多样性是生物群落多样性甚至是整个生物多样性形成的基本条件。生物群落的多样化可以反映生态系统类型的多样性，主要指群落的组成、结构和动态(包括演替和波动)方面的多样化。生态过程主要是指生态系统的组成、结构与功能随时间的变化以及生态系统的生物组分之间及其与环境之间的相互作用或相互关系。目前，生态系统类型的划分多以物种生境性质为依据，同时也有学者按照系统与外部环境的联系程度、人类活动对系统的影响大小和能量的来源划分生态系统类型。能量流动多样性、物质循环多样性和信息传递多样性决定着区域生态过程的多样性。农业公园内所有的景观资源都是生态系统的组成部分，农业公园生境的多样性即多样的立地环境是生态系统多样性形成的基础，生物群落的多样性可以反映农业公园生态系统类型的多样性。在农业公园生态系统之中，不仅各个物种之间相互依赖，彼此制约，而且生物与其周围的各种环境因子也是相互作用的。因此，农业公园生态系统是不断发展、变化和演替的。农业公园生态系统在时间上呈现出季节性和昼夜的周期性变化，在空间上形成垂直结构和水平结构。

景观是由相互作用的景观要素（斑块、廊道和基质）或生态系统以一定规律组成的具有高度空间异质性的区域。景观多样性是指由不同类型的景观要素或生态系统构成的景观在空间结构、功能机制和时间动态方面的多样性或变异性，或景观单元结构和功能方面的多样性。景观多样性主要研究组成景观的斑块的数量、大小、形状和景观的类型分布及其斑块之间的连接度、连通性等结构和功能上的多样性，包含着斑块多样性、类型多样性和格局多样性3个方面。斑块多样性是指景观中斑块的数量、大小和斑块形状的多样性和复杂性，它构成景观的组成部分，是物种聚集地、景观中物质和能量迁移与交换的场所，多考虑景观中斑块的总数、面积的大小和形状；类型多样性是指景观类型的丰富度和复杂度，多考虑景观中不同景观类型的数目以及它们所占面积的比例；格局多样性是指景观类型空间分布的多样性及各类型之间以及斑块与斑块之间的空间关系和功能关系，多考虑不同类型的空间分布、同一类型的连接度和连通性、相邻斑块间的聚集与分散程度。

人类的活动和干扰对乡村景观格局产生了很大的影响，对资源的过度开发引起农田和林地面积减少，造成物种生境破碎化，自然生态系统被人工生态系统所代替，严重影响了区域景观变化的过程和景观空间结构。农业公园的景观多样性主要是指农业公园的景观空间结构、时间动态变化和功能机制等方面的多样性。景观具有斑块、廊道和基质3类要素，如果把整个农业公园作为基质，那么每个单元或节点就是一个斑块，通过线状的绿带、道路、河流廊道串联起来。农业公园的景观多样性是园区产业发展的基础条件，因此，从景观多样性理论出发对农业公园进行规划和建设具有重要意义。

（三）农业公园生物多样性构建的必要性

中国各地农村由于自然地理条件、社会经济发展水平和地域文化上的差异而存在不同的产业建设思路。以发展休闲旅游业为目的对乡村产业景观进行保护和建设，打造具有地域特色的产业发展平台，是实现农村经济可持续发展的重要举措。

生物多样性是农业公园开发和发展的基础，生物多样性的根本功能是提供生态系统服务（包括生态服务和生态产品），而生态系统服务是人类社会生存和发展的基本生命支持条件。生态系统服务包括提供人类的生存与发展所需的食物、药物、燃料等生活必需品以及大量的工业原料，能维护自然界的生态平衡，为人类的生存提供良好的环境条件。因此，在农业公园规划过程中引入生物多样性的理论，对维持整个乡村生态系统的平衡和稳定具有重要的意义。

1. 稳固农业生产活动的物质基础

生物多样性对保障粮食安全和农业可持续发展至关重要。在农业环境中，生物多样性的维持是保护整个农业生产、生活、生态系统的重要内容，从光、空气、水、土壤、地形地貌等地理环境因子到以农业生产活动为核心的农业生态系统等，都与生物多样性提供的生态系统服务相关。生物多样性是粮食生产系统的基础，能为人类提供食物、药材、燃料等必备产品并增加农民收益。研究表明，农村生活与生产方式的转变形成了不合理的施肥方式、耕作与轮作措施。农业系统生产力的稳定性主要依赖于单一作物品种的大面积种植，以及化肥、农药、灌溉、高产品种等的高投入，进而导致作物栖息地的消失、退化与破碎化；单一化栽培与驯养模式导致种植资源的消失并增加病虫害风险，化学农药的施用加剧了农业环境污染，地膜、节水灌溉技术等导致了生境的变化和农田景观结构的不合理。这些都是降低农业生物多样性水平的重要原因，而生物多样性提供的多种生态系统服务能提高农作物的产量并促进农业的可持续发展。以稻田养鱼为例，尽管稻田养鱼系统与水稻单作系统的水稻产量及其稳定性大致相当，但一方面农民获得了额外的渔业收益，另一方面由于水稻同鱼类的互惠互利关系，稻鱼共生系统比水稻单作系统少施用了杀虫剂和化肥。这不仅具有经济性，而且有利于保障生态环境安全和食品安全。地形地貌因子的不同组合将影响农业景观的异质性和水热条件的再分配，从而影响农业生物多样性的丰富度水平及分布格局。不同理化性质的土壤类型将影响作物产量和物种多样性水平，通过作物品种之间的合理搭配可有效改善土壤理化性质、保持土壤肥力并提高作物产量。合理配置不同种类的植物，如豆科植物、禾本科植物，由于其对土壤利用不同，可保持土壤肥力的持续性。在农业公园开发建设中，农业生物多样性的合理搭配能明显提高粮食产量、控制作物病害，既可以通过提供稳定的作物产量来降低农民的风险，又可以通过降低其提供公共产品生态服务的不确定性为社会提供保障。

2. 创造社会文化服务价值

农业公园的社会文化因素包括文化习俗、宗教传统、饮食习惯、生产方式、地方政策、价值观、社会经济和市场需求等要素，是特定条件下生物物种与生境在人为活动的干扰下产生的动态过程的产物。这些要素的形成都与生物多样性提供的生态系统服务相关。以农耕文化为例，其是在长期的农业生产、生活过程中形成的，反映了不同农业发展时期的生产力水平，是人类在干扰自然的过程中不断调整系统结构的结果，农业生产活动的过程和由此产生的经济社会效益也是生物多样性的体现。因此，通过利用乡村的资源和环境发展乡村休闲产业，对农耕文化和民俗文化进行保护与开发，都体现了生物多样性具有的社会文化服务功能。对农业环境资源的过度开发和乡村自然环境的破坏引起了一系列的社会经济问题，降低了生物多样性的社会文化服务价值。在农业公园的开发和经营管理实践过程中，可利用生物多样性提供的多种生态系统服务和产品来发展休闲农业和乡村旅游业，促进乡村社会经济的可持续发展。

3. 调节生态系统作用

生物多样性对农业公园具有重要的生态调节功能，在保持土壤肥力、改良土壤、净化水体以及调节气候等方面发挥重要作用，具有支撑环境的功能。气候变化对农业生物多样性具有重要的影响。一些研究发现，气候变化通过影响作物病虫害的发病率和传播方式、改变作物的物候期进而造成生态紊乱、增大入侵植物的分布范围和入侵速率等途径影响不同地区的生物多样性水平，生物多样性还能调节大气层成分、地球表面温度、地表沉积层氧化还原电位以及 pH。在农业公园规划中,应合理规划功能斑块和生态廊道等要素。随着景观要素类型和格局多样性的增加,提供给生物的生境就越多,物种多样性也随之增加。例如,多样化的植物能吸引昆虫、鸟类和其他小动物来栖息,进而更好地丰富了园区的物种多样性和景观多样性。因此,并对农业公园进行生态规划,并对景观结构进行优化配置,能维护园区生态系统的平衡和稳定。

4. 维护乡村生态安全

农业公园复合生态系统以人工调控为主,自我调节能力比较弱,因此抗逆性和稳定性较差。天敌资源相对匮乏,很难形成稳定的自然控制机制来对付外来入侵物种和有害生物。因此,园区内气候、栖息地的改变,新种类、新品种植物材料的引进等,直接给各种有害生物提供了寄生与繁衍的物质条件,使有害生物灾害频发。生态学家和保护生物学家普遍认为,生物多样性的丰富度对生物入侵有很大的影响。提高生物多样性,形成稳定的具有自我调节功能的生态系统,才是持久控制有害生物的"金钥匙"。诸多研究表明,农业生物多样性控制病虫害的效果显著,较之于物种多样性低的作物系统,物种多样性高的系统植食动物数量明显减少,天敌数量明显增加,作物损害程度更低。农业公园是生物多样性的产业单元,以生物多样性原理为基本理论,采用生态农业模式,能显著抑制害虫,增加天敌数量,减少作物损害和提高粮食产量,对形成和维护稳定的乡村生态安全格局有重要意义。

四、农村产业存在的主要问题

不少学者认为,中国的农村产业已逐步形成规模,但仍具有无序性和盲目性,存在着许多尚未解决和值得探索的问题。目前,中国农村产业主要存在如下问题:

(一)农业面源污染严重

非理性的农业生产活动,如过度施用化肥、农药等,导致面源污染严重,影响乡村生态安全和食品安全。化肥、农药、兽药、农膜等的过度使用,已经导致了严重的农业污染。中国化肥投入以无机氮、磷为主,化肥利用率相对较低。未被利用的氮、磷元素一部分被土壤吸附,一部分通过地表径流、农田排水进入地表和地下水体,成为农业污染源之一。另外,兽药安全性较低,滥用和超标现象严重,饲料中添加违禁药品的现象仍然比较普遍。

(二)现有的乡村规划已不能满足现代农村的发展需求

休闲农业项目重复雷同建设,同质化竞争激烈,产业结构单一;规划和建设方法过于城市化,缺乏生态性和系统性,导致乡村资源的盲目和过度开发,生物多样性水平降低。在我国的县乡村三级规划体系中,存在着统筹不足的缺陷,究其原因,主要是对现有的问题分析流于表面,难以落实规划以及制度。现有的乡村规划不能够满足村民生活各方面需求,无法改善现有的生活环境和条件,加上没有实质的指导性规划方针,做不到与城镇的发展接轨融合。调查显示,大多数村庄缺乏有效的统筹体系,人口、占地、产业布局规划没有配套的建设设施等。

(三)乡村建设的规章制度不够完善

虽然我国有一系列的法律是针对规划管理的,例如《中华人民共和国土地管理法》,地方政府部门也依据中央的法规颁布了地方性规章制度和部门规章制度,用以约束和管理乡村规划。然而，在农村用地的规章制度方面，基层政府应该结合本辖区的实际情况制定更加具体和适用的管理办法，并且加强宣传工作，让群众意识到违反规章制度的危害，杜绝影响乡村规划的问题发生。

（四）产业体系普遍较低

目前，我国农村的产业体系普遍较低，而产业升级是一项长期的工作。加速进行农村产业升级则会引发一系列的问题。在城市化尚未完成的背景下，我国农民平均占有的土地面积较少，这样的条件是不适合进行大规模机械化生产的。因而，产业升级要结合不同地区的具体情况进行分类讨论。对于不同的地区应给予差异化的政策，这样才能有效实现产业升级，否则可能会引发一系列的冲突与问题。

（五）对文化资源建设的认知度较低

实现乡村振兴需要统筹乡村规划问题。文化资源建设的完善对乡村振兴的意义十分重要，但是不少基层组织没有意识到这个问题的重要性，认为产业发展才是乡村规划的唯一途径，从而忽视了乡村规划中的文化资源建设，这样的观念是错误的。文化资源建设是在延续传统的基础上对乡村文化的发扬，它可以充实人们的内心世界和提升人们的精神面貌，满足社会发展的需求，但是由于我国初期文化资源建设的数量少、规模小、方式单一、管理不善、缺乏内容等，导致乡村文化供给不足，使得文化产业发展缓慢且效果不佳。文化产业的缺乏使得村民对事物的主观能动性和认知意识欠缺，无法平衡建设的结构和质量，继而无法有效充实村民的内心世界。改革的本质不仅仅是改善生活，更需要改善农村的整体面貌和农村人的精神世界。若无法提高村民和基层管理者对文化资源建设的认知度，就会无法推动乡村振兴，无法实现改革创新的总体目标。

（六）农村基础设施建设落后

我国农村的基础设施建设比较落后，投资力度不足。乡村基础设施建设需要大量的资金支持，但乡村地区的经济发展水平较低，资金来源有限，难以满足基础设施建设的需求。乡村基础设施建成后，由于缺乏有效的管理和维护机制，设施容易出现损坏和老化的问题。以道路、交通、农田、水利为代表的农业基础设施不完善，道路、桥梁等日常维护不及时，导致质量下降，影响使用。有些地区即使建设完成也存在着修护不力的情况。

（七）农民主体在乡村建设中参与度较低

由于在乡村规划中政府和农民缺少沟通，没有普及乡村规划的优势，许多群众的参与意识不强，甚至对规划的任务毫不知情。当农民或者基层干部的实际需求无法得到满足时，就会造成产业单一、农民难以管控，从而影响乡村振兴的积极性和完成度，导致国家资源的浪费。

第二节　农业、休闲农业、公园与农业公园

一、农业公园的概念和内涵

目前，我国学术界对农业公园的研究主要集中在湿地农业公园、都市农业公园、农业生

态公园等类型。而农业农村部提出的“中国农业公园”属于国家农业公园的范畴，不具有代表性和典型性；我国的城乡规划法和绿地系统分类标准等相关法规、规范、标准等对“农业公园”一词的概念和内涵还没有明确的界定。结合国内外专家学者对农业公园的理论研究以及笔者在休闲农业项目规划中的实践经验，初步形成了中国农业公园的概念和内涵。

(一)农业公园的概念

顾名思义，农业公园以中国国情为背景，兼有农业的内涵与园林的特征，是乡村旅游的高端发展形态，是休闲农业形态的升级版本。农业公园中的“农业”是景观农业、循环农业、设施农业、数字农业、生态农业、旅游农业等的叠加，能够实现农业增产增效、农民增收，具有示范、辐射和带动作用。同时，农业公园本身也是一种公园形态，具有“公园”的特点和功能。与城市公园不同的是，农业公园以农业资源为依托，结合乡村自然景观和人文景观，形成其特有的生产、生态、生活产品，是一种乡村休闲产业模式。

因此，本文将农业公园的概念界定为：以生物多样性理念为核心，充分利用乡村自然和人文资源，采用园林化、艺术化的手段，结合最新的农业科学研究成果，对农村土地进行合理开发和集约利用，将农业生产要素与农业生产场所、农产品加工场所和休闲旅游场所结合起来，使农业生态环境得到保护，食品安全得到保障，农业产业结构得到调整，形成具有中国特色的集资源开发、文化传承、旅游休闲、市场服务、经济发展、生态保护等功能于一体的多元化、多功能、多层次、复合型的乡村休闲旅游综合体。

农业公园是生物多样性的产业单元，是艺术审美的对象，是乡村文化传承的载体，具有农旅结合的产业环境，属于田园综合体的范畴。农业公园的发展核心是环境和产业的平衡和可持续发展。公园化的乡村景观、生态化的农业环境、多样化的乡村文化、乡土化的农事劳作方式、原生态的原住民生活区域、产业化的组织形式、现代化的农业生产技术等都是农业公园所包含的内容。

农业公园与一般的休闲农业园、公园或乡村风景区项目的最大区别在于：景观环境美丽精致，农业生态健康可循环，对乡村原生态的保护和利用(如生产生活方式的传承、原住民的保留等)，产业业态的融合发展，特色产品的消费“定制”，以及投资经营主体更多地依靠企业的力量。

(二)农业公园的内涵

农业公园的内涵主要包括以下内容：

(1)农业公园范畴的标准。对园区的面积大小和性质没有强制要求，包括全国乡村范围内的村庄、社区、乡镇、农业科技园区、农业产业园、生态农庄、休闲农场、文明示范村、古镇、古村落、渔乐园、民俗村、民俗园、养生养老园、专类园、农家乐、乡村游览点，以及与新农村建设、农业产业化相结合的乡村旅游景区等类型。采用评价指标体系模型对项目进行综合评定和打分，分值为合格者可视为农业公园的范畴。

(2)具有农业的内涵。以农业生产为基础，是传统农业、景观农业、循环农业、设施农业、数字农业、生态农业、旅游农业等的叠加，具有示范、辐射和带动作用。

(3)具有公园的特征。表现出公园形态和功能，具有公园的特点。农业公园以乡村自然和人文肌理为依托，采用园林化、艺术化的手段，形成具有游憩、休闲功能的美丽精致的景观环境，同时对农业产业进行开发，生产性是农业公园不同于城市公园的最大特点。比如，农业公园中的菜园、花园、药园等项目，都与农业生产相关，具有农业公园特有的农业自然景观特色。

(4)乡村原生态的保护和开发。乡村原生态不仅包括对乡村生产、生态景观的保护和维护，同时包括对乡村生活方式的保护和开发。不但要保留项目范围内的原农户以及原生态的生产生活场景，还要挖掘乡村的风景、风物、风俗、风情等资源禀赋，形成与城市截然不同的景观风貌，满足游客对返璞归真理念的追求。

(5)突出绿色文明和可持续发展。采用生物多样性原理和景观农业模式来发展农业产业，以解决目前农田生态问题和食品安全问题；将农业公园中的农业资源进行最优配置，农业生产与旅游休闲融为一体，注重环境和产业的生态平衡性、循环性和可持续发展性，实现自然生态系统和社会经济系统的共同发展。

(6)产业融合发展的综合体业态。按照公园的经营思路，把农业生产场所、农产品消费场所和休闲旅游场所结合在一起，将一二三产业进行融合，形成农业休闲旅游综合体。同时，农业公园的产业结构中必须有农、林、牧、渔等产业作为规划和建设的基础。

(7)经济增长方式。采用消费带动的农业增长方式，与市场进行对接，根据城市人群的消费需求来定制农业生产。

(8)投资经营主体。投资经营主体更多地依靠企业，部分依靠国家、村集体和村民。服务对象主要为游客。按照经营企业的思路来经营农业公园。

(9)多学科的综合体现。是生态学、农学、林学、畜牧学、水产学、管理学、民俗学、旅游学、园林学、建筑学以及美学等多学科的交叉体现。

总而言之，农业公园作为农村产业发展的新型平台，是休闲农业和乡村旅游发展的高端形式。农业公园概念的提出，是乡村产业发展理念的创新和发展。

二、农业、休闲农业、公园与农业公园的区别与联系

(一)农业与农业公园

农业是国民经济的基础。《辞海》《中国大百科全书》中都有关于农业的定义，认为农业是人类对动物、植物和微生物等有机体对象进行干预获得物质资源的一种生产部门。从生产对象上来说，农业包括种植业、畜牧业、林业、渔业、副业；从产品用途上来说，包括自给农业和商品农业；根据发展阶段的不同，可分为传统农业和现代农业。舒尔茨在《改造传统农业》中提出利用现代管理理念、科学技术来发展农业，实行集约化生产，提高生产效率，形成可持续的农业产业体系。

农业与农业公园关系紧密。一方面，农业是农业公园的基础。农业自然环境和农耕文化资源是农业公园发展的依托，是农业公园最直接的魅力所在。另一方面，农业公园是推动农业产业发展的一种综合开发方式。农业公园通过统筹园区资源，采用规划和策划的手段，确定分期规划和建设目标，分清产业发展的主次，对产业结构和规模进行合理调整，对生态系统进行维护，促进了农业产业的健康发展。

总而言之，农业公园是以农业产业发展(农、林、牧、副、渔、旅等)为核心内容，以产业结构的融合和拓展作为发展的实现手段，农业与农业公园两者相互依存，共同发展。

（二）休闲农业、都市农业与农业公园

1. 农业公园与都市农业

都市农业指的是在大城市内部或都市圈周围，完全按照城市人群需求打造的，为城市提供农产品、旅游休闲产品的现代农业产业体系，具有经济性、生态性、文化性等多种功能。

都市农业与农业公园相比，不同点主要体现在区位、服务功能等方面。都市农业主要位于城市或城市周边，是城市经济和城市生态系统中的组成部分，完全依托于城市的社会经济、结构功能、生态系统，与城市的经济、文化、生态等诸多方面互利互助、融为一体，涵盖从生产、加工、运输、消费的全过程，并为城市提供农产品和服务。

2. 农业公园与休闲农业

休闲农业这个名词是与休闲产业有关系的。一般来说，休闲农业是指利用农业生态环境和生产场所来发展休闲旅游服务产业，也可以叫旅游农业、观光农业。

农业公园与一般休闲农业相比，具有以下特点：在布局、开发建设等方面融入了更多的景观多样性和可持续发展性；在景观节点的打造上更注重公园化的环境塑造；在农业资源和产品的开发利用上注重农业产业结构的升级转型和有机融合；在农业产业增长的方式上主要依靠游客消费带动；在投资和经营主体上更多依靠企业的力量。可以说，农业公园是休闲农业的升级形式。

（三）公园与农业公园

"公园"这一词汇在中国最早出现于《魏书》，指封建贵族休闲玩乐的场所，其内涵与封建等级紧密联系。而在国外，公园一般与大众或者说底层阶级关系紧密，劳顿认为"公园"是供社会大众游憩的空间，往往由国家或地方政府建设管理；英国政府在1843建造的伯肯海德公园是国外出现的第一座城市公园，目的是满足市民的游憩需求以及解决工业发展带来的环境问题。在中国，公园的主要类型包括城市公园、郊野公园和乡村公园等。

1. 农业公园与城市公园

根据《城市规划基本术语标准》（GB/T 50280—98），城市公园是城市中具有一定的用地范围、良好的绿化及一定的服务设施，供群众游憩的公共绿地。城市公园与城市居民的生活息息相关，能为城市居民提供自然、生态的环境和休闲游憩的场所。城市公园是城市建设用地、绿地系统和市政公用设施的组成部分，其建设能改善城市生态环境和居民的生活质量。

与农业公园相比，城市公园在用地性质、服务对象和功能等方面有所不同。从用地上来看，城市公园是城市公共绿地的一种类型，属于城市规划区之内；而农业公园为乡村用地，位于城市规划区之外，农业公园扩大了城市居民的旅游范围。城市公园主要服务对象是城市居民，农业公园的服务对象以游客为主。城市公园主要功能是休闲、康体、游憩和娱乐，而农业公园由于其产业的特殊性，还具有城市公园所不具有的生产功能。

2. 农业公园与郊野公园

关于郊野公园的内涵和概念，国内外学者尚未形成统一的说法。根据共性总结为：位于城市规划区内城市边缘或城市近郊，以自然风光为主的自然景观区域，是介于城市公园与自然风景区中间状态的生态绿地空间。

与郊野公园相比，农业公园在分布范围、用地、功能、生态保护等方面存在不同之处。从所处范围来看，郊野公园一般位于城市近郊，而农业公园主要位于乡村范围内。从用地来说，郊野公园为城市公共绿地的一种类型，在《城市绿地分类标准》(CJJ/T 85—2017)中将郊野公园归类为其他绿地，属于城市建设用地以外，但包含在城市规划区之内的用地，而农业公园属于乡村用地。就功能而言，两者有一定的共性，都能提供休闲、游憩、自然科普教育、生态环境保护等功能，而农业公园的生产功能是与郊野公园最大的不同点。在对自然环境的保护上，郊野公园更多地体现对园区自然风景资源的保护，而农业公园还强调农业生产环境和乡村产业的保护和可持续发展。

3. 农业公园与城市农业公园

城市农业公园位于城市的宜农空间内，以农业生产元素为主题，以公园的景观化建设为手段，具有休闲性、文化性、教育性等多重功能。它们在城市建筑中形成独特的田园风光，满足城市居民对田园生活的向往，为城市青少年提供接触自然、体验农事、学习农耕文化的场所。

与农业公园相比，城市农业公园一般选址在城市区域，依托城市便捷的交通和其他基础服务设施，为市民提供便利。兼具农业生产和环境美化绿化的功能是城市农业公园与城市公园最大的不同。城市农业公园在用地性质、服务对象和功能等方面，与农业公园有着显著的区别。在用地性质方面，城市农业公园具有城市绿地的特点，主要为城市居民服务。另外，农业公园的生活功能性更强，往往具有原住居民的环境和生产生活方式。

4. 农业公园与乡村公园

在中国相关法规和技术规范中尚未见到对“乡村公园”的明确定义。庄晨辉在《乡村公园》中提出乡村公园的定义，他认为乡村公园是一种绿地形式，具有开放性与游憩性两大功能特性。

乡村公园与农业公园相比，在某些功能上具有共性，例如游憩、健身、生态、防灾等，但农业公园还包括农业生产功能。两者的不同之处还体现在空间范围、用地性质、服务对象等方面。从范围上来看，乡村公园包括乡村内部的公共集会场地、运动场地、滨水空间、公共绿地和入口空间等，而农业公园范围更广，还包括村庄内公共场所、居民的私家庭院等空间，以及村庄周围以农业生产为主要目的的农业生产生活用地；从用地性质上来看，乡村公园属于乡村集体用地，以村镇投资为主，市、区补助为辅，农业公园用地则是乡村集体用地和建设用地相结合，企业为主，企业、个人、政府和村镇投资相结合；从服务对象上来看，乡村公园以满足周边居住的村民为主，为他们提供休闲、朝圣、运动场所，农业公园的服务对象则以游客为主，主要满足游客观光、游憩、科研、养生、度假的需求。

农业是农业公园的基础，而农业公园是休闲农业的升级形式。农业公园作为一种新型的公园形态，具有公园的休闲、游憩、环境保护等功能，但同时，在分布范围、绿地类型、服务对象、投资方式、产业功能等方面又不同于一般概念上的城市公园、城市农业公园、郊野公园和乡村公园等类型。特别是由于农业公园产业的特殊性，农业公园具有了其他公园类型所不具备的生产功能，能为消费者提供独特的农业生产环境、生产方式、农耕文化等方面的体验，并在一定程度上缓解城市交通拥堵、恶劣环境和工作压力所带来的社会压力和精神压力。

第二章

农业公园规划理论与方法

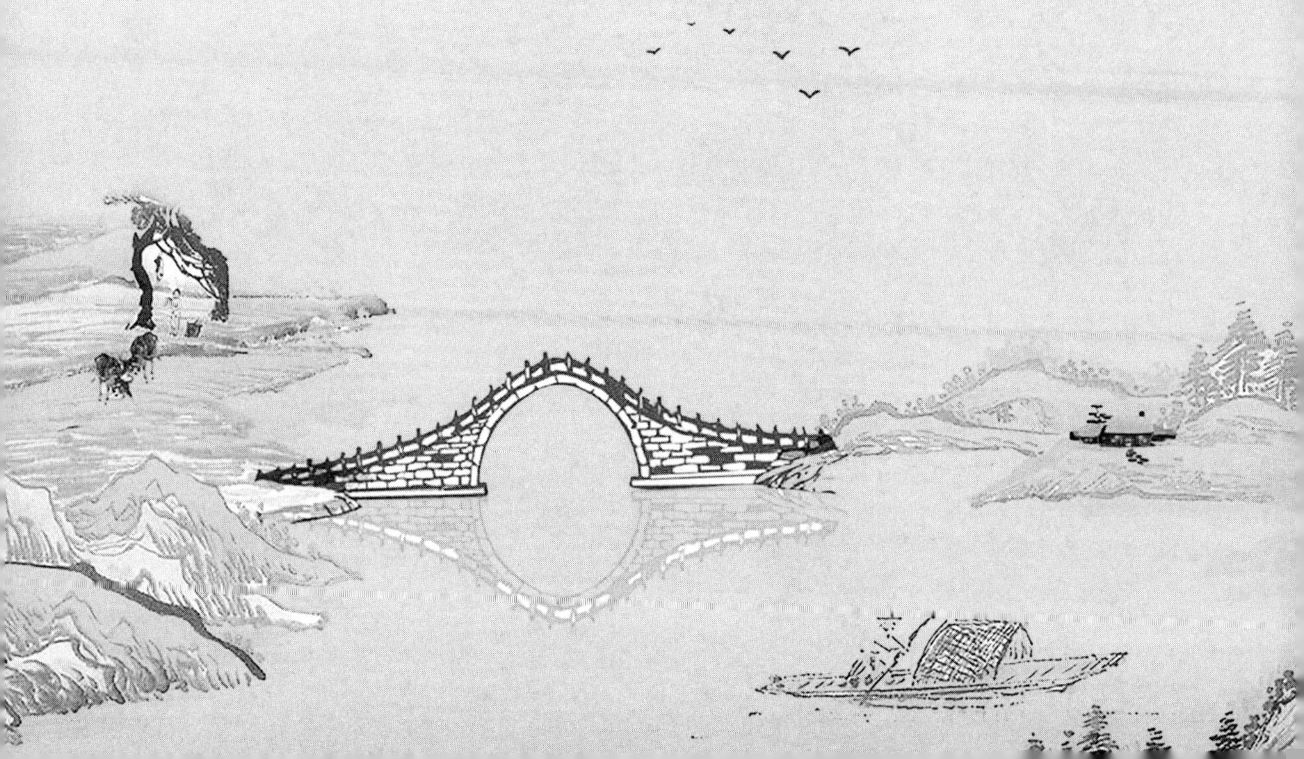

党的二十大报告提出，必须牢固树立和践行绿水青山就是金山银山的理念，站在人与自然和谐共生的高度谋划发展。我们要推进美丽中国建设，坚持山水林田湖草沙一体化保护和系统治理，统筹产业结构调整、污染治理、生态保护、应对气候变化，协同推进降碳、减污、扩绿、增长，推进生态优先、节约集约、绿色低碳发展。农业公园是生物多样性的产业单元，是艺术审美的对象，具有农旅结合的产业环境，能加快美丽乡村建设进程，巩固社会主义新农村建设成果。生物多样性是农业生产活动的物质基础，具有社会文化服务价值，生物多样性不仅能提供农业公园开发和建设所需的基础物质资料，还能够维护乡村复合系统的生态平衡，为乡村休闲产业的发展提供良好的环境条件。本章针对中国休闲农业项目发展中存在的突出问题，以生物多样、产业融合、两型发展等理论为指导思想，以实现人与自然和谐共生和促进乡村生态、社会、经济可持续发展为目标，对中国农业公园的内涵以及规划技术方法进行初步探索和研究。

第一节　规划理论基础

一、生态方面理论

（一）景观生态学理论

景观生态学理论属于交叉学科的一种，其最早出现于20世纪70年代，围绕人类活动特征与城市社区土地应用方式进行深入探索。

1. 景观生态学概念

景观生态学中包含了景观本身的设计内容与生态方面的科学理论，通过综合探索与分析，能够为城市土地、植被等重要资源的应用提供参考，同时也可以明确生态化发展的主要途径，为人与自然的和谐相处打下坚实基础。在理论内容中，其所包含的核心观念可以简单总结为降低空间格局层面存在的侵略性，并致力于提高其自然属性特征，使景观内容物可以在高效率、高质量条件下融入生态环境内。

2. 景观生态学的基础特征

就景观生态学基础特征而言，其具有不可忽视的整体性。通过将地理专业内容与自然生态内容相结合，能够实现重构自然现象与空间互动的目标，有利于从垂直层面解决规划与设计问题。这一整体特征可以为解决低级生态问题提供重要探索途径，因此对于实际应用具有良好的影响意义。景观生态学能够整合人类活动与环境之间存在的基础信息表现，并根据这些综合内容探索其活动所具有的实际特征，为后续重现规划关系提供重要支持。因此，人类活动特征也属于景观生态学的重要构成之一，在实际应用过程中应当明确该特征所产生的影响，并确保其理论应用能够将相关联系纳入考虑范围内，避免出现遗漏。

3. 景观生态学理论方法探究

景观生态学在实际应用过程中存在多种基础方法形式，生境单元便属于其中一种。通常情况下，在景观生态学理论中，生境单元属于一种具有同类属性的最小空间单元，主要代指土地资源。其所具有的基础特征包括地形状态、土壤条件、植被环境等，因此可以进行单独分析，以明确整体层面存在的主要情况。生境单元可以共同构成集合体概念，其所组成的集合体具有较为凸显的自我调节能力，属于景观绘图与评估工作的重要空间单位之一。在景观生态学框架内的土地评估工作属于高应用价值工具，其能够针对目标区域内存在的生境单元与其所构成的集合体关系进行深入分析，同时也可以明确其稳定条件情况与持续化产出内容。因此，在开展土地评估的过程中，经常针对预期考察土地资源的生境单元结合体状态进行分析，包括稳定级别、脆弱级别、易损级别等。

在景观生态学理论应用方法中，景观生态优化同样属于重要类型之一。通过结合生境单元评价信息，景观可以得到综合评估与研究，进而明确土地资源实际利用方式，为后续的最优化利用提供执行基础。通过结合研究区域规划与开发标准，景观生态优化能够对相关元素的基础利用方式进行筛选，并明确空间布局层面存在的致命缺陷，实现规避生态化问题的执行目标。在土地利用过程中，如农业公园规划等，通过落实景观生态优化措施，可以结合生态分析、局部探索、特定景观评价等流程，对最优化空间布局状态进行综合评定。这一流程实质上涉及两个关键环节，即对生物与非生物、结构现状、生态现象与人类行为进行综合评估，以及明确各个空间位置对人类行为、土地利用的需求标准。通过完成这两个基础环节，景观生态优化便能够明确布置与规划层面存在的最优化位置，进而使相关工作能够顺利进行，为景观特性、自然过程的明确提供重要参考。

廊道、斑块与基质在景观生态学方面具有不可忽视的重要应用意义，通过对不同景观组成元素与设计需求进行分析，能够明确廊道、斑块与基质的实施特点。斑块是环境外貌与性质方面存在的主要差异，其能够代指内部具有均匀空间的基础单元。与常规空间资源条件不同，廊道主要针对相邻区域中存在的线性或带状结构进行阐述，其能够明确环境形状方面存在的主要特征。基质可以代表农业公园中存在的广分布、连续性资源区域，其与生境单元存在本质上的差异，其注重凸显设计元素中存在的异质性特征。这种特征在各个区块层面均存在，同时也可以通过组合方式形成特殊的景观镶嵌体，最终实现补充设计规划影响的目标。利用廊道、斑块与基质，景观生态学可以对土地资源利用程序进行规划，并在相互作用分析、斑块异质性、改变恢复时间等方面进行探索，明确各个条件之间存在的因果关系，最终确定最优化设计方式，为景观生态学的应用结果提供有力支持。

4. 农业公园规划中应用景观生态学理论的方法途径研究

(1)针对农业公园所处区域的生态特征展开分析。为贯彻落实景观生态学理论，应当结合其实施需求，探索相关必要信息，并整合数据内容，明确其所具有的生态化特征，为后续进一步展开分析提供重要支持。在分析相关内容的流程中，需要先明确城市区域的生态特征，包括地势状态、地形条件等。同时，还必须了解农业公园常见植物的生长习性，结合目标区域山水位置格局进行研究，及时明确景观生态层面存在的主要风险问题，为后续进一步应用景观生态学理论夯实基础条件。通过采取此类措施，可以有效降低景观生态学规划难度，同时也能够避免不必要的损失，对于整体活动而言具有不可忽视的正面影响。

(2)重视景观安全格局的处理。为进一步实现景观生态学理论应用目标，农业公园规划还需要从城市区域的景观安全格局角度入手，探索格局现状条件，并总结其存在的基础联系。在这一过程中，相关团队需要界定城市景观的源头。源头调查属于设计规划的必经环节，其对于落实景观生态标准而言具有重要意义，能够明确规划阶段需要提供的基础环境条件，如植物种群生存需求等。同时，也可以明确物种规模扩大所需资源斑块。这些内容共同构成了农业公园的源头，在景观生态学理论与城市景观格局分析层面下，其能够为后续设计规划工作提供重要参考与指引。常规条件下，大部分农业公园物种在不适宜环境中均需要花费较高的阻力值，同时城市内展开人为干预会进一步提高对景观格局的影响。因此，需要从阻力数据层面进行分析，判断人为干预对于农业公园所产生的影响强度，确保相关要素能够在理想条件下得到搭配，完善设计工作的质量与效率。在农业公园进行规划的过程中，应用景观生态学理论需要注重格局方面的设计需求。通过分析与计算，能够获得农业公园规划阶段的综合阻力图。根据阻力图内容设计生态景观安全格局，并将其作为基础探索农业公园规划缓冲区，能够尽可能在降低成本的前提下提高农业公园设计效果。这一阶段必须在景观生态学框架内分析缓冲区结构、辐射道路、源与源之间的连接需求、规划核心点位等。通过探索相关执行方式，可以充分利用景观生态学的指导作用，使相关活动能够在正确条件下进行，避免农业公园规划出现偏差。例如，根据景观生态学理论指引，农业公园规划活动需要在内部建立生态化源头保护区域，尽可能将城市自然条件与人为干预因素排除在外。同时，还需要加大保护力度，严禁周边存在污染性因素，包括垃圾焚烧厂、重金属生产加工等。通过科学管控与资源配置，能够有效提高农业公园源头影响作用，使其可以为后续规划设计提供重要支持。

(3)完善景观生态学的安全应用体系与实施策略。景观生态学理论对于农业公园的规划安全性具有重要影响意义，通过从格局角度进行分析，能够明确园林设计所需要注重的关键点，同时也可以进一步探索相关处理措施，为农业公园作用的充分发挥提供重要支持。景观生态学可以为农业公园的规划提供生态保护与控制方案，即从自然层面落实规划处理目标，避免设计过于浅显导致的负面问题，如景观效果不佳、维护成本过高等。同时，结合景观生态学内容也可以明确景观的保护方法，以降低季节变换或时间流逝对于园林风景的不利影响。通过在空间与布局方面借助景观生态学进行设计，还可以大幅降低自然灾害概率，能够从根源层面提高执行安全性。除此之外，合理应用景观生态格局展开设计规划，能够为农业公园的整体处理提供必要参考，包括地区气候条件特征、植物存活生长所需环境等。考虑到规划设计对于成本与效率的需求，采用景观生态学进行处理应当重视格局层面的分析与整合，确保所有不利因素都能够纳入考虑范围，并在静态研究过程中判断其威胁级别，使农业公园规划能够实现理想设计效果，降低不良问题产生概率。

(4)明确生态格局规划美感的提升途径。景观生态学不仅在格局层面具有重要应用意义，还能够显著降低农业公园设计规划风险，同时也能够有效强化美感级别，使整体观感显著上升，为游客的良好体验打下坚实基础。通过结合景观生态理论展开设计规划，农业公园能够对内部自然生态进行整体排列，使其能够符合美学感官表现需求。在规定条件下、规定空间内进行高效合理的设计，自然条件便会展现美好的一面，为视觉盛宴的诞生提供理想土壤。借助景观生态学进行分析，农业公园规划需要尽可能丰富基础形式，但同时也不可忽略其协调性。通过将花草树木、山水怪石进行整合，能够设计出多重表现特征的生态景观。这种景观不仅可以带来美的感受，同时也能够强化农业公园的变化属性，使其为游客提供流连忘返的感官刺激。

(5)从整体层面完善景观设计战略点位与缓冲体系。在现代化社会背景下，景观生态学理论与农业公园的结合需要从多个基础角度入手，确保生态格局能够得到正确规划与构建。在实践过程中，可以通过明确缓冲区、源头连接等关键因素，使基础格局得到科学设计，尽可能避免农业公园在实际施工或运营阶段出现负面问题，包括安全事故与维护成本过高等。通常情况下，缓冲区产生的规划阻力级别与生态源头的保护作用存在正比关系，因此其所关联的标准尺度较为宽松。在农业公园实际设计过程中，可以结合现实条件进行灵活调整，在确保缓冲区应用功能的前提下进行规划，使基础成本能够得到控制，并发挥其保护功能，限制干扰影响的进一步扩散。除此之外，还需要从景观生态学角度入手，明确战略点位的规划方式。战略点位属于生态条件组成元素的重要跳板之一，科学设计战略点位能够对生态格局进行灵活控制与调整，可以显著提高农业公园的基础表现力，同时也能够强化其生态特性。因此，在实际规划设计过程中，应当重视景观生态学所提供的战略点位指引，确保相关环节能够得到科学处理，降低出现不良问题的可能性。

景观生态学理论对于乡村规划具有重要影响。景观生态学的发展为农业公园生物多样性的形成提供了新理论、方法和技术手段。景观生态学主要研究不同生态系统或生态系统内部之间的相互作用和有序变化，包括对景观空间格局、异质性景观的相互作用、生态过程等方面的研究。景观生态学认为景观是一个不同生态系统以相似方式重复出现的异质性区域。按照在景观中的地位和形状，景观元素可以分为斑块、廊道、基质 3 种类型。通过景观生态学理论的指导，农业公园的规划者和管理者能更科学、健康、有序地进行项目规划和建设，且结果具有一定的可预见性。因此，在设计规划过程中应当重视相关理论的应用价值，并从整体层面部署对应执行策略，使景观生态学的价值功能得到充分发挥，进一步提高整体展现效果，实现理想设计与规划目标。

(二)可持续发展理论

"保护和加强环境系统的生产和更新能力"是国际生态学联合会和国际生物科学联合会对可持续发展理论的精辟概括，表明了可持续发展理论与生态环境发展的密切关系。

1. 可持续发展理论的定义

可持续发展理论(Sustainable Development Theory)是指既满足当代人的需要，又不对后代人满足其需要的能力构成危害的发展理论。以公平性、持续性、共同性为三大基本原则。可持续发展理论的最终目的是达到共同、协调、公平、高效、多维的发展。

可持续发展理论的形成经历了相当长的历史过程。20 世纪 50—60 年代，人们在经济增长、城市化、人口、资源等所形成的环境压力下，对"增长＝发展"的模式产生怀疑并展开研究。1962 年，美国女生物学家 Rachel Carson 发表了一部引起很大轰动的环境科普著作《寂静的春天》，作者描绘了一幅由于农药污染所导致的可怕景象，惊呼人们将会失去"明媚的春天"，在世界范围内引发了人类关于发展观念的争论。

10 年后，两位著名美国学者 Barbara Ward 和 Rene Dubos 享誉全球的著作《只有一个地球》问世，把人类生存与环境的认识推向一个新境界，即可持续发展的境界。同年，一个非正式国际著名学术团体——罗马俱乐部，发表了著名的研究报告《增长的极限》(*The Limits to Growth*)，明确提出"持续增长"和"合理的、持久的均衡发展"的概念。1987 年，以挪威首相

Gro Harlem Brundtland 为主席的联合国世界与环境发展委员会发表了一份报告《我们共同的未来》,正式提出可持续发展概念,并以此为主题对人类共同关心的环境与发展问题进行了全面论述。该报告受到世界各国政府组织和舆论的极大重视。在 1992 年联合国环境与发展大会上,可持续发展要领得到与会者的共识与承认。

2. 可持续发展的具体内容

在具体内容方面,可持续发展涉及可持续经济、可持续生态和可持续社会 3 方面的协调统一,要求人类在发展中讲究经济效率、关注生态和谐和追求社会公平,最终达到人的全面发展。这表明,可持续发展虽然缘起于环境保护问题,但作为一个指导人类走向 21 世纪的发展理论,它已经超越了单纯的环境保护。它将环境问题与发展问题有机地结合起来,已经成为一个有关社会经济发展的全面性战略。

(1)经济可持续发展。可持续发展鼓励经济增长而不是以环境保护为名取消经济增长,因为经济发展是国家实力和社会财富的基础。但可持续发展不仅重视经济增长的数量,更追求经济发展的质量。可持续发展要求改变传统的以"高投入、高消耗、高污染"为特征的生产模式和消费模式,实施清洁生产和文明消费,以提高经济活动中的效益、节约资源和减少废物。从某种角度上,可以说集约型的经济增长方式就是可持续发展在经济方面的体现。

(2)生态可持续发展。可持续发展要求经济建设和社会发展要与自然承载能力相协调。发展的同时必须保护和改善地球生态环境,保证以可持续的方式使用自然资源和环境成本,使人类的发展控制在地球承载能力之内。因此,可持续发展强调发展是有限制的,没有限制就没有发展的持续。生态可持续发展同样强调环境保护,但不同于以往将环境保护与社会发展对立的做法,可持续发展要求通过转变发展模式,从人类发展的源头、从根本上解决环境问题。

(3)社会可持续发展。可持续发展强调社会公平是环境保护得以实现的机制和目标。可持续发展指出世界各国的发展阶段可以不同,发展的具体目标也各不相同,但发展的本质应包括改善人类生活质量,提高人类健康水平,创造一个保障人们平等、自由、教育、人权和免受暴力的社会环境。这就是说,在人类可持续发展系统中,生态可持续是基础,经济可持续是条件,社会可持续才是目的。新的世纪人类应该共同追求以人为本位的自然-经济-社会复合系统的持续、稳定、健康发展。

3. 可持续发展理论的基本特征

可持续发展理论的基本特征可以简单地归纳为经济可持续发展(条件)、生态或环境可持续发展(基础)和社会可持续发展(目的)。

(1)可持续发展鼓励经济增长。它强调经济增长的必要性,必须通过经济增长提高当代人的福利水平,增强国家实力和社会财富。但可持续发展不仅要重视经济增长的数量,更要追求经济增长的质量。这就是说,经济发展包括数量增长和质量提高两部分。数量的增长是有限的,而依靠科学技术进步,提高经济活动中的效益和质量,采取科学的经济增长方式才是可持续的。

(2)可持续发展的标志是资源的永续利用和良好的生态环境。经济和社会发展不能超越资源和环境的承载能力。可持续发展以自然资源为基础,同生态环境相协调。它要求在保护环境和资源永续利用的条件下，进行经济建设，保证以可持续的方式使用自然资源和环境成本，使人类的发展控制在地球的承载力之内。要实现可持续发展，必须使可再生资源的消耗速率低于资源的再生速率，使不可再生资源的利用能够得到替代资源的补充。

(3)可持续发展的目标是谋求社会的全面进步。发展不仅仅是经济问题，单纯追求产值的经济增长不能体现发展的内涵。可持续发展的观念认为，经济发展、自然生态(环境)保护、社会进步是一个相互影响的综合体。只要社会在每一个时间段内都能保持与经济、资源和环境的协调，这个社会就符合可持续发展的要求。显然，在新的世纪里，人类共同追求的目标是以人为本的自然-经济-社会复合系统的持续、稳定、健康的发展。

4. 可持续发展理论对农业公园建设与规划的指导

(1)理论概念对实践理念的指导。以可持续发展概念为指导，农业公园建设与规划的理念应注意以下 3 方面。第一，农业公园建设与规划应以人为本，注重引导农民追求美好生活的需求。以人为本一方面强调农民脱贫致富的能力发展，另一方面强调改善农民生产生活环境的生存需求。第二，农业公园建设与规划应关注环境，注重对资源的保护与合理开发。关注环境一方面强调对自然环境和生产生活环境的有效保护，另一方面也强调对环境污染源的有效防治。第三，农业公园建设与规划应与区域发展协调，充满生机的新农村规划必须建立在区域规划基础之上，协调区域经济发展差距。协调区域发展一方面强调要实现农村地区社会经济的整体发展，另一方面强调各村庄在整体发展中的个性体现。

(2)研究范畴对规划内容的指导。可持续发展的研究范畴包括可持续发展观、区域可持续发展、生态环境可持续发展和社会经济可持续发展。它们分别对应农业公园建设与规划的发展战略和发展目标，乡域规划和村镇总体布局，绿化规划、环境保护规划和防灾减灾规划，产业规划、居住与公共设施规划和基础设施规划。

第一，可持续发展观对农业公园建设与规划的发展战略和发展目标的指导。可持续发展观以和谐人地关系、人人关系为核心。它要求农业公园建设与规划的发展战略和发展目标注重以下两方面。一是缓解人地关系矛盾，实现人地关系和谐。截至 2006 年末，全国农村劳动力资源总量为 53 100 万人，耕地面积为 12 177.59 万 hm^2。这要求农业公园建设与规划必须充分利用好农村劳动力实现农村社会经济发展，同时，又要保护好有限的耕地资源和耕地红线，满足农业发展的基本要求。二是改善人人关系，实现代内和代际的和谐。这要求在发展战略和发展目标的制订中，一方面要注重农业现代化和农村经济的健康转型，另一方面又要保护好人类赖以生存的自然资源和环境，实现人类持续发展。

第二，区域可持续发展对乡域规划和村镇总体布局的指导。区域可持续发展是将区域内自然、经济和社会视为一个整体进行研究。它要求乡域规划和村镇总体布局中强调资源、环境、人口、经济和社会等要素综合协调。具体来说，它要求农业公园建设与规划注重以下问题：一是摸清规划范围内各要素的空间分布和结构，如资源禀赋、环境状况、人口特征以及社会经济发展特点；二是确定要素的空间优化与组合，以环境承载为限度，以资源条件为基础，以人口分布为依据，合理确定规划后的村庄分布；三是确定要素开发的合理时序，做好社会经济发展的时序分析与预测，明确各村庄的发展性质、规模和发展方向；四是确定各项建设的组合关系，以居住建设和产业园区建设为核心，以交通建设为桥梁，合理安排村镇各项建设活动。

第三，生态环境可持续发展对绿化规划、环境保护规划和防灾减灾规划的指导。生态环境可持续发展将自然生态的健康发展和环境对人负面影响的最小化作为研究目的。它要求我们在进行绿化规划、环境保护规划和防灾减灾规划等专项规划中注重以下问题。一是加强生态系统建设，维持生态系统的稳定和均衡。它要求规划编制中注重绿化规划对生态效益规划、环境保护规划和防灾减灾规划的预防措施建设，将农业公园建设与规划对生态系统的干扰最小化。二是提高环境保护建设水平，降低环境对人的负面影响。它要求规划编制中不仅注重环境保护规划，而且还要注重绿地规划和防灾减灾规划的环境效应。

第四，社会经济的可持续发展对产业规划、居住与公共设施规划和基础设施规划的指导。社会经济的可持续发展将经济持续发展、社会和谐文明和人民生活品质提高作为研究目的。它要求我们在进行产业规划、居住与公共设施规划和基础设施规划等专项规划中注重以下问题。一是发展现代农业和乡镇工业，保证农村经济持续增长。结合我国国情，现代农业和乡镇工业规划是产业规划的主要内容，个别有条件的地区可发展乡村旅游规划。二是加强基础设施建设，构筑农村生产生活的"新"平台。基础设施规划是对经济与社会的可持续发展的有力支撑。结合我国农村发展，道路交通、供电、供水和排水建设是近期建设的主要内容。三是培育特色能源建设，协调农村环境与发展。沼气、太阳能、小水电和风力发电应在农村地区进行专项普及和推广，以实现能源的永续利用和清洁使用。四是改善人居环境，让农民分享发展成果。可持续发展的本质是以人为本，就是要让人类能够持续享有发展"果实"。建设具有田园特色的农村住宅并完善公共设施，尤其是教育、医疗、文化等设施建设，是农民分享发展"果实"的集中体现。

可持续发展理论对农业公园的规划具有重要的意义，农业公园的外部形态、内部功能、产业发展和社会经济效益都围绕可持续发展目标而展开，农业公园的可持续发展是低碳的、绿色的、经济的，以保障乡村资源的合理利用和维持乡村环境的生态平衡为目标。

（三）系统论

系统论的观点认为，任何事物都处于一定的系统，并且与环境发生相互作用，具有整体性、有机关联性、动态性、有序性和预决性等特点。系统论的主要任务就是以系统为对象，从整体出发来研究系统整体和组成系统整体各要素的相互关系，从本质上说明其结构、功能、行为和动态，以把握系统整体，达到最优的目标。

1. 系统的基本特征

系统的基本特征有：整体性、关联性、功能性和环境适应性。这几个特征贯穿于农业公园这一系统的始终。因而，在进行农业公园规划的过程中，需将这一复杂系统进行有效的控制管理，使之具备为乡村发展服务的功能，并增强乡村在更大环境中的适应性。

2. 系统科学

系统科学，作为与自然科学、社会科学平行的科学技术，是从系统的观点来研究客观世界的。其研究方法着眼于系统的整体功能，并注重系统内部子系统的相关关系和层次结构。从系统环境、系统结构和系统功能三者的相互关系入手，研究系统的普遍规律；从分析综合的统一性出发，研究影响和改变系统结构和系统功能的一般途径。其中，它包含的主要内容有一般系统论、耗散结构论、协同学和突变理论。

3. 系统工程

研究农业公园规划的系统性，属于系统工程的研究范畴。从美国兰德公司采用定性和定量分析相结合的系统研究方法开始，系统工程逐步发展至今。在其形成和发展的过程中，运筹学和计算机的发明发挥了重要作用。系统工程的特点可以从它与传统工程的区别来看，其工程的内涵不仅是“硬件”，还包括“软件”。其工程的研究对象是“系统”，不仅包括工程技术中的实体，也包括了社会、经济、管理等非实体即概念对象在内。其工程的任务，是在传统工程单一技术任务的基础上，还要解决系统的全盘统筹问题，即要解决系统内部各子系统之间、系统与外部环境之间的总体协调问题。其工程的研究方法是，根据系统的基本特征，从基本特征出发完整地解决问题，并采取一定的定量分析手段，在一系列假设的前提下实现系统工程的整体优化。

4. 系统论的意义

系统论的出现，使人类的思维方式发生了深刻的变化。以往研究问题，一般是把事物分解成若干部分，抽象出最简单的因素来，然后再以部分的性质去说明复杂事物。这是笛卡尔奠定理论基础的分析方法。这种方法的着眼点在局部或要素，遵循的是单项因果决定论。虽然这是几百年来在特定范围内行之有效、人们最熟悉的思维方法，但是它不能如实地说明事物的整体性，不能反映事物之间的联系和相互作用，只适应认识较为简单的事物，而不能胜任对复杂问题的研究。

在现代科学的整体化和高度综合化发展的趋势下，在人类面临许多规模巨大、关系复杂、参数众多的复杂问题面前，传统分析法就显得无能为力了。正当传统分析方法束手无策的时候，系统分析方法却能站在时代前列，高屋建瓴，综观全局，别开生面地为现代复杂问题提供了有效的思维方式。所以，系统论连同控制论、信息论等其他横断科学所提供的新思路和新方法，为人类的思维开拓新路，它们作为现代科学的新潮流，促进着各门科学的发展。

当前，系统论发展的趋势和方向是朝着统一各种各样的系统理论，建立统一的系统科学体系的目标前进着。有的学者认为，“随着系统运动而产生的各种各样的系统(理)论，而这些系统(理)论的统一业已成为重大的科学问题和哲学问题”。

系统理论为农业公园的研究提供了认识论基础，即用系统的观点来看待农业公园的规划和建设，用系统的思维及方法来研究农业公园和进行农业公园规划实践。乡村是一个融自然、社会、经济为一体的复合生态系统。自然即生存生活环境，属于客观物质层面；社会由人类认知和行为构成，属于主观意识层面；经济则是人与自然交互的方式，属于主客观交叉层面。3个子系统相生相克、相辅相成。农业公园本身也是一个系统，属于乡村复合生态系统的一部分，具有自然、社会、经济子系统，子系统要素之间不断地改变形式，通过动态调整到最合适的形态，达到农业公园内部结构和功能的优化配置。由此看来，农业公园规划与开发必然要遵循系统间的耦合关系及系统要素的循环规律，否则公园项目的开发和建设只能是华而不实，缺乏持久的内生驱动力。必须在对乡村复合生态系统内部关系研究的基础上，探讨系统的良性循环机制，形成农业公园规划与开发的战略思考。

二、旅游方面理论

(一)旅游地理学理论

旅游地理学属于地理学的一个新分支学科，主要研究旅游过程中人的行为与地理环境以及社会经济之间的联系和相互作用。旅游地理学不仅同地理学的许多分支关系密切，而且与社会学、民俗学、考古学、历史学、建筑学、园林学、经济学彼此渗透，因此它又是一门边缘学科。旅游地理学吸收和继承了旅游学和地理学的研究理论，是一门综合性很强的边缘科学，具有实用性、客观性、综合性等特点。

目前，旅游地理学研究已从传统的定性描述转入结合数量方法、系统工程、模型研究，并参与旅游区(点)布局和开发规划。旅游地理学在农业公园的选址、客源市场分析、交通游线规划等方面起着重要的作用。

(二)旅游规划三元论

1. 现代旅游规划三元论

旅游规划三元论是指对旅游规划中的“旅游、景观、生态”3 个要素的研究。从中国旅游规划的实践需求看，其中均蕴含着 3 个不同层面的需求：(1)旅游活动以及与之相关的文化历史与艺术层面，包括潜在于旅游环境中的历史文化、风土民情、风俗习惯等与人们精神生活世界息息相关的文明现象，即关于人们行为活动以及与之相应的经营运作的规划需求；(2)景观时空层面，基于景观空间布局的规划，包括区域、总体、景区、景点的时间与空间上的布局、设计，即关于景观时空布局的规划需求；(3)环境、生态、资源层面，包括土地利用、地形、水体、动植物、气候、光照等人文与自然资源在内的调查、分析、评估、规划、保护，即生态环境大地景观的规划需求。这些构成了旅游规划需求的“三元”。这 3 个要素中的“旅游”是指规划要注重对乡村自然人文资源的利用、对游客行为的分析、对项目的运营策划等内容；“景观”主要是指采用景观化、园林化、艺术化的手段对农业公园的项目、设施、活动场所进行规划设计；“生态”主要包括对乡村生态环境的保护、项目开发建设过程中产生的影响的分析以及对乡村生态系统中生物多样性的维护。

与需求对应，现代旅游规划的内容同样包含“三元”：(1)以“旅游”为核心的群体行为心理规划和项目经营；(2)以“景观”规划为核心的优美的旅游景观环境形象创造；(3)以“生态”为核心的旅游环境生态保护。“旅游”的规划，其核心是对旅游资源(分为自然天成的和人为创造的两类)、游客行为心理与项目经营运作，进行揣摩、分析、设定、预测，统称策划；“景观”的规划，又称风景园林规划，其核心是对旅游项目、游客活动、设施建设进行空间布局、时间分期、设施设计，统称规划；“生态”的规划，其核心是对旅游区、旅游地的自然要素环境与因旅游开发建设而产生的影响进行识别、分析、保护规划。一个几万平方公里的区域旅游发展规划也好、一个旅游地的项目策划也好、一个旅游地修建性详细规划也好，虽然规模、层次、深度各不相同，但是，规划中都必须将这 3 方面作为基本内容予以考虑，所不同的只是 3 方面的比重、深度而已。纵览全球旅游规划的实例，任何一个具有时代风格和现代意识的成功之作，无不饱含着这 3 个方面的刻意追求和深思熟虑，所不同的也只是视具体规划设计情况，三元素所占的比例侧重不同而已。

旅游规划在层面、重点、阶段、支撑专业等方面都具有“三元”的特征：

①旅游规划的3个层面：区域—景区—景点；

②旅游规划的3个重点：资源(区域上)—布局(总体上)—选择(景点与项目策划)；

③旅游规划的3个阶段：发展规划(阶段1)—总体规划(阶段2)—详细规划(阶段3)；

④旅游规划的全过程：“策划”—“规划设计”—“管理”；

⑤支撑学科领域：旅游游憩学、景观园林(包括建筑、规划、园林)、环境艺术。

根据旅游规划三元论，在众说纷纭的各类旅游规划倾向和流派中，我们可以辨别出3种极具发展潜力的流派：(1)以旅游策划为核心，重在大众行为心理景观策划的游憩流派；(2)以景观规划和环境艺术设计为核心，重在空间规划布局与景点设计的景观流派；(3)以旅游资源、环境生态保护利用为核心，重在自然生态的生态流派。这3种流派代表着现代旅游规划学科领域的发展方向。

2. 风景旅游规划三力理论

在旅游规划三元论的基础上，刘滨谊教授曾提出以三力提升为目标作用的风景旅游规划理论、依据与评判体系，即三力理论。三力指一个风景旅游区的吸引力、生命力和承载力。三力理论首次由刘滨谊教授于2002年1月在“厦门鼓浪屿发展概念规划国际咨询”项目实践中提出，进而在相关规划实践中得到应用扩展。

吸引力可以磁体及其发出的磁场对磁性物的吸引力作比，风景与旅游目的地好比磁体和磁场，游客等诸多被吸引物好比磁性物，其相互间的作用借助于旅游磁场。风景旅游目的地只有成为一个强大的磁体并释放出巨大的磁场，才可能对游客产生强大的吸引力。吸引力可细分为3种：风景旅游地对于游客、开发商和人才的吸引力，风景旅游地对于生态物种的吸引力以及风景旅游地对于资金物流的吸引力。吸引力的提升正是通过诸多因素指标的全面提升来实现的。风景旅游规划中，吸引力不仅取决于客观因素，更取决于主观和主客观相结合的因素，更需要事在人为。

生命力指风景旅游区在经济、社会、环境3方面生存成长、发展壮大的能力。与之相对应，风景旅游资源是生命力的前提保障。除此之外，生命力表现在3个主要方面：一是风景旅游区与旅游产业具有永续发展的后劲，二是风景旅游区与旅游活动具有生动活泼、丰富多彩的品质，三是风景旅游区生态环境发展趋向平衡。

承载力指风景旅游地的经济投入产出量、游客居民与社会文化容纳量、生态环境承受容量3方面的承载接待容纳能力。承载力不仅是单纯的物理量或生理量，而且包含心理量。具体细分大致有以下几种：经济投入容量、社会文化容量、游客居民生理容量、游客居民心理容量、生态环境容量、景点旅游设施容量、物理时间空间容量。对于不同的风景旅游区与旅游地，各项容量值并不尽相同。其共同点是：承载力是一个客观存在，并且有一个最佳的与时俱进的点，过大过小、错过时机都不可取。风景旅游规划的任务就是寻找到这一最佳点。承载力是要严格定量的，对风景旅游区设施系统有牵一发而动全身的意义。对于承载力的计量，有公式可循的物理量、生理量、生态量比较容易确定，而各种心理与社会量很难确定，需通过大量问卷调查方可得出。其中，不同的游客和不同的当地人在生理上的差别是有限的，但心理差别则可能极大，甚至相互矛盾。只有具体问题具体分析，才可能恰到好处。

如果以三力理论为依据和标准，那么旅游规划的目标和所有努力就是将一个风景旅游区现状通过规划予以提升、强化、扩大。从这个意义上讲，刘滨谊教授所提出的风景旅游规划评价体系的主线就是调查、分析、评价、规划。刘滨谊教授提出的评价体系研究“吸引力—生命力—承载力”正是基于以上的分析思考与初步的研究，是风景旅游规划三元理论的核心与深化。本书以风景旅游地资源保护、规划建设、开拓发展为总目标，目的在于深入揭示风景旅游“吸引力—生命力—承载力”的内在规律，寻求基于评价体系的风景旅游规划评价方法与指标。通过这种规划评价，使风景旅游区具有鲜明的市场形象和特点，具有明确的市场卖点和市场识别，使旅游产品具有满足市场需求并具有长期性和持续性，保持风景旅游区在旅游大市场中旺盛的生命力。

目前，风景旅游规划承载力规划已经从以往的单纯追求功能、形态发展到关注风景旅游区社会结构、环境生态平衡等，并且更多地有宣传媒体、商业活动介入。在风景旅游区空间中所发生的活动和行为，也不仅仅是个体的活动行为，而往往体现了一种社会活动行为。因此对于风景旅游区空间的使用评价就不应仅停留在其功能方面，而是要从社会大环境出发，综合分析，才有可能对风景旅游区做出客观的、具有实效的评价，对开发、设计和管理部门起到良好的信息反馈作用，从而引导风景旅游区建设的良性发展。风景旅游规划承载力涉及复杂的“环境—经济—社会”系统，就评价本身而言，由于选择的标准不同，往往具有某种程度的主观导向，必须要从不同层次、不同类型、不同侧面进行研究。对风景旅游规划承载力的评价应从经济效益、社会效益、环境效益3方面出发，得出综合评价的客观结果。

农业公园是农业产业与旅游产业相融合的交叉产业，因此旅游及风景旅游规划三元理论同样也适用于农业公园的规划。

（三）环境容量测算

环境容量又叫环境承载量，是指一定时间内某个地区维持资源稳定、生态安全、社会安全等条件所能承受的最大破坏水平或者承载的消费者数量。或一个生态系统在维持生命机体的再生能力、适应能力和更新能力的前提下，承受有机体数量的最大限度。

环境容量是在环境管理中实行污染物浓度控制时提出的概念。污染物浓度控制的法令规定了各个污染源排放污染物的容许浓度标准，但没有规定排入环境中的污染物的数量，也没有考虑环境净化和容纳的能力，这样在污染源集中的城市和工矿区，尽管各个污染源排放的污染物达到（包括稀释排放而达到的）浓度控制标准，但由于污染物排放的总量过大，仍然会使环境受到严重污染。因此，在环境管理上开始采用总量控制法，即把各个污染源排入某一环境的污染物总量限制在一定的数值之内。采用总量控制法，必须研究环境容量问题。环境容量包括绝对容量和年容量两个方面。

绝对容量：环境的绝对容量（WQ）是指某一环境所能容纳某种污染物的最大负荷量，达到绝对容量没有时间限制，即与年限无关。环境绝对容量由环境标准的规定值（WS）和环境背景值（B）来决定。数学表达式有以浓度单位表示的和以重量单位表示的两种。以浓度单位表示的环境绝对容量的计算公式为：

$$WQ = WS - B$$

其单位为mg/kg。例如，某地土壤中镉的背景值为0.1 mg/kg，农田土壤标准规定的镉的最大容许值为1 mg/kg，则该地土壤中镉的绝对容量为0.9 mg/kg。

任何一个具体环境都有一个空间范围，如：一个水库能容多少立方米的水；一片农田有多少亩，其耕层土壤（深度按 20 cm 计算）有多少立方米（或吨）；一个大气空间（在一定高度范围内）有多少立方米的空气等。对这一具体环境的绝对容量常用重量单位表示。以重量单位表示的环境绝对容量的计算公式为：

$$WQ=M(WS-B)$$

当某环境的空间介质的重量 M 以 t 表示时，WQ 的单位为 g。如按上面例子中的条件，计算 10 亩（0.67 hm^2）农田镉的绝对容量，可以根据土壤的密度，求出耕层土壤的重量（M），并把它代入上式，即可求得。如土壤容重为 1.5 t/m^3，10 亩（0.67 hm^2）农田对镉的绝对容量为 1 800 g。

年容量：年容量（WA）是指某一环境在污染物的积累浓度不超过环境标准规定的最大容许值的情况下，每年所能容纳的某污染物的最大负荷量。年容量的大小除了同环境标准规定值和环境背景值有关外，还同环境对污染物的净化能力有关。若某污染物对环境的输入量为 A（单位负荷量），经过一年以后，被净化的量为 A'，$(A'/A)\times100\%=K$，K 称为某污染物在某一环境中的年净化率。以浓度单位表示的环境年容量的计算公式为：$WA=K(WS-B)$。以重量单位表示的环境年容量的计算公式为：$WA=K\cdot M(WS-B)$。年容量与绝对容量的关系为：$WA=K\cdot WQ$。如某农田对镉的绝对容量为 0.9 mg/kg，农田对镉的年净化率为 20%，则其年容量为 0.9×20%=0.18 mg/kg。按此污染负荷，该农田镉的积累浓度永远不会超过土壤标准规定的镉的最大容许值 1 mg/kg。

环境容量一般可以分为 3 个层次：

(1)生态的环境容量：生态环境在保持自身平衡下允许调节的范围；

(2)心理的环境容量：合理的、游人感觉舒适的环境容量；

(3)安全的环境容量：极限的环境容量。

环境容量指某个地区（空间）可以维持某一特定种的最高的种群水平。按照种群生长的逻辑斯蒂理论，是指上限值 K（一个种群的生长），一般的是指由平均气候条件、生境的构造、食物供给量等所决定的可以维持的最大个体数目，在后者的情况下，不把天敌、竞争种等看作决定环境容量的因素，而是把它们看作限制个体数量的重要原因。

旅游活动的超载运行会造成旅游资源和环境不可逆转的负面影响，因此，对农业公园环境容量的研究是全域旅游背景下农业产业领域内的有益探索。合理控制环境容量是农业休闲旅游可持续发展的重要保证，对于农业公园的建设和经营具有实际的指导意义。

三、美学方面理论

(一)生态美学理论

生态美学理论是指将生态学和美学理论结合起来，将生态学的主要论点融入美学中，建立可持续发展的生态审美观点。生态学是研究生物（包括人类）与其生存环境相互关系的门自然科学学科，美学是研究人与现实审美关系的一门哲学学科，然而这两门学科在研究人与自然、人与环境相互关系的问题上却找到了特殊的结合点。生态美学就生长在这个结合点上。生态美学是生态学与美学的有机结合，实际上是从生态学的方向研究美学问题，将生态学的重要观点吸收到美学之中，从而形成一种崭新的美学理论形态。生态美学从广义上来说包括人与自然、社会及人自身的生态审美关系，是一种符合生态规律的当代存在论美学。它产生于20世纪80年代以后生态学已取得长足发展并渗透到其他学科的情况之下。1994年前后，我国学者提出生态美学论题。2000年底，我国学者出版有关生态美学的专著，标志着生态美学在我国进入更加系统和深入的探讨。

1. 生态美学产生背景

生态美学以当代生态存在论哲学为理论基础。生态学是1866年由德国生物学家海克尔提出的，属自然科学范围。1973年，挪威哲学家阿伦·奈斯提出深层生态学，实现了自然科学实证研究与人文科学世界观的探索的结合，形成生态存在论哲学。这种新哲学理论突破主客二元对立机械论世界观，提出系统整体性世界观；反对"人类中心主义"，主张"人-自然-社会"协调统一；反对自然无价值的理论，提出自然具有独立价值的观点。同时，提出环境权问题和可持续生存道德原则。生态美学产生于后现代经济与文化背景之下。

2. 生态美学理论基础

新的生态哲学观必然引发新的美学观念。当代的生态美学就是基于生态哲学基础上的美学思考。它从自然与人共生共存的关系出发来探究美的本质，从自然生命循环系统和自组织形态着眼来确认美的价值，其宗旨是对生态环境问题予以审美观照，重建人与自然和社会的亲和关系。

第一，生态哲学主张的自然界的有机性、整体性与综合性反映了生态美学的和谐性与关联性。

生态哲学认为，自然界所有事物都不可能孤立存在，都有着网络式的生存环境。生存环境是由事物之间的有机联系构成的。有机联系使事物相互依存、相互包含，彼此共生共存。同样人也是有机联系之网中的一个要素，人与其他物种也处于极其复杂、动态的有机联系之中。

生态哲学还强调自然界整体上的动态平衡。任何自然界实体都处于动态的进化过程中，每一事物的进化过程或许出现不平衡，但整个系统应该是趋于平衡的。所有的系统都具有自组织进化的功能，自组织进化趋向熵最小的秩序。具体说，相对于整个生命系统而言，"生"的意义并不仅仅在于个体生命的保存，在更大意义上还在于生命系统的有生有灭与不断更新。生态平衡的动态性正是这样一个通过个体生命的有生有灭而达到生命系统生生不息的上升、发展历程。

众所周知，尽管自古以来人们对美与美学的界定众说纷纭，莫衷一是，但"美"所特具的和谐性、亲和性等却被人多数学者所接受。"美"所具有的这些特性恰恰同现代生态学系统整体性的基本观点相吻合。生态美学将和谐看作最高的美学形态。这种和谐不只是中国古典美学所说的精神上的和谐，而首先是现实的和谐。这种和谐的核心是生命的存在与延续，是生命的网络系统和整体特性所决定的。

生态美的另一个突出特性就是强调生命的关联性。生态美学看待生命，不是从个体或物种的存在方式来看待生命，而是超越了对生命理解的局限与狭隘，将生命视为人与自然万物共有的属性，从生命间的普遍联系来看待生命，重在与生命的关联。美无疑是肯定生命的，但是与以往美学的根本不同，生态美学所说的生命不只是人的生命，而是包括人的生命在内的整个生命世界的活力，且生态美即在生命自诞生到消亡的整个发展过程中得以不断展现。

生态哲学还强调自然界的综合性。生态的综合性体现在生态是包括人在内的生命生存的各种条件系统。因此，生态哲学除了包括自然生态外，还涉及社会生态、文化生态以及人自身的内部生态的内容，但生态美却总是以人和自然的关系为核心的。因为"在人与自然、人与人、人与自身这三大文化主线中，人与自然的关系更多地影响和规定着人类的生存和发展"。生态美中有自然美，也有人创造的各种美，如社会美、艺术美、技术美等。却又不能简单地将生态美与其中的任何一种形态的美相等同。

第二，生态哲学主张的"有限主体"意识和尊重自然界价值与权利反映了生态美学的统一性和亲和性。

传统的人类中心主义在处理人同自然界关系时，人成了"无所不能""无所不可""无所不做"的绝对主体，这是一个"疯狂主体"，它消灭了人的理性、价值追求和实践行为的绝对界限，使人失去了任何限制和约束。

从生态哲学的观点看，主体性不过就是事物的主动性、主导性、创造性和能动性，或者说，凡有目的性和能动性的事物都有主体性。这是因为具有目的性和能动性的事物都能在具体环境中进行不同程度的创造，从而取得一定水平的适应环境的主动性和主导性。依据这样观点，不同事物具有不同程度的主体性，在世界万物中，作为"存在之大全"的自然具有绝对的主体性。在人所居住的地球上，人类是最高程度的主体，动物次之，植物又次之……就人而言，无论人的能力怎样发展，人都仍然是自然界整体的一部分。因此，人类永远都不可能超越自然界整体对它的限制，它始终是一个"有限主体"，始终都只有依赖于自然界整体的存在才能生存。

一般说来，自然界作为人类生存的环境，对于人类的生存来说具有两种价值：第一，作为"人类家园"的环境价值；第二，作为人类的物质生产所必需的原料（资源）的消费价值。这两种价值都是人类生存所必需的价值。而环境价值则是一种"非消费性价值"，即"存在性价值"，是因为它只在保持其存在时才具有和能够实现其价值。因此，有必要合理地处理环境价值与消费性价值的关系，找到隐藏在消费价值与环境价值背后的更深层的人类的生存价值。只有生存价值才是人类实践活动和社会发展的终极价值。

生态美学反映了审美主体内在与外在自然的和谐统一性。在这里，审美不是主体情感的外化或投射，而是审美主体的心灵与审美对象生命价值的融合。它超越了审美主体对自身生命的确认与关爱，也超越了役使自然而为我所用的实用价值取向的狭隘，从而使审美主体将自身生命与对象的生命世界和谐交融。

总之，生态美学作为一种崭新的理论形态，其深刻性在于它所拥有的价值立场与理论向度。这种价值立场与理论向度突出表现于生态美学是从一种新的审美高度，重新思考人与自然、人与社会及人与文化间的审美关系，有助于纠正主体性神话的偏颇，也体现了对人类整体前途的绿色关怀。

（二）园林艺术基本理论

园林艺术基本理论涉及多学科多知识，如美术、植物学、园林艺术、园林设计、建筑学、心理学等方面的知识。园林艺术是中华文化的重要组成部分之一，其理论体系与实践经验被历代园林艺术家积累与传承，形成了丰富的文化遗产。以下从园林艺术的理论基础和核心要素两个方面探讨园林艺术。

1. 园林艺术的理论基础

人文思想是园林艺术理论的基础。园林艺术作为一门综合性艺术，它的设计及实践基于人的审美情趣和文化背景。因此，园林艺术必须紧密结合着中华文化独有的人文精神，不断吸收文明的精髓。此外，园林艺术的价值取向是以人为本的，因此人也是园林创造的动力，其人类中心思想也是其理论基础之一。

自然哲学是园林艺术理论的重要组成部分。自然哲学是从哲学角度来重新思考自然的一种方法，它关注的是人类与自然的理解和交互关系。园林艺术也以展示自然美为主要目的，追求设计与自然的完美融合，因此自然哲学成为其理论基础之一。

道家思想为园林艺术理论提供了深厚的哲学基础。道家思想具有意境、意义、意蕴的特点，注重观察、感受、体会自然万物之间的关系，并将其转化为对人类精神境界的启示。园林艺术也追求与自然融合，强调恬淡、虚静、自然、旷达之美，因此，道家思想为园林艺术理论提供了深厚的哲学基础。

2. 园林艺术的核心要素

第一，远离喧嚣，重视环境氛围。园林艺术是一种亲近自然的艺术，在现代都市中，大量的噪声和杂乱的环境影响人们的身心健康。因此，在园林设计中，必须把静态元素和动态元素结合起来，远离喧嚣，创造恬静的环境氛围。

第二，空间设计要合理有序。园林艺术的空间设计需要有序性、对称性、节奏感和形式美，使游客在移动过程中产生一种时间和节奏上的美感。疏密有序和空间层次感的合理设计是体现园林艺术整体效果的重要保证。

第三，植物配置要合理。植物是园林艺术的灵魂和构成要素，通过巧妙配置达到效果的最大化。设计师在选择植物时需要考虑它的形态、色彩、纹理、品种、高度、环境适应性等因素，确保设计的效果综合且完美。

总之，园林艺术的理论基础来自中华文化的精髓，其核心要素是肩负着人文历史和传承文化的责任，注重自然美的表现，强调人、自然与艺术的和谐共生。这些理论和要素无疑为我们研究和创造更具中华文化特色和人文情怀的园林艺术提供了坚实的基础。

在农业公园的规划和设计中实际上经常用到园林艺术理论，比如规划平面图上节点的布局、项目空间结构、建筑的设计、道路的结构设计、植物的造景、山石的搭配、色彩的应用、效果图的绘制等，都离不开园林艺术理论的指导。

四、行为心理学理论

1. 闲暇游憩理论

闲暇游憩理论是指人们在现代休闲活动中的行为特征和状态，包括从事休憩、运动、游玩等活动对人们产生的影响。通过问卷调查、访谈、实地观察等方式对游客线下游憩行为进行调查和了解，农业公园项目的设置和活动安排必将更加人性化。在农业公园规划中引入闲暇游憩理论，能促进游客和农业公园两者间的自我发展和完善。

2. 旅游心理学理论

旅游心理学主要研究旅游投资者、管理者、服务者以及游客的内心活动规律。根据这些心理活动规律，能使旅游规划和项目开发更具有科学性和目的性。在农业公园规划中对各方主体或者从事相关工作的人员的心理和行为做深入的调查和分析是非常有必要的，能够了解消费者的需求，更加有的放矢地制定规划方案和管理制度，使项目真正具有可操作性。

第二节　技术方法

一、规划设计技术手段

(一)"3S"技术

"3S"是全球定位系统(GPS)、地理信息系统(GIS)和遥感(RS)的统称，是空间技术、传感器技术、卫星定位与导航技术和计算机技术、通信技术相结合，多学科高度集成的对空间信息进行采集、处理、管理、分析、表达、传播和应用的现代信息技术。

1. "3S"技术的内涵

把 RS、GIS、GPS 有机结合，综合应用，构成一体化信息获取、信息处理、信息应用技术系统，这是一个充分利用各自技术特点的空间技术应用体系，并逐步成为一门实践性和应用性较强的新学科，简称为"3S"技术。在"3S"集成技术中，RS 是 GIS 的一个重要数据源和强有力的数据更新手段，GIS 作为一种空间数据管理、分析的有效技术，可以为 RS 提供各种有用的辅助信息和分析手段，而 GPS 则为 RS 和 GIS 综合系统中处理的空间数据获得准确的空间坐标提供了获取和定位手段，并且可以作为一个数据源为 GIS 提供相关数据，三者已发展成为不可分割的整体，相互渗透，相互补充。

(1)全球定位系统(Global Positioning System，GPS)技术是美国第二代卫星导航系统，是美国从 20 世纪 70 年代开始研制的，并于 1994 年全面建成，是具有海、陆、空全方位实时三维导航与定位能力的新一代卫星导航与定位系统。GPS 由空间星座、地面控制和用户设备 3 部分构成。GPS 测量技术能够快速、高效、准确地提供点、线、面要素的精确三维坐标以及其他相关信息，具有全天候、高精度、自动化、高效益等显著特点，广泛应用于军事、民用交通(船舶、飞机、汽车等)导航、大地测量、摄影测量、野外考察探险、土地利用调查、精确农业以及日常生活(人员跟踪、休闲娱乐)等不同领域。

(2)地理信息系统(Geographical Information System，GIS) 是一个专门管理地理信息的计算机软件系统，它不但能分门别类、分级分层地去管理各种地理信息，而且能将它们进行各种组合、分析、再组合、再分析等，还能查询、检索、修改、输出、更新等。地理信息系统还有一个特殊的"可视化"功能，就是通过计算机屏幕把所有的信息逼真地再现到地图上，成为信息可视化工具，清晰直观地表现出信息的规律和分析结果，同时还能在屏幕上动态监测"信息"的变化。总之，地理信息系统具有数据输入、预处理功能，数据编辑功能，数据存储与管理功能，数据查询与检索功能，数据分析功能，数据显示与结果输出功能，数据更新功能等。通俗地讲，地理信息系统是信息的“大管家”。地理信息系统一般由计算机、地理信息系统软件、空间数据库、分析应用模型图形用户界面及系统人员组成。地理信息系统技术现已在资源调查、数据库建设与管理、土地利用及其适宜性评价、区域规划、生态规划、作物估产、灾害监测与预报、精确农业等方面得到广泛应用。

(3)航空航天遥感(Remote Sensing，RS)技术是通过遥感平台(如卫星、飞机、气球等)稳定地运载传感器，来探测地表物体对电磁波的反射和其发射的电磁波，并按照一定的规律转换为原始图像，从而提取这些物体的信息，完成远距离识别物体。遥感技术可用于植被资源调查、气候气象观测预报、作物产量估测、病虫害预测、环境质量监测、交通线路网络与旅游景点分布等方面。例如，在大比例尺的遥感图像上，可以直接统计烟囱的数量、直径、分布以及机动车辆的数量、类型，找出其与燃煤、烧油量的关系，求出相关系数，并结合城市实测资料以及城市气象、风向频率、风速变化等因数，估算城市大气状况。同样，遥感图像能反映水体的色调、灰阶、形态、纹理等特征的差别，根据这些影像显示，一般可以识别水体的污染源、污染范围、面积和浓度。另外，利用热红外遥感图像能够对城市的热岛效应进行有效的调查。

2. “3S”技术在农业中的应用

“3S”技术和农业是相辅相成的，农业因为“3S”技术有了全新的发展——精准农业，同时也促进了“3S”技术的成熟与进步。现代农业的发展已经逐步脱离了以往落后的生产技术，21世纪的农业要走集约化的道路，实现节水农业、优质高产无污染农业，需要与各种新技术的结合应用。而“3S”技术，能为农业发展建立与其相适应的地理信息系统，提供规划、设计、施工、管理和决策使用，为现代农业的高科技发展提供了广阔的前景。随着技术的发展，单纯地运用 GPS、RS 与 GIS 中的某一种技术往往不能满足综合工程的需要，不能提供精准农业实施过程中所需要的对地测量、存储管理、信息处理、分析模拟的综合能力。这就需要把 RS、GIS、GPS 有机结合，综合应用，构成一个一体化信息获取、信息处理、信息应用技术系统，这是一个充分利用各自技术特点的空间技术应用体系，并逐步成为一个实践性和应用性较强的新学科，简称为“3S”集成技术。

(1)农业资源的清查、核算、评估与监测。通过对 RS 系统提供的农业资源的遥感图像、图片等信息进行判读解译、图像分类处理以提取专题信息，及时更新 GIS 数据库，对农业资源质和量的变化进行动态监测，调整各种图件，达到对农业资源的清查及核算；利用 GIS 系统的空间分析和制图功能，制作各种资源要素的图件，诸如土地利用现状图、植被分布图等专题信息图，并可进行多种专题图的叠加而获得综合信息；在资源清查和动态监测基础上，借助资源分析与评价模型，基于 GIS 强大的数据管理与空间分析功能，即可以对具有时空变化特点的农业资源进行存量和价值量的测算，进行资源现状、潜力和质量的客观评估，真实地反映农业资源的状况，不仅快速、准确，而且现势性好、时效性强，为科学利用和管理农业资源提供了强有力的决策依据。

(2)作物估产与长势监测。作物长势监测是一个动态过程，利用 RS 多时相的影像信息，就能够反映出宏观植被生长发育的节律特征；解译 RS 影像信息，在 GIS 中对各种数据信息进行空间分析，识别作物类型，统计量算出其播种面积，分析作物生长过程中自身的态势和生长环境的变化；发挥 GIS 系统的模型功能，构建出不同条件下作物生长模型和多种估产模式，把上述因素信息引入模型中便能估算出大面积作物的产量和实时监测作物生长态势。

(3)农业气象中的应用。遥感是获取地表各类地物和现象实时信息的重要手段。多年来，农业气象工作者不断开拓遥感技术(RS)应用领域，在作物和牧草动态监测与估产、土壤湿度监测、大面积旱涝灾情监测、森林草原火险监测等研究方面取得了丰硕成果，并通过遥感监测业务系统的建立和完善，取得了明显的业务服务效益。

(4) 在农业节水方面的应用。应用“3S”技术建立“土壤墒情监测网络系统”，对全国农田墒情进行监测，为农业灌溉用水和抗旱减灾服务。在监测土壤墒情的同时，与当时当地的作物需水量相结合，可科学确定灌溉用水计划。

(二)层次分析法

层次分析法(Analytic Hierarchy Process)简称“AHP”，在 20 世纪 70 年代中期由美国运筹学家托马斯·塞蒂正式提出。它是一种定性和定量相结合、系统化、层次化的分析方法。由于它在处理复杂的决策问题上的实用性和有效性，层次分析法很快在世界范围得到重视。它的应用已遍及经济计划和管理、能源政策和分配、行为科学、军事指挥、运输、农业、教育、人才、医疗和环境等领域。

1. 层次分析法的内涵

层次分析法是指将一个复杂的多目标决策问题作为一个系统，将目标分解为多个目标或准则，进而分解为多指标(或准则、约束)的若干层次，通过定性指标模糊量化方法算出层次单排序(权数)和总排序，以作为多目标(多指标)、多方案优化决策的系统方法。

2. 层次分析法的基本步骤

(1)建立层次结构模型。在深入分析实际问题的基础上，将有关的各个因素按照不同属性自上而下地分解成若干层次，同一层的诸因素从属于上一层的因素或对上层因素有影响，同时又支配下一层的因素或受到下层因素的作用。最上层为目标层，通常只有 1 个因素，最下层通常为方案或对象层，中间可以有一个或几个层次，通常为准则或指标层。当准则过多时(譬如多于 9 个)应进一步分解出子准则层。

(2)构造成对比较阵。从层次结构模型的第 2 层开始，对于从属于(或影响)上一层每个因素的同一层诸因素，用成对比较法和 1～9 比较尺度构造成对比较阵，直到最下层。

(3)计算权向量并做一致性检验。对于每一个成对比较阵计算最大特征根及对应特征向量，利用一致性指标、随机一致性指标和一致性比率做一致性检验。若检验通过，特征向量(归一化后)即为权向量；若不通过，需重新构造成对比较阵。

(4)计算组合权向量并做组合一致性检验。计算最下层对目标的组合权向量，并根据公式做组合一致性检验。若检验通过，则可按照组合权向量表示的结果进行决策，否则需要重新考虑模型或重新构造那些一致性比率较大的成对比较阵。

层次分析法是对方案的多指标系统进行分析的一种层次化、结构化决策方法，它将决策者对复杂系统的决策思维过程模型化、数量化。应用这种方法，决策者通过将复杂问题分解为若干层次和若干因素，在各因素之间进行简单的比较和计算，就可以得出不同方案的权重，为最佳方案的选择提供依据。运用 AHP 方法，大体可分为以下 3 个步骤：

步骤 1：分析系统中各因素间的关系，对同一层次各元素关于上一层次中某一准则的重要性进行两两比较，构造两两比较的判断矩阵；

步骤 2：由判断矩阵计算被比较元素对于该准则的相对权重，并进行判断矩阵的一致性检验；

步骤 3：计算各层次对于系统的总排序权重，并进行排序。

最后，得到各方案对于总目标的总排序。

(5)构造判断矩阵。层次分析法的一个重要特点就是用两两重要性程度之比的形式表示出两个方案的相应重要性程度等级。如对某一准则，对其下的多个方案进行两两对比，并按其重要性程度评定等级。按两两比较结果构成的矩阵称作判断矩阵。

(6)计算权重向量。为了从判断矩阵中提炼出有用信息，达到对事物的规律性的认识，为决策提供科学依据，就需要计算判断矩阵的权重向量。对于构造出的判断矩阵，可以求出最大特征值所对应的特征向量，然后归一化后作为权值。

(7)一致性检验。当判断矩阵的阶数较大时，通常难以构造出满足一致性的矩阵来。但判断矩阵偏离一致性条件又应有一个度，为此，必须对判断矩阵是否可接受进行鉴别，这就是一致性检验的内涵。

为保证递阶层次结构的合理性，应用层次分析法需把握以下原则：

①分解简化问题时把握主要因素，不漏不多；

②注意相比较元素之间的强度关系，相差太悬殊的要素不能在同一层次比较。

如果所选的要素不合理，其含义混淆不清，或要素间的关系不正确，都会降低 AHP 法的结果质量，甚至导致 AHP 法决策失败。

二、农业生产高新技术

(一)无土栽培技术

在全球范围内，农业集约化、单一化种植以及农药化肥的过度投入，导致土壤退化、面源污染及病虫害严重等一系列环境问题，需要依靠科学技术的进步来逐步解决这些制约农业可持续发展的技术问题。无土栽培技术冲破传统种植模式，不使用天然土壤，而用营养液或固体基质加营养液的方法栽培作物，极大拓展了农业生产的空间，有效克服了土壤栽培引发的一系列环境问题，成为人类农业文明的里程碑事件，为革新传统农业生产方式带来了曙光。与土壤栽培相比，无土栽培能有效拓展农业生产空间，水肥利用率高，省工、省力，有利于实现机械化和智能化以及作物高产、优质、高效益，并能有效预防病虫害，降低根际病害发生，减少种植过程中农药、除草剂等化学投入品的使用，控制面源污染。

无土栽培技术的推广应用为农业生产提供了新思路。目前，世界上将无土栽培技术投放到市场的国家和地区已经超过 100 个，栽培技术不断进步。相对于世界其他发达国家，我国对无土栽培技术的关注较晚，但在短时间内发展迅速，涌现出了许多符合我国国情的无土栽培技术。

1. 无土栽培的主要形式

无土栽培技术的研究历史已经超过 150 年，经过多年积累，该技术成功地从实验室走向了商品化市场。目前，已发展出了多种现代化无土栽培方法。无土栽培大致可分为水培、雾培、基质栽培3类。它们所需要的种植条件、适用地区范围和经济效益等皆有所不同。其中：基质栽培成本投入相对较少，技术难度也相对较低，效率居中；水培和雾培成本投入和技术难度更高，但效率也相对更高。3种栽培方式的产量和植物生长速度与其成本投入和技术难度成正比。

（1）基质栽培。基质栽培是指使用有机或者无机的固体基质代替土壤，实现植物的根系固定。同时，利用营养液代替水和营养物质，营养液包含硝酸钾、硝酸铵、磷酸二氢钾、硫酸镁、铁盐、微量元素等不同营养成分，植物根系可以吸取基质中的营养液，从中获得生长所需要的氮、磷、钾等营养物质。

目前，基质栽培面积占我国商业性无土栽培面积的90%，是无土栽培的主要形式。与常规土壤种植的作物相比，基质栽培蔬菜产量高、品质好，也更加省水、省肥、省力。因为基质栽培在相对密闭隔离的环境中进行，在很大程度上还可以预防种植系统外部环境和土壤连作障碍带来的病虫害。虽然相较于土壤种植，基质栽培的投入成本较大，操作技术较为复杂，但相比于无土栽培中的水培和雾培技术，该方法仍具有投资相对较少、设备简单、易于操作的特点。

①岩棉栽培。无土栽培基质可以分为有机基质和无机基质。有机基质包括腐叶、泥炭、树皮等，无机基质包括砾石、陶粒、岩棉、珍珠岩、蛭石等。其中，岩棉方便、易用，具有高保水性和透气性，为根系的生长提供了良好条件，也更利于调控作物的营养和生长，实现高产，是目前荷兰等国家和地区的主要无土栽培基质。岩棉栽培的基本操作模式是将岩棉基质分割成规格大小相同的块状，用塑料膜制作成包裹形状，然后用于植物的种植。根据营养液是否循环利用，可将其分为开放式和循环封闭式岩棉栽培两类，封闭式岩棉栽培在开放式岩棉栽培的基础上增加了营养液收集通道，进行多余营养液的循环利用。

②有机生态型无土栽培。有机生态型无土栽培是我国根据国情研发的一种基质栽培技术，该技术利用有机固态肥为植物提供养分，以清水灌溉，上述有机固态肥采用种植业和养殖业的副产品及废料加工而成，配制操作简单，管理方便。有机固态肥富含植物生长所需要营养物质，无须额外添加营养液，因此极大地降低了植物批量培养所需的资金和时间成本。栽培系统废水硝酸盐含量仅1～4 mg/L，对环境不会造成污染。有机生态型无土栽培多用于种植对品质要求较高的蔬菜，通过选用优质、高产、抗病性强的新品种，能最大限度地增产增效。目前，适用于此技术的优质蔬菜种类还较为缺乏；此外，有机基质的理化性状变化较大，稳定性相对较差，使用过后，土质的pH、EC值等一些理化性状可能出现变化，容易造成作物产量和品质的下降。与之相比，无机基质虽然含有营养很少，但理化性状稳定。考虑到两者优点，采用有机无机混合基质的方案成为基质栽培新的发展方向。

③基质栽培袋。基质栽培袋栽培是一种新型无土栽培方式。实际使用中，会选择适宜材料做成袋状，将调配好的基质装入袋中用来种植植物。目前，已应用于我国多种蔬菜（番茄、黄瓜等）以及花卉的种植。基质栽培袋具有如下优点：一是基质栽培袋的制作要求较低，选择普通材料制作成培养袋即可，制作工艺简单，成本低廉；二是袋与袋之间相互独立，可以防止病虫害传播；三是系统简洁，移动方便，可根据需求为植物寻找合适的环境，不受气候等自然条件的限制，因此，还可进行作物的反季节栽培。除了应用于农业果蔬的种植，基质栽

培袋还可以用于家庭阳台、庭院等场所的园艺栽培，起到美化环境的作用。

(2)水培。水培种植植物不需要用基质来固定植物根系，植物的根能够直接与营养液接触来吸收水分和营养。水培技术的优点在于栽培人员可以通过调整营养液的配比来实现植物营养供给均衡，能有效避免土传病虫害，节约水土资源，适用于蔬菜种植。但是，该技术对资金投入和操作技术要求较高，对水培种植系统的自动化、机械化和信息化管理的研究仍需进一步深入。

①深液流水培技术。深液流水培系统在运行过程中需要更多的营养液，通常其所需的营养液深度可达到几厘米甚至几分米。现有深液流水培设施有十多种，可以分为深水培类型和半深水培类型，深水培类型设施有 M 式、久保田式等，半深水培类型设施有协和式、神园式、新和等量交换式等。不同类型主要差异是液层深度，深水培类型液层相对较深。

②营养液膜水培技术。营养液膜栽培技术是另一种典型的水培技术，能有效解决深液流水培技术植物根系缺氧的不足。营养液膜种植槽中的营养液较浅，深度在几毫米或 1～2 cm。营养液膜栽培系统使用倾斜种植槽，较浅的营养液层能够使植物根系的一部分伸展在流动的营养液中，另一部分则可以接触到培养槽的湿气环境，这样就能够有效解决植物根系需氧的问题。营养液膜栽培所使用的营养液可以循环利用，种植槽的制作材料选择多样，如塑料、模板等，大部分材料成本都不高，容易获得，这有利于进一步向自动化生产发展，因此这项技术在世界上被广为推崇，并获得研究人员和市场的青睐，成为代表性的无土栽培方式。

③浮板毛管水培技术。浮板毛管水培是 1991 年由浙江省农业科学院和南京农业大学参考国外营养液膜水培设施的优点改良研制的一款无土栽培系统，属于水培的一种。该技术利用漂浮在营养液上的浮板无纺布湿毡为植株创造气生根生长的湿润丰氧环境，使根系能从空气中汲取游离氧。浮板毛管栽培的营养液供给通常维持在 3～6 cm，是普通蔬菜日常所需液量的 3～6 倍，因此，即使设备短期停电，也不会对作物生长产生较大影响，解决了营养液膜栽培系统因停电导致的营养液供给不足的问题。此外，浮板毛管水培系统的种植槽采用聚苯乙烯泡沫板制作而成，隔热性能好，营养液循环在全封闭的状态下进行，因此槽内空间受外界环境变化的影响较小，液温稳定。目前，浮板毛管水培已被推广至北京、山东等地，主要应用于浙江、江苏等东南沿海一带。

④纳米水凝胶膜无土栽培技术。纳米水凝胶膜(例如 Imec 膜)是一种由日本 MebioL 株式会社研发的透析膜，该水凝胶通常由包含大量亲水基团的聚乙烯醇、聚丙烯酸钠、丙烯酸酯类等共聚而成，该材料对环境无害，可重复利用且具有良好的生物相容性。膜上面有无数个纳米大小的细孔，该膜具有单向渗透的特点，即液流从一个方向流向另一个方向而不能返回，这种特点使得 Imcc 膜能使生物小分子(主要指无机物、O_2、CO_2、离子状态的化合物等)自由通过，而害虫和病菌则无法穿过。在 Imec 膜栽培体系中，吸附于 Imec 上的植株根系可根据环境条件和自身需求主动从 Imec 膜内吸收生长所需营养，在养分汲取压力的诱导下，植物的根毛数量会大大增加，生长力显著增强。Imec 膜栽培技术作为一种新型的无土栽培方式，已被证实可提高番茄、生菜等蔬菜植物的产量和质量。

(3)雾培。雾培是指将经过特殊设备雾化后的营养液间歇性喷洒在植物根系上的一种无土栽培方式。通过水培法栽培的植物，根系浸润在水中，植物根系汲取氧气容易受到限制，而气雾培则将雾化的营养液直接喷洒在植物根系上，使其既能够充分地接触到空气又能够从营养液中汲取水肥，同时还有非常大的自由生长空间。雾培可以用于水生、陆生，以及乔木、灌木等几乎所有作物的栽培生产，还可以实现水生、陆生植物的共生栽培，是适应性最广的栽培模式。目前，在荷兰、美国、日本等农业发达国家，雾培已经得到了很好的发展，生产技术较为先进。美国 AeroFarms 公司的垂直农场就很好地结合了雾培和立体栽培技术，该公司利用其自主研发的雾气栽培系统种植作物，与一般的农田耕作相比，可节省 95%的水，与水培法相比，也可节省 40%的水，是垂直农业领域的领导者。而我国关于雾培的研究起步较晚，目前仍处于研究阶段，没有得到大面积推广。

雾培的应用不受地域限制，设施中的营养液可以循环利用，因此可充分利用水资源，且能实现废液、废料、废物的零排放，十分适合在戈壁、沙漠等水资源匮乏的地区推广。同时，还可在雾培棚架上搭建防虫板等防虫设施，可阻挡 80%以上的害虫，有利于减少农药施用，生产绿色蔬菜。此外，雾培更易于与人工智能和物联网技术结合，实现远程控制、智能管理。但雾培也存在一些不足：一方面是资金投入和生产技术要求都较高，限制了雾培的发展；另一方面由于不同种类、不同生长时期的蔬菜对营养成分的需求不一，营养液的配制管理较为复杂。如何突破传统营养液的矿质营养理论，充分满足植物对营养的需求，也是雾培技术需要进一步完善的关键环节。

2. 无土栽培技术的应用

无土栽培具有一定技术要求，经济成本也相对较高，但无土栽培可在完全可控的环境下进行，植物生长不受地域条件的限制，产品品质高，因而得到了较为广泛的应用，主要包括如下几个方面：

①无土育苗。无土育苗的主要形式有播种育苗、组织培养育苗和扦插育苗等。与传统育苗方式相比，无土育苗具有壮苗率高、繁殖系数高、幼苗健壮整齐、省工省时等特点，便于科学规范管理，适合大规模工厂化育苗。

②蔬菜栽培。通过无土栽培可有效解决土壤盐渍化、土传病虫害等土壤连作障碍，并且可以充分利用土地空间，适合在沙漠、盐碱地、矿区等不适宜土壤种植蔬菜的地方推广。通过该技术种植出的蔬菜病害少、无污染，生产过程省肥省水省力，是实现蔬菜生产自动化、规模化、量产化的重要途径。

③花卉栽培。无土栽培培育的花卉生长快、花朵娇艳、品质上乘，并且清洁卫生，病虫害少，这些优势使得花卉无土栽培在世界上得到了一致好评，尤其是在荷兰等园艺技术发达的国家，花卉无土栽培更是得到了大面积推广。国内对花卉无土栽培的应用起步较晚，仍处于发展阶段，目前主要利用水培和基质栽培进行花卉无土种植。

④生态观光。无土栽培还可用于生态酒店、生态餐厅、生态园等观光农业以及现代化无土栽培基地等中小学农业科普教育基地的建设，这些地方利用无土栽培方式作为技术支撑，很好地体现了人与自然和谐发展的新观念。

⑤鱼菜共生。鱼菜共生是渔业养殖技术和植物水培栽种技术相互结合诞生的综合性系统，是一种复合型植物栽培体系。在该共生系统中，鱼类产生的代谢废物通过硝化细菌的生物转化作用成为植物可以利用的养料，被植物净化吸收后的干净水资源再次汇入鱼池，为鱼苗提供适宜的生存环境，由此形成良性循环。

鱼菜共生系统采用无土栽培，避免了土壤重金属污染，又因为有鱼的存在，种植过程中不能使用任何农药，使得生产的产品绿色健康。此外，推广鱼菜共生技术可以节约大量优质耕地。以池塘鱼菜共生为例，每增加 65 000 m^2 鱼塘，水面可增加 6 500～14 000 m^2 的蔬菜种植。同时，鱼菜共生系统的用水可以循环净化使用，与传统农业相比，用水量节省了 90%以上。

⑥太空种植。人类已经成功在太空中种植培育出了生菜、小麦、水稻、番茄等植物，而空间种植技术的成熟化和产业化发展对于人类的太空探索进程具有重要意义。太空植物种植可以为航天员提供新鲜蔬菜水果，有利于航天员身体健康；植物可以消耗二氧化碳并产生氧气，净化航天器和空间站中的空气；植物的存在还能给航天员带来积极的心理影响，在维持航天员的心理健康方面起着关键作用。同时，太空植物种植可以大幅降低火箭发射时的食品配重，降低发射成本，为其他设备器材提供更多配重空间。

(二)水肥药一体化技术

施用化肥和农药作为农业生产过程中增产增收的主要方法，在全球范围内被广泛应用。21 世纪以来，我国每年化肥和农药用量逐年递增，但利用率仅 30%左右，氮、磷、钾及重金属等化肥和农药残留物在土壤中大量累积，对土壤、水体等环境影响也越来越突出。随着人口数量增长和环境保护意识的加强，农产品产量需求增加与传统的农业生产过程中水、肥、药粗犷利用之间的矛盾逐渐加深。此外，长期连作使得土壤微环境发生严重病变，各种土传病害时有发生，在耕地质量下降的同时，农作物产量和品质将会受到严重影响。采取更加科学、精确的施用化肥和农药的措施不仅可以减少资源的浪费，而且可使作物果实中农药残留进一步降低，从而提升果实品质，有益于居民健康和饮食安全。因此，发展节水、节肥、节药的现代农业对农业可持续发展具有重要意义。水肥药一体化技术是指按照作物生育期生长需求，按一定的配比，将水、可溶性肥和农药兑在一起，通过一定的灌溉措施，将三者的混合液送入植株根部或叶片等部位。随着水肥药一体化技术对作物种类、种植方式等方面的研究不断细化，学者们在装备设计、智能化改造、实际生产应用等方面进行了一定的研究和探索。

1. 水肥药一体化设备研发

水肥药一体化技术是水肥一体化和水药一体化技术结合、升华之后的新型节水灌溉、节肥施用、节药施用的新模式。水肥一体化核心理念是依据作物需求，制定科学的水、肥用量，并对二者进行一体化管控，实现水与肥之间的耦合效应，从而实现农田水肥利用效率的提升。水药一体化技术也称作“微灌施药”，其核心理念与水肥一体化类似，是将作物生育期内用水与用药进行有机结合、融为一体，并借助压力管道等设备将水药溶液送往作物根部或叶片，以达到控制病虫害、保证作物用水需求和节水、节药的目的。水肥药一体化技术和水肥一体化、水药一体化的核心理念具有相似之处，其目的也是通过一定的技术手段达到节水、节药、增产、提质、省工和节约化肥的效果，但水肥药一体化技术更复杂、考虑的要素更多，因此，在装置的设计、装置的智能化升级方面更具有难度。

(1)水肥药一体化装置设计。水肥药一体化装置(系统)的合理设计是作物能否通过水肥药溶液良好生长的重要前提。目前，我国众多学者及发明爱好者已在该方面取得重要成果。张健等为弥补水肥一体化和水药一体化技术在灌溉过程中溶液配比不精准、灌溉方式单一等缺点，进行了水肥一体化精准灌溉系统的研究设计。该系统是在传统的田间灌水管网基础上增加了田间传感器，并组装滴头和喷头。滴头的作用是滴灌施肥，而喷头的作用是喷灌施药，从而形成水肥药一体化系统。水肥一体化精准灌溉系统的水肥和水药精准配比也是通过特定方法计算的，配肥策略是基于 Matlab 环境下的模糊控制算法进行研究的；配药策略是通过控制药品母液通道和清水管道的电磁阀通断时间长短进行研究的。同时，以茄科类作物为研究对象，对该精准灌溉系统的实用性和科学性进行了实用案例测试。最终结果显示，通过该精准灌溉系统配肥、配药，滴灌施肥和滴灌施药不仅可以达到节水、降低次生盐碱化、保持土壤团粒结构等效果，还能调节田间小气候，有助于推进农业生产可持续发展。

(2)水肥药一体化的智能化。我国虽然人口众多，但随着人口老龄化程度增加、劳动力减少等新问题的出现，农业机械装备智能化改造是极有必要的，近些年，我国众多研究者已在该方面取得进展。程学军等基于 5G 物联网技术，研究设计了水肥药一体化精准灌溉控制系统，包含灌溉控制管理、传感器节点与主电路、远程控制、通信接口、硬件电路和实验参数设置等。该系统的主要特点是通过物联网技术采集数据和处理数据，并且可以根据不同作物生长规律选配适宜的肥料种类，进而满足作物正常生长的营养需求。同时，该系统还可以根据收集的作物生长和田间数据，通过用户调节灌溉制度。

2. 果蔬生产过程中的水肥药一体化技术

水肥药一体化技术等精准化灌溉系统的应用以高附加值的经济类作物为主，水果和蔬菜作为日常生活中两种主要的高附加值经济作物，学者们在其水肥药一体化方面也有很多研究。蒲昌权等研究了水肥药一体化技术应用于柑橘果园的成效，该研究采用肥料、农药减量施用技术和肥料、农药精准高效施用技术相结合的方式，融入测土配方施肥、有机肥与无机肥平衡施用、缓/控释肥料技术等化肥减量施用技术和农业、物理、生物防治技术等农药减量控害措施，从而增强了柑橘果园的经济效益和生态能力。

(三)嫁接育苗技术

利用不同作物抗病性的差异，采用嫁接的方式培育种苗，可增强作物的生态适应性和对病害的抵抗能力。

嫁接是一种古老的园艺技术。据记载，早在公元前 5 世纪，亚洲、欧洲和中东地区在农业生产上就已开始使用嫁接技术。嫁接技术的实质是换根，其有目的地将一种植物(接穗)的芽或枝与另一种植物(砧木)的根和基部相结合，使这两个部分共同生长，成为一个新的完整植株。嫁接植株的优势就是利用砧木发达的根系更好地利用土壤环境，提高接穗品种的生长势，达到植株更好适应环境的效果，所以在无土栽培的情况下，嫁接植株的优势减弱。但也有研究表明，即使在水培环境下月季嫁接株的大部分评价参数也比自根苗表现好。此外，嫁接通过调节植株的生理机能同时发挥砧木和接穗的优势，既可以保持品种的内在风格特点，也能达到增强抗性、改善品质、提高产量的目的。现在在嫁接愈合的形态学过程、生理生化机制方面已有大量研究，如砧木和接穗之间交流的激素、酚类化合物的含量、酶的活性、可溶性糖含量、可溶性蛋白质含量等。近年来，已扩展到对基因组学、转录组学及蛋白组学等分子机制的研究。嫁接是一种有效提升植株品质的繁殖手段，其内在机理涉及解剖学、分子生物学、生物化学等方面，受诸多因素影响控制。

嫁接方法主要分芽接和枝接两大类，芽接法以丁字形芽接法、方块形芽接法为主，枝接以劈接法、插皮接法为主，还有嵌芽嫁接法，兼有芽接与枝接两种特点。嫁接繁殖技术的核心在于砧木的选择。亲和性是影响嫁接成活率的主要因素，分类上较接近的接穗和砧木具有较高的嫁接亲和性，因此嫁接砧木通常选用同科属的植物。砧木和接穗之间的嫁接亲和性对于水分、养分和碳水化合物的不间断流动非常重要，对于木本植物来说，嫁接亲和不单是靠嫁接成活与否来判断的，因为有的植株嫁接多年后才表现出不亲和，甚至死亡。

1. 芽接

芽接是利用优良品种穗条上的芽进行苗木繁育的一种嫁接方式。

丁字形芽接法：也称"T"形芽接，这是芽接中最常用的一种方法，其特点是嫁接时间长，春、夏、秋三季凡砧木离皮的时候均可嫁接，其中秋季是主要嫁接时期，方法简单，易掌握，用接穗少，成苗快，如接不活，当年还可重接。多用于苹果、梨、杏、桃等经济林苗木嫁接。①切砧木。嫁接时，在砧木距地面 3～5 cm 处选一光滑无疤的部位，先横切一刀，再在横切口中间向下纵切一刀，形成一"丁"字形切口。②取芽片。选择与砧木基本等粗的接穗，用芽接刀从芽的下方 1.5 cm 处削入木质部，向上斜削一刀，切长约 2.5 cm，再从芽的上方 0.5 cm 左右处横切一刀，用手捏住接芽一掰即可取下芽片。注意不要损伤接芽的生长点。③插接芽并绑缚。插接芽时，用芽接刀柄先把砧木上的丁字形接口挑开，将芽片由上向下轻轻插入，使芽片上方同丁字形切口对齐，最后用塑料条从下至上绑缚。以往绑缚要露出接芽和叶柄，近年来通过试验证明，不露接芽和叶柄成活率更高，而且操作简便，但不露接芽和叶柄绑缚要用薄塑料。④松绑和补接。通常接后 15 天左右松绑并检查成活情况。接芽新鲜，叶柄黄褐色用手一触即落，表明接芽已成活，如果发现未活，应及时补接。

方块形芽接法：是近年来在核桃苗木繁育中总结出的一种芽接方法。嫁接时间在 5 月下旬—6 月中旬。①剪砧木。在嫁接部位以上留 2 片或 3 片复叶剪砧木。②取芽片。用芽接刀先在距芽 0.5 cm 的上下方各割一刀，深达木质部，再在芽两侧距芽 0.3 cm 处各纵割一刀，也应深达木质部。用大拇指和食指捏住芽片，轻轻向一边掰，即可取下芽片。注意不要挫伤接芽的生长点。③切砧木。选择与接穗等粗的砧木，在砧木距地面 5 cm 左右处选一光滑面，依嫁接芽片的大小，先在砧木上下方各横切一刀，两刀的距离与接芽片的上下距离等长，再在一侧切一刀，然后撕开砧木皮，如同开门一样，当与嫁接芽片等宽时撕下。

2. 枝接

枝接是利用优良品种穗条上的一小段(其上必须有 1 个以上饱满芽，这一小段枝称为接穗)，进行苗木繁育的一种嫁接方式。①接穗的采集。接穗应从品种园或专门建立的采穗圃的母株上采取。选取树冠外围中上部生长充实、芽体饱满的一年生健壮枝条。枝接用的接穗，可结合冬季修剪采集。②接穗的处理。秋冬季剪下的接穗必须进行很好的贮存，一般采用蜡封接穗的方法进行贮存，其优点是可减少接穗水分蒸发，保证接穗从嫁接到成活这段时间的生命力。采集接穗后，按嫁接时所需的长度进行剪截，一般接穗枝段长度为 10 cm 左右，保留 1 个以上饱满芽。剪穗时应注意剔除有损伤、腐烂、失水及发育不充实的枝条。封蜡时先将工业石蜡放在较深的容器内加热熔化，待蜡温达到 90 ℃以上时，将剪好的接穗枝段一头在蜡液中速蘸，再换另一头速蘸。要求接穗上不留未蘸蜡的空间，中间部位的蜡层可稍有重叠。蜡温不能过低或过高，过低则蜡层厚，易脱落；过高则易烫伤接穗。蜡封接穗要完全凉透后再收集贮存，可放在地窖中，并保持窖内适宜的温度及湿度。蜡封接穗，可直接运输，不必经特殊包装。

劈接法：这是育苗生产上应用较多的一种枝接方法，在树液开始流动后即可进行嫁接，最晚可到展叶期，此时嫁接要保证接穗不能发芽。

(1)劈砧木。嫁接时先在嫁接的部位将砧木剪断并削光伤面后，在中间切一垂直的劈口，深 3 cm 以上。

(2)削接穗。削取接穗时，在下部的两侧各削一个长 3～4 cm 的削面。削取时应注意外面稍厚，里面稍薄，并从距下部芽 1 cm 处下刀，以免过近伤害接芽。

(3)插接穗。将削好的接穗厚面向外，插入砧木劈口，保证接穗一端的形成层和砧木的形成层对齐，并注意不要把削面全部插入，应留 0.5 cm 左右，称为“留白”，这样有利于伤口愈合。苗木嫁接一般只接一个接穗，进行大树高接时，可插 2 个以上接穗。

(4)绑缚。插好接穗后用塑料条对接口进行包扎，尤其是砧木断面伤口一定要包好，避免水分蒸发。

插皮接：也叫皮下接。此法操作简便，应用广泛，效率很高，用于较粗的苗木或高接换种和老树更新。嫁接必须在苗木离皮后进行，比劈接时间要晚一些，接穗要在冷凉处保存，不能让接芽萌发。

(1)切砧木。先在嫁接的部位选光滑无伤处把砧木上部剪去，并用刀削平伤面。然后在砧木嫁接部位，由剪口向下纵切约 2 cm 长的垂直切口。

(2)削接穗。一手拿接穗一手拿刀，在顶芽背面向下削一个长 3～4 cm 的削面，再在长削面背后尖端，削长约 0.6 cm 的短削面。

(3)插接穗并绑缚。用嫁接刀撬开砧木切口，将削好的接穗，长削面向砧木，由上向下插入砧木切口，同样注意“留白”。接后用塑料条扎紧。

3. 嵌芽嫁接法

不论砧木或接穗离皮与否，嵌芽嫁接均可进行，其嫁接时间相较丁字形芽接可稍提前。实践中，春季树液流动期一般用嵌芽接，针对柿树、杏树等皮层单宁含量高、易氧化、伤口愈合难的植物，春季嵌芽接能够提高其成活率。嵌芽嫁接具有芽接和枝接两种特性，春季嵌芽接接近于枝接，优点是比枝接省穗条，因此外调接穗或珍贵树种嫁接也常用春季嵌接，夏秋季嵌接更接近于芽接，夏秋季多用丁字形芽接法。下面主要介绍春季嵌芽嫁接法。

(1)接穗的采集和贮存。与枝接一样，结合冬季修剪采集接穗，接穗采下后用沙藏法保存，在背阴处挖一个贮藏窖，一层接穗一层湿沙，让接穗与湿沙充分接触，并保持湿度，如果接穗多则中间要插草把，以防接穗发霉，上用秸秆覆盖。嫁接时随接随取。

(2)削接芽。一手倒拿接穗，一手拿嫁接刀，先在芽上方 0.8～1 cm 处向上斜削一刀至 1/3 木质部，长 1.5～2 cm，然后在芽下方 0.5 cm 处横切一刀，与第一刀刀口相接，然后取下带木质的芽片，刀口要光滑无毛刺。

(3)削砧木。可按接穗切口的角度，同样斜切两刀，砧木的切口形状与削取的芽片相同，但略比芽片长，取掉砧木上的削片。

(4)插接穗并绑缚。砧木削好后，立即将削下的芽片嵌入砧木切口内，应注意芽片的一边要与砧木形成层对齐，上端露出一线砧木皮层，最后用塑料条绑紧。

(四)生物技术

生物技术是指以利用生物体或其体系或它们的衍生物来制造人类所需要的各种产品或达到某种目的的技术手段。生物技术在农业领域的渗透主要表现为应用生物技术进行生物育种，生产生物能源和生物医药等生物产品，由此形成了涵盖生物育种、生物能源、生物饲料、生物疫苗和制剂等领域在内的生物农业。

在石器时代后期，我国人民就学会了用谷物造酒，这是最早的生物技术。公元 304 年，我国最早的地方植物志《南方草木状》中就有关于生物防治的记载，这是生物技术最早在农业上应用的记载。近年来，随着高产、高效、优质农业的发展，生物技术在农业上的应用越来越受到人们青睐。传统的生物技术已经在农业上大面积推广应用，新的优质生物技术措施正在逐步被开发利用，并在农作物、肥料、秸秆还田、植物保护等方面推广应用，取得了显著的社会效益和经济效益。21 世纪，人类对农产品的需求逐步向绿色、有机食品发展，化学农业将逐渐被生态农业取代。生物技术在农业上的应用和发展将起到非常重要的作用，并越来越被人们重视，成为我国农业发展的必然趋势。生物技术应用在农业生产上取得了显著效果。

1. 生物技术的应用

(1)生物技术在农作物上的应用。生物技术在农作物上的应用方式主要有：作物组织培养、体细胞杂交、农作物人工种子、转基因育种等。农作物组织培养技术主要用于品种培育和良种繁育，其次用于无性繁殖作物的脱毒和快速繁育以及种质资源的保存；体细胞杂交可以创造出更有经济价值或更广泛适应性的作物新品种；人工种子可对一些自然条件下不结实或种子昂贵的作物进行繁殖，缩短育种年限，并可人为控制作物生长发育和抗性，防止种性退化；转基因育种是对农作物进行基因转移，使其获得新的优良品性，培育出具有抗寒、抗旱、抗盐、抗病虫害等抗逆特性及品质优良的作物新品系。经过各方面的努力，我国已培育了包括水稻、棉花、小麦、油菜、甘蔗、橡胶等一大批作物新品系。如我国将苏云金杆菌的 Bt 杀虫蛋白基因转入棉花，培育出的抗虫棉，其对棉铃虫的致死率达 80%以上。

(2)生物技术在肥料上的应用。生物技术在肥料上的应用主要是生物肥料的开发，生物肥料的类型及作用包括如下 7 个方面：第一，根瘤菌肥料类，能在豆科作物根上形成根瘤，同化空气中的氮气，供应豆科植物的氮素营养；第二，固氮菌肥料类，能在土壤和很多作物的根际中同化空气中的氮气，供应作物氮素营养，又能分泌生长素刺激作物生长；第三，磷、钾细菌肥料类，能把土壤中难溶性磷、钾转化为作物可以吸收利用的有效磷、钾，改善作物磷、钾素营养；第四，复合菌肥料类，含有两种以上的有益活微生物，互相不拮抗并能提高某种或某几种作物的营养元素供应水平；第五，有机、无机和微生物复合肥料类，提供土壤有机质、无机化学养料以及有益活的微生物菌体；第六，转化有机物质菌肥料类，将有机物质转化为作物容易吸收利用的营养物质；第七，抗生菌肥料类，具有肥效作用，防治作物病虫害并刺激植物生长。

(3)生物技术在秸秆还田上的应用。我国传统农业中秸秆直接还田数量较少,还田形式也主要是通过养畜过腹还田和作燃料以后的草木灰还田。近年来,秸秆还田技术发展很快,出现了很多新的还田技术,像玉米整秆覆盖、小麦-玉米连作秸秆全量还田、小麦高留茬、秸秆快腐还田等。

(4)生物技术在植物保护上的应用。生物防治是利用某些有益的生物防治病虫害的方法。即以虫治虫,以菌治虫,以菌治病。如用瓢虫防治棉蚜、用杀螟杆菌防治稻纵卷叶螟等。应用途径。开展天敌资源调查,保护利用优势种群;人工繁殖和引进益虫与有益微生物;研究开发和推广生物农药;运用生物技术,培育转基因抗病虫品种。②应用状况。20 世纪 50 年代初,我国就采用处理稻根、保护寄生蜂和冬耕灌水等方法控制螟虫危害。20 世纪 70 年代以来,我国首先开创了利用柞蚕卵大量繁殖赤眼蜂工厂化生产技术。近年来,又在赤眼蜂人工卵培育方面取得了重大进展,并利用赤眼蜂规模化防治玉米螟、甘蔗螟、美国白蛾等重要害虫。

(五)航天技术

航天技术向农业领域扩散、渗透,即利用航天技术,让种子在太空这一特殊环境中发生变异,获得高产、优质、抗病等特殊机能,进而提高农作物产量,改善产品品质。现代航空航天技术在农业领域的应用,改善了农业种质资源,开辟了农业发展的新地理空间,形成了农业新形态——航天农业,大大扩展了农业发展的地理空间范围。

1. 航天技术应用于植物育种

植物航天育种是利用空间极端环境(空间辐射、微重力、真空等)诱发植物遗传物质发生改变,基于现代生物学技术选择优良变异,并利用优良变异培育优质高产多抗植物新品种的育种方法。空间环境下的高能带电粒子辐射、持续低剂量射线辐射、长期恒定的微重力条件、高真空等综合环境因素可有效诱发植物种子或生物体基因产生改变。由于植物种子或生物体材料在太空中处于失重状态,细胞状态与地面环境差异较大,在受到空间辐射作用时,DNA 损伤的类型多样且难以修复,从而产生多种变异,更有可能产生在地面上难以获得的变异。同时,由于太空环境及飞行器轨道的复杂多变,所以即便是同一种作物、同一个品种,在不同的搭载时间,其诱发变异的效果也可能有所不同,难以做到重复实验。但是,随着中国长期在轨空间站的建设,作物种子或者材料在空间站的重复比较实验将成为现实。目前的航天搭载分成两类:一是有源搭载,二是无源搭载。有源搭载针对需要生境保障的生物体,此类材料在航天搭载的过程中,需要提供相应的装置及光照、温度、湿度、氧气等与地面相似的环境条件。鉴于空间飞行器的资源限制,我国的航天搭载一般是无源搭载,以干种子为主要搭载材料,将种子放置在返回舱内,随航天器一同在太空运行,其间记录飞行高度与角度、持续的时间及所遇到的天体活动等数据。航天育种技术过程中,种子航天搭载只是航天育种的第一步。种子返回后,还要进行一系列的育种流程育成新品种后才能进入市场应用。

2. 我国植物航天育种的发展历程

中国的航天育种是利用航天诱变培育适合产业需求的新品种。我国自 1987 年开始航天搭载研究。截至 2020 年 9 月,我国先后 30 多次利用返回式卫星、神舟飞船、空间站及各类返回式航天器，搭载不同植物种子，已培育出 700 多个新品系或新品种。在我国 30 多年的航天育种研究中，有两个里程碑式的事件：一是 2006 年 9 月，我国发射了世界上首颗生物育种卫星实践八号，搭载了水稻、小麦、玉米、棉花、高粱、花卉、蔬菜、林果等 2 000 多份重达 215 kg 的生物材料，表明我国航天育种研究已正式列入国家计划，在我国掀起了航天育种的高潮；二是 2020 年 11 月利用嫦娥五号开展世界上首次深空航天育种搭载试验，这次搭载意义重大，它为我国以后的深空生物学研究、深空航天育种研究打下了重要基础。

3. 航天技术应用于植物育种的意义

航天育种的最大优势在于罕见种质和基因的创制，是农作物遗传改良的有效技术途径，在多个方面助力我国种业创新。

(1)航天诱变新种质突破，助力育种水平提升。华航一号是我国第一个通过国家审定的航天诱变作物新品种。1996 年华南农业大学陈志强等利用我国返回式卫星搭载水稻品种特籼占 13 种子，回收后仅历时 3 年就培育出华航一号；夏红一号、夏钻石番茄品种，是通过航天搭载历时 4 年选育而成的优质、早熟、抗青枯病的优异种质，比常规育种大大缩短了育种周期；福建省农业科学院通过航天诱变选育的优良恢复系航 1 号、航 2 号被长江中下游水稻育种单位广泛应用，育成了多个超级稻品种。

(2)航天诱变新基因资源共享，助力行业整体水平提升。利用空间诱变育种技术，华南农业大学在普感稻瘟病的品种丽江新团黑谷和中二软占中诱变和创制出一批抗病乃至达到免疫的新种质。利用这些抗病种质资源，创建了一大批骨干亲本，培育出更为优质丰产高抗稻瘟病的新品种，提高了团队的抗稻瘟病育种水平；同时，高抗稻瘟病新种质的共享辐射应用，有力提升了华南和西南稻区的水稻新品种的整体稻瘟病抗性水平。华南农业大学利用空间诱变直接选育出非 *sd1* 矮秆新种质 *CHA-1*、*CHA-2*、*hfa-1* 等并应用于育种实践中，对促进华南籼稻株型育种作出重要贡献。除此之外，还在诱变后代中筛选鉴定出穗粒数达 500～600 粒且结实率正常的特大穗型突变体。张志雄等利用航天诱变与花药培养技术成功选育出不育系花香 A，并通过不同单位的通力合作，选育出多个通过各级审定的品种。

(3)大量的航天诱变新基因成为生物育种创新的源头活水。航天育种与生物技术结合后，航天育种所创建的新基因可成为生物育种创新的一种源头。具有自主知识产权的航天诱变基因将破解生物育种“卡脖子”的问题。因此，通过创建航天诱变突变体库，能极大地丰富生物育种研究源头。利用空间诱变育种技术，华南农业大学定向创制了一批聚合多个有利基因的优质高抗骨干恢复系材料。

三、有害生物风险预警

外来物种是导致生物多样性丧失的最重要的因素，已成为严重的全球性环境问题之一。根据统计，截至 2013 年，入侵中国的外来生物已经确认有 544 种，其中大面积发生、危害严重的达 100 多种。在国际自然保护联盟公布的全球 100 种最具威胁的外来物种中，入侵中国的就有 50 余种。有害生物传播会影响乡村生态系统的平衡，甚至对游客、村民的人身安全产生不可挽回的危害。

(一)绿地生物风险的产生原因

1. 绿化植物配置的不合理

城市绿地系统是一个人工的开放系统,主要以人工调控为主,自我调节能力比较弱,因此系统的抗逆性和稳定性较差,天敌资源相对匮乏,从而很难形成稳定的自然控制机制控制有害生物。城市绿地中存在园林植物配置不合理、单一色块植物的大面积密植、绿地设计密度过高或病虫转主寄生植物混植等问题。例如,桧柏或侧柏与蔷薇科植物配置在一起,给梨锈病、桧锈病等转主寄主锈病的发生和流行创造了条件。单一品种大量成片种植的直接影响就是造成生物多样性不足。这些原因成为我国绿地植被群落不稳定的一个重要因素,并为某些有害生物提供了充足的饲料及发生流行的环境。而随着城市绿化覆盖率的迅速提高,绿化苗木新品种、新技术的不断引进,城市变得越来越绿的同时,城市园林绿化工作也存在很大的不足,主要体现在重建设、轻养护,人造环境生物链脆弱,不易达到一个优良的平衡生态环境。

2. 人类日常活动的影响

人类与绿地的关系日趋密切,特别是在城市环境中,可用的绿地数量有限,人们进入城市绿地系统的活动频率非常高,因此,绿地既是野生动物生存的栖息地,也是人类和宠物的娱乐休闲地。虽然这种城市人工自然环境不是适合大型寄主的栖息地,但是通过较小的哺乳动物(野生寄主)、人类和他们的宠物,特别是犬的被迫式接近,有害生物疾病传播风险加剧。

3. 栖息地、气候等条件的改变

随着中国城市化进程的加快,很多城市绿地特别是城郊绿地与乡村经济作物及粮食作物大田有关联或者在地理位置上相连,除了植物本身的病虫害,还有许多来自蔬菜、农作物上的食性较杂的害虫,成为城市园林绿地植物的重要害虫,或交互侵染。如草地螟、斜纹夜蛾、蝗虫和地下害虫(金龟子、地老虎)大量进入城市绿地,危害极大。城市绿地的营养因素(食料条件)、栽培养护以及气候异常导致温室效应等的影响,使主要有害生物发生种类由大型向小型、由暴露向隐蔽演替。例如,刺吸式害虫(蚜、蚧、螨、蓟马、粉虱、木虱、蜡蝉)在城市绿地植物中大肆流行,寄主范围不断扩大,钻蛀性害虫(如天牛、木蠹蛾、小蠹等)继续扩散蔓延,一些易感树种的为害率高达90%。同时这些害虫极易造成绿地植物的“煤污病”,影响城市绿地景观。

4. 绿化植物新品种的无序调运

交通的不断完善及旅游业的不断发展,导致有些生物可以被运送到其他更适合生长的地方和区域,从而导致有害生物的蔓延,引起居民恐慌。虽然国家对作物新品种的检疫非常严格,但存在对园林植物新品种的调运管理不严的情况,致使绿化植物无序调运的现象非常普遍。大量带有危险性有害生物的外来种子、种苗在无序调运中被引进,对本地苗木生产和绿化造成较大威胁,且一些外来物种极易在绿化工程或其他活动中被带入,从而使外来有害生物入侵的可能性增大。

5. 进口检疫不力

花卉及苗木进口检疫中面临严重的病虫害和生物入侵问题。某些园林植物新品种的检疫不力导致了某些侵入性有害生物成灾，如美洲斑潜蝇、蔗扁蛾、美国白蛾、松材线虫、烟粉虱、椰子象、西花蓟马、香蕉穿孔线虫等。1997 年，原产非洲的蔗扁蛾首次在北京被发现，其寄主植物达 23 科 56 种，严重危害巴西木、发财树、苏铁、一品红等观赏植物；蔗扁蛾在刚传入的短短两年时间就遍及我国 22 个省市区。外来有害植物在侵入城市绿地系统之后，极易在生物链中占据主导地位，侵占乡土植物的生态位，从而造成灾害。紫茎泽兰、飞机草、水葫芦、空心莲子草（水花生）、加拿大一枝黄花等是国家环保局首批公布的外来物种，它们的生长会对当地物种的生存造成威胁。近 20 年来，上海由于种植加拿大一枝黄花已使 30 多种本土园林植物物种消失。原产欧洲的千屈菜，在 100 多年前作为观赏植物引入北美，原有的乡土植物因此死去，很多动物因栖息地的改变而迁移，生态环境和生物多样性遭受破坏。

此外，社会认知程度不高、防治基础薄弱、资金投入不足、防治手段单一、技术手段落后等问题，也是导致城市绿地生物灾害严重发生的重要因素。

（二）有害生物风险发生规律

通过对现有资料进行归纳、总结，找出中国可能发生的生物风险的区系分布特点和规律是非常必要的。笔者对华中地区乡村绿地中可能发生的有害生物风险做了调查（表 2-1），以期为乡村绿地有害生物防治和风险管理提供相关依据。

值得注意的是，大部分的有害生物在进入一个新环境后，会有一段“时滞时期”，在这个时期，采取有效措施基本上可以达到消灭或控制有害生物的目的，在成本上也更经济；若在其大面积扩散后再进行防治，成本和难度会成倍增加。因此，为了控制有害生物造成危害或爆发成灾，在农业公园建立有害生物防治和早期预警监控体系非常必要。

表 2-1　中国华中地区乡村绿地中可能发生的生物风险

主要植被品种	最有可能的虫害风险
雪松、樟、女贞、重阳木、水杉、柳、栾树、鸡爪槭、银杏、石榴、紫叶李、臭椿、白蜡、石楠、喜树、枫杨、榆、檫、苦槠、水蜡树、木芙蓉、木槿、夹竹桃、紫荆、榆叶梅、玉兰、碧桃、海棠、桃、梨、樱花、紫薇、桂花、南天竹、紫藤、小叶女贞、大叶黄杨、含笑、月季、杜鹃、栀子、醉蝶花、山茶、红叶甜菜、红花酢浆草等	斑衣蜡蝉、桃红颈天牛、白果蚕、棉蚜、桃蚜、桃瘤蚜、日本龟蜡蚧、桑白蚧、草履蚧、紫薇绒蚧、光肩星天牛、星天牛、桑天牛、柳毒蛾、小木蠹蛾、红脂大小蠹、霜天蛾、大袋蛾、柑橘全爪螨、水杉色卷蛾、马尾松松毛虫、黑翅土白蚁、黄翅大白蚁、泥翅象甲、桃蛀螟、大青叶蝉、小绿叶蝉、蚱蝉、丝棉木金星尺蠖、银杏大蚕蛾、铜绿丽金龟子、镰形扇头蝉、微小牛蝉、白粉虱等

（三）绿地生物风险监测与预警

绿地生物预警是对绿地有害生物危害带来的不确定事件进行监测、预测，满足防治、管理配套的需要。张则乐、夏聪均提出了构建城市园林植物有害生物预警监控体系的方法。通过系统的总结和研究，将城市绿地有害生物预警体系分为决策指挥、技术支撑、风险评估和组织实施 4 个组成部分。

1. 决策指挥

决策层全权领导预警体系，是整个预警体系的最高决策机构。由所在城市的分管部门领导，负责建立监控网络体系、明确各单位职责、预警预测信息审核、防控决策以及其他组织协调工作。审定重大突发事件的应急控制预案，对突发事件应急预案的启动和结束进行决策与发布。

2. 技术支撑

充分利用国内技术力量，组建专家库。培养有害生物预警研究领域的专业技术人才，维持研究团队相对稳定的人员结构和技术领先，使之成为预警体系建设的强大技术后盾。采取现场培训、专题培训、互动交流培训等形式，对园林绿化管理人员、技术人员等进行园林植物有害生物的识别、监控预警、综合防治等专业知识的培训，引导绿地有害生物防治向人与环境安全的方向发展。

建立绿地有害生物监控中心、监测站、风险分析中心及预警信息分析中心，配备专门的预警研究设备和研究人员，对监测的日常工作予以配合。研究人员围绕预警体系实施过程中面临的重大科技问题开展研究攻关，对监测预警信息进行分析延伸。

3. 风险评估

绿地生物风险性评估应根据有害生物的生物学资料如名称、分类、寄主、生物学习性、为害程度等对传人可能性、扩散的可能性及传人后对经济、社会和环境等方面的影响进行风险评估，最终确定检疫水平和风险水平。逐步建立绿地有害生物成灾风险分析评估机制，依据成灾风险对绿地有害生物进行分级管理。对存在极大成灾风险的一类病虫，要制定详细的应急预案，一旦发生，立即扑灭；对具有潜在成灾风险的二、三类病虫，要建立严密的系统监控机制，抓紧开展研究，储备相应防控技术，以备不测。

4. 组织实施

在监测范围内设立若干监测点，对城市绿地有害生物进行定点监测。安排技术人员定期对各个有害生物监测点的监测情况进行收集，并依托现有的有害生物数据库，定期提交城市绿地有害生物预警监控报告。有害生物预警监控中心对所发现的有害生物疫情问题进行跟踪调查，并将有关措施的落实情况及时反馈给各园林绿化与风景区管理处。所监控的有害生物以城市绿地发生的重要有害生物和已入侵的外来有害生物为主，包括检疫性有害生物，其次是会对人体造成不良影响的园林植物有害生物，同时监控暂未入侵的外来园林植物有害生物，尽量做到早发现早消灭，降低其成功入侵的可能性。

（四）绿地有害生物的综合防治

城市绿地系统是一个社会-经济-自然复合生态系统，是人与城市绿地环境相互作用的集中体现。有害生物防治是城市绿地养护中的一个重要环节，直接影响城市的生态环境和城市生态系统的可持续发展。然而，在有害生物防治中，重治轻防，盲目使用化学农药的现象至今普遍存在。化学农药的滥用，除了导致成本大幅度上升外，还引起了“3R”（resistance 病虫抗药性、resurgence 病虫再猖獗、residue 农药残留）问题的产生，生态环境恶化，对人类的健康造成很大危害。

针对我国绿地类型的具体情况，主要采取以下一种或同时采取几种生态治理对策，以最大限度地保护城市园林绿地生态系统的平衡稳定与健康发展。

1. 生物防治

生物防治技术，是采用生物手段，干预城市有害生物，从而达到病虫害防治的目的，被广泛应用于林业绿化有害生物防治工作中。它的优点在于一般不会对人、畜和植物等产生危害，选择性强，不污染空气、水和土壤，不会产生抗性。第一，要保护和利用天敌。避免使用对天敌杀伤力强的农药，使天敌种群能够顺利地生存、繁衍。第二，尽量利用生物源农药。生物源农药包括微生物源农药（如苏云金杆菌、井冈霉素等）、植物源农药（如除虫菊素）和动物源农药（如昆虫性引诱剂）。与化学农药相比，这些农药具有无残留、无公害、不污染环境的优点，能专一性作用于有关的病虫生物种类（即靶标）。

生物防治技术也存在一定的缺陷：我国生物防治大多只限于对某一种生物实施天敌防治，且大量释放天敌对系统的稳定性是有害的；由于起效较慢，在高密度下不能起到迅速压低有害生物数量的目标；技术要求较高，受环境条件制约较大。因此，在有害生物防治工作中，生物防治在多数情况下要与其他防治方法配合，才能获得最佳效果。

2. 物理机械防治

利用害虫的特殊习性和趋性，应用简单器械或物理因素（光、热、电、风或放射线等）来防治害虫。例如：利用大蒜的气味防蜱虫，对许多蛾类、蝼蛄、叶蝉等具有趋光性的害虫进行黑光灯诱杀，对多种具有假死性的鞘翅目成虫可人工捕杀，利用地老虎的趋化性进行糖醋液诱杀等。对于植物病害则可利用热力处理、机械处理、射线处理及外科手术等各种物理手段进行防治，如利用热力处理种子、苗木、接穗和土壤以消灭一些病原物，利用外科手术可刮除茎干病斑以防治植物树干病害等。物理机械防治在园林病虫害防治的各种方法中是最简便、经济、有效、无公害而又不造成污染环境的方法。

3. 化学防治

化学防治虽然带来了一系列的消极作用，但在特定情况下，它仍是不可替代的有害生物防治方法，尤其是当突发性或暴发性病虫害发生时，化学防治仍是应急措施。科学合理地应用化学农药，可以及时有效地控制病虫害。如农药的合理混用或轮用，不仅能提高防治效果，而且能避免或延缓病虫害产生抗药性。应用特异性、选择性高的农药可减少对天敌的杀伤；严格控制使用农药的品种，应用低毒、高效、低残留的农药及采用科学适当的施药方式，可减少对环境的污染。

4. 栽培防治

在进行绿化建设时，设计、种植、施工和养管等各环节都要从尊重生态系统自我调节的角度出发，遵循生物共生、循环、竞争的原则，实行乔、灌、藤、花、草多种植物合理配置，形成多品种、多层次、互促共存的复层式植物群落，在树种的选择上应以植被分布规律为理论基础，以乡土树种为重点，做到适地适树，这是保证城市绿化植物健康生长以及提高自身抗性的前提。通过选种和调节种植期、种植密度、合理施肥、排灌等方式，以及采后控制技术，增强植物活力，配合其他防治方法控制有害生物的危害。同时，注意避免混栽病虫转主寄生植物和有共同病虫害的植物。

5. 法规防治

法规防治即以法规为依据，设立专门机构，通过法律、行政和技术的手段，对生物和流通中的某些感染特定有害生物的绿化植物与植物产品采取禁运及限制措施，以防止这些有害生物的人为传播，保证城市绿地生态安全。其特点是从宏观整体上预防有害生物（尤其是本区域范围未有分布的有害生物）的传入、定植与扩展。随着城市的建设和地区间贸易的不断扩大，苗木的交流和调运也更加频繁，为绿地病虫害的传播蔓延提供了更加有利的条件。应建立健全园林植物检疫准入制度，逢苗必检，凭证准入，没有检疫合格证的，一律不允许调运，有效截断外来入侵病虫害传播的途径。

（五）绿地生物风险管理措施

1. 重视有害生物的早期监测

加强监测预报，可为城市绿地有害生物防治提供准确的决策依据，因此监测预报是有害生物防治工作开展的前提条件。组织开展全国绿地有害生物疫情普查，在一些条件具备的省份开展航空监测，以积累经验并定期发布预测信息。

2. 加强检疫御灾工作

防止有害生物输入与导出的检疫工作是控制城市绿地有害生物侵入的重要环节。植物检疫对防止有害物种的传入起到了积极的作用，有资料表明，仅1986—1990年，从上海口岸进口的349船粮食中，就有46船次截获毒麦和假高粱籽实，其他草籽实30科100余属200余种。对要引进的用于园林绿化的外来物种必须经过严格的检疫，防止危险性病、虫、杂草传播蔓延。对苗木与花卉生产基地、木材销售和加工场所、公共绿地、居住区绿地、车站、码头、口岸等场所开展检疫执法，对危险性有害生物进行检验检疫，控制危险性绿地有害生物的传入、扩散和蔓延。

3. 重视国外已造成严重危害的病虫害种类

对于目前在国外已造成严重危害的病虫害种类，必须引起我国政府的高度重视，采取措施，严防传入我国。如目前在美国造成栎类植物突然死亡的栎猝死病等。我国有关部门应加强合作，制定相应的措施。同时，要进一步加强与其他国家的疫情数据信息交换工作，尽快了解与我国有贸易往来的国家的病虫害种类，对可能危害到我国城市绿地安全的病虫害，要提前采取措施。

4. 加强生物制剂产品的管理工作

生物防治是我国城市绿地病虫害防治的重要手段。推进以绿色防治为主的综合防控措施的应用，使用生物和微生物制剂农药，充分发挥生物防治不污染环境、不伤害天敌、对人类安全等优点，提高生物防治效果；充分保护和利用天敌资源，大力推广昆虫信息素技术。目前，俄罗斯、加拿大、美国、日本、芬兰、澳大利亚等国家都在积极进行生物控制方面的研究，开展了生物杀虫剂的生产和应用。我国在城市绿地病虫害防治中大量使用了昆虫病毒、白僵菌、Bt、昆虫天敌等，但除Bt有登记证外，其余绝大部分都无登记证。应制定对全国各地广泛使用、技术已成熟的生物制剂及剂型技术标准，组织进行产品登记；对天敌的输引制定一套严格的管理程序。

5. 加强植物品种选用和养护管理

城市绿地的建设应以保护生物多样性为原则，加强抗性植物品种的选育，以适应城市生态环境，如抗干旱、耗水少、耐瘠薄、抗污染、抗冻害、抗病虫、耐粗放管理7个方面为树种选择的首要标准。应坚持以乡土园林树种为基础，不随意引进外来植物种。陈波等的研究表明，盲目引种不仅不能达到预想的绿化效果，甚至还会造成巨大的经济损失。以葛藤为例，1930 年，美国从日本引进了葛藤(日本从中国引进)，到 20 世纪 50 年代后，葛藤疯长，使当地动植物多样性遭到破坏，最终导致了一场公害。城市绿化在考虑拟引进外来物种时，要对其进行严格的生态风险评估，达到基本无生态和经济损失。加强园林植物养护管理，创造有利于植物正常生长和天敌繁殖而不利于病虫成灾的环境条件，有效地控制病虫危害。

第三章

我国农业公园发展现状与问题

农业公园的规划和建设工作必须从实际出发，才能解决具体问题。农业公园是一种新型的农旅结合产业，是对以往休闲农业项目的发展和提升，笔者选取典型案例进行现状调研，探讨中国休闲农业项目发展的特点和问题。

第一节　调查对象与方法

一、调查对象

为保证研究样本的典型性与代表性，主要选择具有典型特征的农业园区、景区、村庄或者村民和游客有深刻印象或较高评价的园区，包括全国范围内的农业示范园区、农业主题景区或村庄等。这些样本一定程度上代表了中国观光农业项目的中上建设水平，不同样本自然和文化资源、地理、气候和行政区特点有所不同，具有代表性和广泛性。具体来说，根据中国的地理、气候和行政区的特点，分为华东、华北、华中、西南、西北、华南、东北 7 个区域，在这 7 个区域中共选择 37 个样本作为调查对象（表 3-1）。调查的内容主要包括乡村景观风貌呈现、乡土文化表达、项目产业特色、生态安全、项目布局与功能和综合配套服务 6 个方面。

表 3-1　调查样本园区名录

区域	样本个数	样本名称
华东	8	上海多利农庄、孙桥农业园区、上海崇明前卫村、南汇现代农业园区、无锡田园东方、苏州江南农耕文化园、山东兰陵国家农业公园、山东青岛金口镇凤凰村
华北	4	北戴河集发生态农业观光园、北京蟹岛度假村、小汤山现代农业科技示范园、蓝调庄园
华中	9	湖北黄冈千叶湖农业生态园、武汉如意现代农业观光园、湖南绿世界生态艺术农庄、润泉山庄、光明村、浩博农庄、天艺山庄、娄底紫鹊界梯田、安化云上茶旅文化园
西南	5	云南丽江金龙村、昆明富民一丘田杨梅庄园、成都“五朵金花”（“幸福梅林”“三圣花乡”“菊园”“江家菜地”“荷塘月色”）、新津县花舞人间景区、贵州省盘江镇音寨村
华南	7	广东佛山长鹿休闲度假农庄、深圳海上田园、台湾十鼓文化村、广西阳朔世外桃源、海南火山泉休闲农庄、誉城 9 号休闲农庄、福山镇向阳村
西北	2	陕西大荔县畅家农业公园、咸阳杨凌现代农业示范园
东北	2	哈尔滨伏尔加庄园、绿岛旅游度假区

二、调查方法

样本的调查主要采取查阅资料、参观、体验、访谈、发放问卷等方法，以全面地了解调研对象的情况，总结归纳调研对象的优缺点，把握样本当前出现的问题，以寻找解决问题的策略。

三、调查对象基本情况分析

采用调查对象问卷填写和调查人员获取被访者相关信息完成问卷填写两种方式，对农业园和游客进行两方面的实证调研，对收回问卷中有疑问的地方及时询问。既保证问卷调查的准确性和回收率，降低问卷的难度，又可以获取问卷以外的其他相关信息。本次调查共发放 203 份调查问卷。向休闲农业园发放 40 份，回收 40 份，有效问卷为 40 份，有效率为 100%；向游客发放 162 份，回收 145 份，有效问卷为 140 份，有效率为 86%。采用的调查问卷内容见附录。通过对样本园区基本情况的调查，有助于深入了解其典型特征，对这些特征的全面、综合认知是本研究的基础。

（一）园区的基本情况

通过对农业园的调查，可以归纳出目前农业园的开发和经营情况，了解农业园业主方在经营的过程中产生的一些想法。调查问卷统计结果显示：休闲农业园的经营模式有企业、企业＋农户、村集体＋企业＋农户、政府＋企业＋农户等形式，其中以企业经营为主要的经营模式，企业在休闲农业的发展中是重要的动力因素，政府的决策和引导作用有待加强，同时，村集体和有意愿的村民可以更多地参与进来，发挥其主体性作用；受访的休闲农业园园区管理者文化水平大多数为高中以下，大学生和研究生管理者较少（图 3-1）；企业的投资规模主要集中在 500 万～2 000 万元这个阶段，其次是 500 万元以下，投资规模限制了园区的发展和壮大（图 3-2）；大多数园区 2015 年旅游接待人数为 5 000～10 万人次，其次是 10 万～100 万人次和 5 000 人次以下，少数园区达到了 100 万人次以上；大多数园区的项目设置主要集中在农业种植、瓜果采摘、水产养殖、民俗文化、运动拓展等方面，园区淡旺季明显，旺季一般集中在节假日和出现季节性景观时；部分园区拥有独特的文化资源，但是没有很好地融合进来，导致园区整体的文化性不够突出。

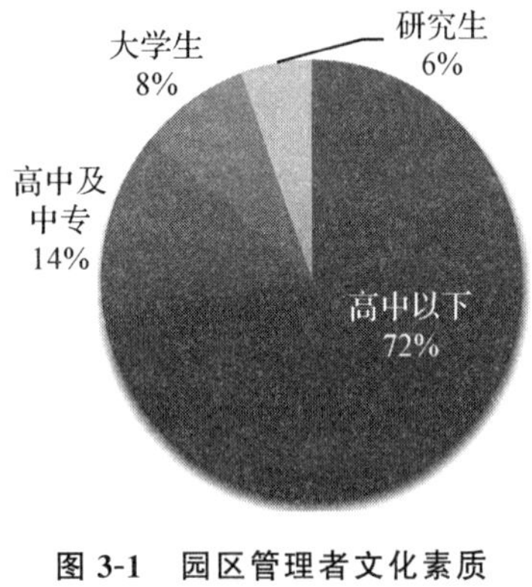

图 3-1　园区管理者文化素质

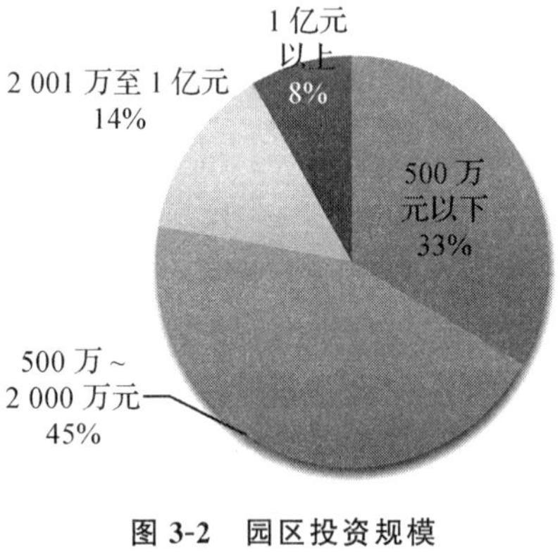

图 3-2　园区投资规模

（二）游客的基本情况

通过对游客的调查，可以了解目前休闲农业中消费者的想法和消费诉求。游客是休闲农业市场关系中的需求方，农业园是休闲观光农业市场关系中的供应方，将供需相结合，能够更好地研究行业的总体发展情况。

从对游客的调查问卷中可以看出：游客的年龄段主要集中在30～45岁（图3-3），游客的月收入主要集中在4 001～6 000元这个范围（图3-4），大多数游客都是第一次来园区（图3-5），重游率较低，人均每天花费主要集中在101～200元的区段（图3-6），说明游客的消费仍处在大众消费水平，应增强园区的特色，提升管理服务水平；游客主要集中在节假日出游，导致客源的数量集中性强，出现淡旺季明显的特点，同时影响游客的停留时间；从调查中可知，游客的停留时间为1天的占大多数，其次是半天的停留时间，2天及2天以上的占比较低（图3-7），这个现象跟游客的休闲时间特点以及园区的吸引力有关；从游客的出行方式来看，自驾车出行为主要的方式，其次是选择大巴车、公共汽车和出租车等方式（图3-8）；从游客旅游的目的来说，休闲游乐是最主要的旅游目的，其次是养生度假，还有一部分游客的旅游目的是会议、培训，表达了不同客源人群的旅游诉求。通过调查，游客认为园区最吸引人的是体验活动，其次是自然美景和文化景观，餐饮和住宿特色也是游客关注的重点。游客最不满意的是配套设施，其次是生态环境和餐饮住宿；游客最关注的基础配套设施是道路系统，其次是环卫设施、餐饮设施、标识系统、住宿系统。游客通过网络、电视广播、报刊、广告传单以及亲朋好友的介绍等方式获得目的地的信息，网络已经成为游客最主要的获取信息的媒介。

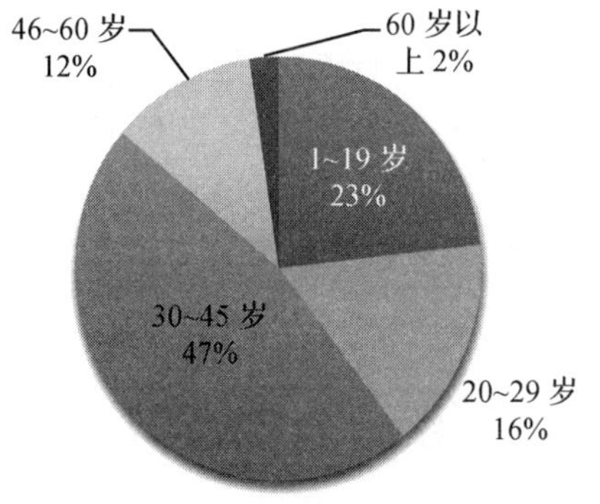

图 3-3　游客年龄分布

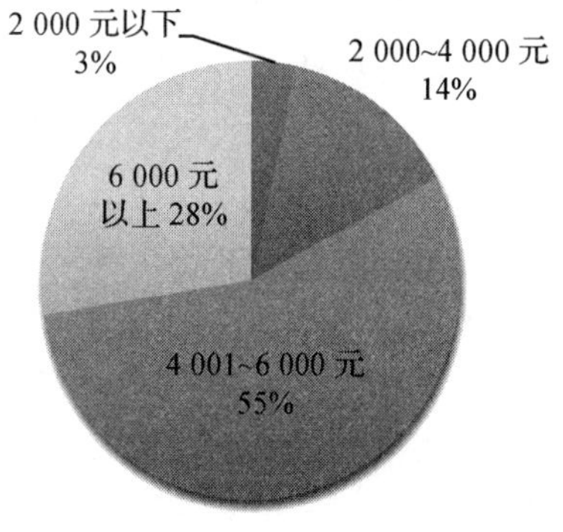

图 3-4　游客月收入

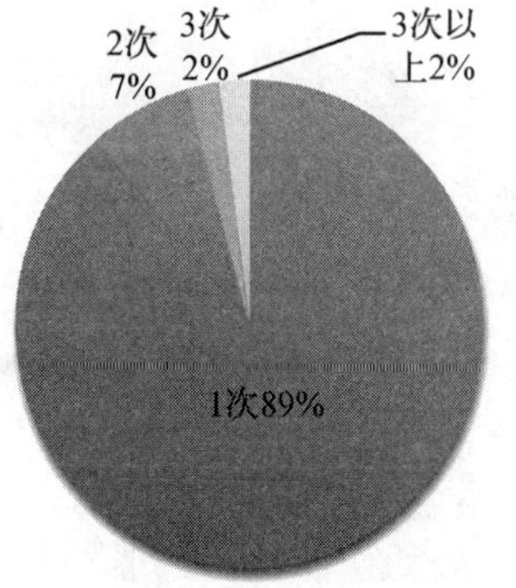

图 3-5　游客游览该园区的次数

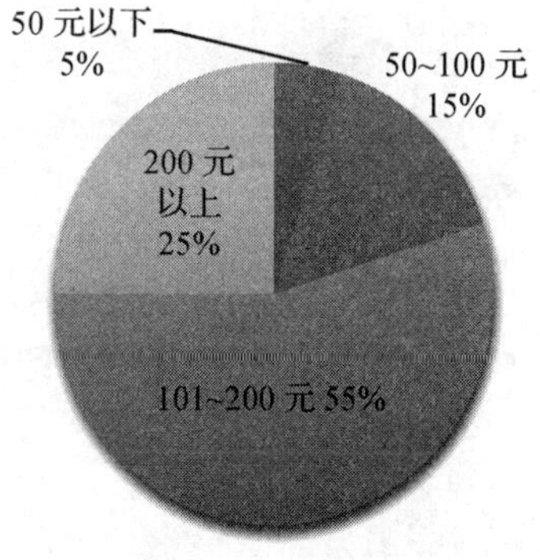

图 3-6　游客人均每天消费的金额

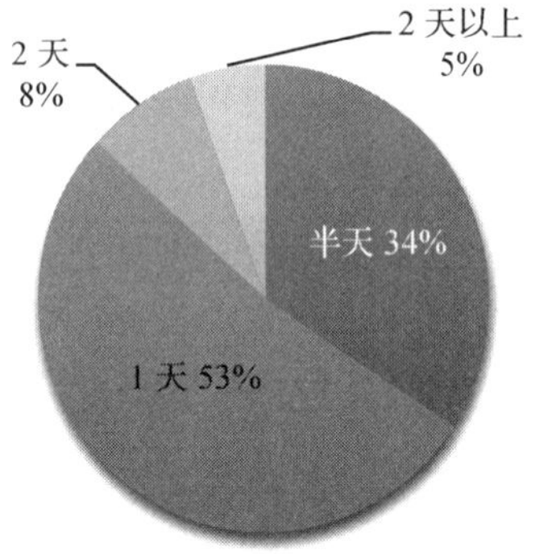

图 3-7 游客停留的时间

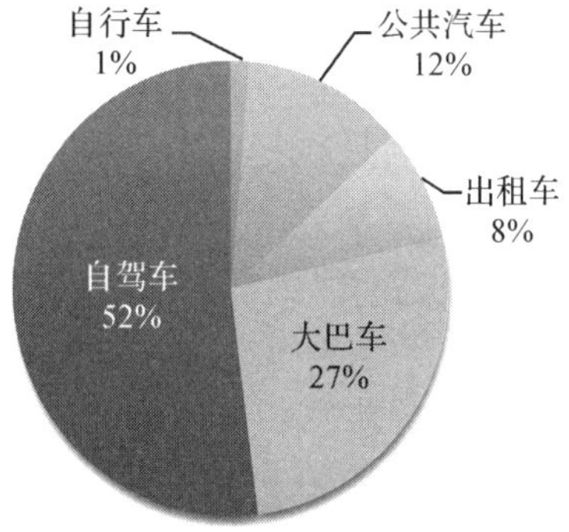

图 3-8 游客乘坐的交通工具

第二节 景观风貌呈现

乡村资源的景观性是休闲农业项目发展的基础，景观风貌营造的好坏是决定项目经营成败的关键，景观风貌营造是满足市场消费需求的重要客体。调研的休闲农业样本主要位于城郊或乡村，大多具有优越的自然生态本底，能提供空气清新、景色优美的环境。有的项目极富文化艺术创意，如有“九色玫瑰小镇”之称的云南金龙村（图 3-9）；有的项目以农业景观（田园花海）以及衍生出来的相关产品为主打产业，如北京的蓝调庄园；有的项目以农业自然景观和生态环境作为旅游农业产业的主题，如湖南的紫鹊界梯田。然而，由于没有制定前期规划、不理性的人为干扰造成资源的过分开发，或受投资经营者经济实力和管理能力的限制等因素，休闲农业项目的景观环境也出现了季节性突出、同质化、城市化、生态环境破坏等问题，使得园区失去了原有的乡村景观特色，进而影响了园区整体的景观风貌。

图 3-9 云南金龙村的文化创意景观（拍摄日期：2016-09-06）

一、农业景观的季节性

休闲农业项目内景观风貌与农业景观资源自身生态习性密切相关，大部分调研样本园区在建设中未能有效克服资源本身带来的不利影响，园区景观风貌对游客的吸引力仍有待提高。从农作物生长习性的角度来说，由于生长时间的限制，农业资源具有季节性生长习性(图 3-10)，使园区呈现季节性的“无景可看”或“无景深看”的窘况。根据调查，相当一部分园区景观受季节性的影响，但是季节性并不是影响游客出行的必要因素，因此，应在尊重自然资源在时间上分布不均衡特点的基础上，结合吃、住、行、游、娱、购等行为策划相应的项目，克服季节性带来的不利影响。

图 3-10　无锡田园东方冬季和春季景观(拍摄日期:2015-02-01、2016-03-20)

二、景观风貌的同质性

调查发现，同质性强、缺乏特色是很多休闲农业项目出现的共同问题。中国地大物博，文化底蕴深厚，景观资源类型多样，且具有明显的地域特色和异质性，然而许多休闲农业项目在规划设计时，由于缺乏对当地自然和人文资源的深入挖掘，造成地域特色、乡土文化的缺失，或是照搬模仿一些景点和项目，导致项目设置雷同，建设风格和主题千篇一律，乡村特色丧失。有的项目既不能体现自然山林或田园景观，农业产业特色也不明显，只是对景观元素进行生搬硬套，借用热门农业景点的项目，形成“四不像”的建设风格，使园区失去了个性和特色，乡村资源独特的美学价值、文化价值、科研价值等都遭到破坏，导致项目缺乏竞争力和吸引力。因此，在规划设计和项目建设时应结合当地资源特色，深挖历史文脉，塑造个性鲜明的形象。以台湾农业观光园为例，有高山牧场、海滨渔村、精致园艺等主题，风格各异，且不断调整更新，保证了其长久的吸引力。

三、乡村景观的城市化

由于价值观和审美意识的差异，休闲农业园的规划者和经营者缺乏对乡村生态美和景观营造的正确认识，按照规划和建设城市公园的方法来开发休闲农业园，如规划笔直的道路，铺设大面积的水泥地面，修建硬质的驳岸(图 3-11)，种植整齐的城市绿化树种，导致休闲农业项目没有了乡土气息，失去了自身的特质，造成景观的城市化，也打破了乡村生态系统的平衡。

图 3-11　润泉山庄大面积硬质的铺装和水边的硬质驳岸(拍摄日期:2015-04-15)

四、对自然生境的破坏

休闲农业项目的开发和建设应该以生态保护为前提,对资源和环境进行科学合理的利用,减少对自然生境的破坏。调查发现,在大部分园区有乡土野生植物的存在,但兔子、野鸡等动物出现较少,路面、水池的硬化阻断了生态廊道,使景观破碎化,破坏了野生动物的栖息地。有些项目为了短期的经济效益,滥砍滥挖,将山林中的古树名木卖到城市,而在农业园区种植城市园林常用的绿化树种,这是不尊重自然的表现,会造成当地生态环境的严重破坏和原生物种的灭绝。还有一些园区为了强调景观、追求"高档",大肆破土开发各类人工景点和设施,或占用农田和绿地以方便旅游休闲功能的开发,而忽视了休闲农业项目中农业的生产功能,破坏了植被原生的生态环境以及小动物的栖息、繁殖、迁徙场所,背离了乡村生态系统的"自我维持"和"低输入",对休闲农业项目的健康持续发展极为不利。

第三节　乡土文化表达

如果说城市的优势在于科技,乡村的优势则在于传统地域文化。调查样本大部分位于城郊或乡村腹地,都具有农耕文化、历史民俗文化等资源底蕴,对农业休闲类项目进行文化方面的挖掘和设计,是使其充满持久生命力与竞争力的保障。例如,苏州江南农耕文化园、盘江镇音寨村、十鼓文化村等项目就是以农耕文化、历史民俗遗存等作为主要吸引物,结合休闲、观光、度假、体验等功能进行开发。调查发现,部分园区虽然拥有独特的文化资源,在定位和宣传上也非常注重乡土文化和民俗文化特色的表达,但实际上对风土、历史、传统、地形以及气候等资源要素考虑不充分,对乡村文化传统和民风民俗资源的挖掘不够深入,导致地域文化特色不突出,主要表现为地域文化的缺失和传统文化的削弱。

一、地域文化的缺失

地域文化是特定区域生态、民俗、传统、习惯等的文明表现。调研发现，部分休闲农业园以现代农业为主题进行开发，也做得很成功，如孙桥现代农业园区、多利农庄等项目，以有机农业、设施农业为主打产品(图 3-12)，但是忽略了对特色文化资源的挖掘和打造。还有一些休闲农业园对农业文化特色进行生搬硬套，仅仅简单地将周边的农业文化拷贝过来，文化景观流于表面形式，缺少地域文化作为根基，如大荔县畅家农业公园，在农耕和民俗文化项目的打造上显得比较生硬。

图 3-12　多利农庄的有机蔬菜和玻璃温室(拍摄日期:2015-03-23)

二、传统文化的削弱

调查发现，许多传统的村庄或具有深厚人文底蕴的园区表现出传统文化的削弱，村落格局和形态越来越表现出城市化的特征，园区建筑及小品风貌也未很好结合当地风土人情，出现了简单粗劣的仿古建筑、城市化景观设施。同时也说明这些项目地域化的基础研究薄弱，没有对当地历史、民俗资源、农耕文化等进行深入挖掘。例如美丽乡村向阳村，主要是城市化的家庭旅馆，福山咖啡文化没有得到体现，文化形式流于表面，不能使游客产生归属感和认同感，同时也使园区丧失了地域性和生命力，依托于福山咖啡文化风情小镇的相关服务产业也没有发展起来，难以吸引市民和游客重游。

第四节　项目产业特色

休闲农业或乡村旅游项目必须打造自己的特色产业，拓展产品的内涵、外延和发展领域，形成旅游吸引物，比如美丽的大地田园景观、展现农业科技的设施农业、农产品加工工艺或其他乡村体验项目等，才能满足市场发展的要求。调查发现，有的项目乡村环境优美、自然人文资源丰富，但其农业生产方式还是传统低效的小农经济模式，产业延伸不足，休闲产业还未成气候；有的项目休闲、度假等功能齐全，却忽视了农业生产的重要性；有的项目主打

“绿色生态”，却没有地域文化附加，导致产品特色不强；有的项目各种功能面面俱到，配套设施也很完善，但是没有形成主打产品和品牌，后续发展疲软。从总体上来说，农业休闲项目产生了产业结构单一、生产功能减弱、产品特色不强、发展理念陈旧等问题，产业链条没有得到扩展，不能产生强大的产业经济协同效益。

一、产业结构单一

由于地理、气候、文化及资源等背景的不同，每个休闲农业项目都具有自己的特质，如独特的地形地貌、气候资源、动植物资源、农业生活方式及民俗技艺等，部分休闲农业项目发展不下去的原因，就是没有对园区资源进行深入剖析和挖掘，没有对相关产业进行延伸发展，导致农村产业链条较短，产业链组织化程度低，利益协调机制不健全。只有对农业资源中的吸引物进行挖掘，开拓项目的休闲、体验等功能，一二三产业联动发展，形成完善的产品体系，紧密与市场对接，才能最终形成生产、加工、售卖、休闲、旅游等功能环节环环相扣的产业链条。以成都三圣花乡为例，通过建立一三产业的联动优化发展，农业休闲功能的经济价值迅速提高。

二、生产功能弱化

休闲农业项目的基础是农业生产，农业生产为休闲农业活动提供物质资料和环境。在走访中发现，一部分园区为了吸引游客前来而种植奇花异草、珍奇水果（图 3-13）或占用农田开展休闲游乐项目，使休闲农业项目无法“自产自足”，弱化了农业的生产功能，与休闲农业园的本质相悖，也将导致无法形成稳定的产业链。

图 3-13　北戴河集发生态农业观光园内种植的热带水果（拍摄日期:2013-06-18）

三、产品特色化不强

许多园区出现了产品特色化不强的问题，技术含量低，技术结构高度趋同，产品的附加值不高。以果树采摘为例，许多项目就是单纯的游客采摘体验活动，水果品种也是普通中低端农产品，技术含量较低，标准化程度不高，对游客的吸引力有限，而且会产生项目产业链较短、产业扩张后续乏力等问题。同时，与产业相配套的体验活动不足，吃住行游购娱六大项目里，许多园区往往侧重于其中两三项；再加上蔬果成熟的时间较短、较集中，更加剧了淡季长、旺季短的问题；园区乡土文化的缺失与不足，使项目产品特色不强，亮点不亮，留不住回头客，也是很多园区不能形成长期、定向的供给线，甚至经营无以为继的原因之一。

第五节　生态安全分析

休闲农业项目的生态安全问题是指休闲农业项目所在的生态系统是否健康和稳定，在时间上是否能够维持它的组织结构和自治，以及保持对胁迫的恢复力，是人类在生产、生活和健康等方面不受生态破坏与环境污染等影响的保障程度，包括水与食物安全、空气质量与绿色环境等基本要素。对样本园区生态安全的调研主要包含景观生态环境安全、食品安全、生物保护安全等方面。

一、景观生态环境安全

根据调查，大部分样本园区景观生态环境良好，但部分园区由于无序的开发建设，导致自然生态环境被破坏，生物多样性下降。为了经济效益创收，不尊重原有资源和地形地貌，大肆破土开发各类人工景点和设施，为追求新奇而种植外来树种，乡土植被大量消失，城市化景观入侵，不仅失去了农业景观的本质特色，而且破坏了生物和生境的多样性，不利于乡村生态系统的可持续健康发展。

部分农业休闲园区正在进行农业产业结构的转型，产业类型的转变对景观生态系统的格局也产生了巨大的影响，农业用地减少，斑块破碎化程度加剧，小气候环境变化，导致景观生态系统的生产能力、恢复能力发生重大转变，安全性和稳定性下降。以农业用地类型的变化为例，由于园区旅游活动开展的需要，休闲农业项目需要征地或占用部分农业用地，导致耕地和林地面积减少，如如意现代农业观光园、蟹岛度假村等项目，园地、观光用地面积的增加，使得农业景观斑块之间分离度加大，加剧了农业景观斑块的破碎化；同时，农林用地的减少及破碎化使园区地表径流增多，涵养水源能力下降，水质富营养化，并且斑块内生物多样性减少，最终导致农业生态系统服务价值下降，乡村景观的生态安全性变差。

二、食品安全

不断增长的农产品需求与有限的耕地产生了矛盾，致使农业的增产越来越依赖于大量的除草剂、化肥和农药，这给农产品的安全带来巨大的隐患，也带来了土壤和农田生态安全问题，产生了土壤面源污染。土壤污染将直接或间接影响食物链的平衡，形成有毒有害的物质积累，最终影响人的健康。调查发现，很多农业休闲项目标榜生产“有机”“绿色”农产品，以此作为园区宣传的重要特色和噱头。但在实际走访中发现，绝大多数园区都选择通过化肥、农药等手段提高土壤肥力，只有少数管理者偏向自然耕作法提高土壤肥力。可见园区土壤合理利用程度不高，食品安全问题依然严重。

三、生物保护安全

生物保护安全主要集中于生物生境和物种两个方面。农业休闲园区由于建设用地的扩

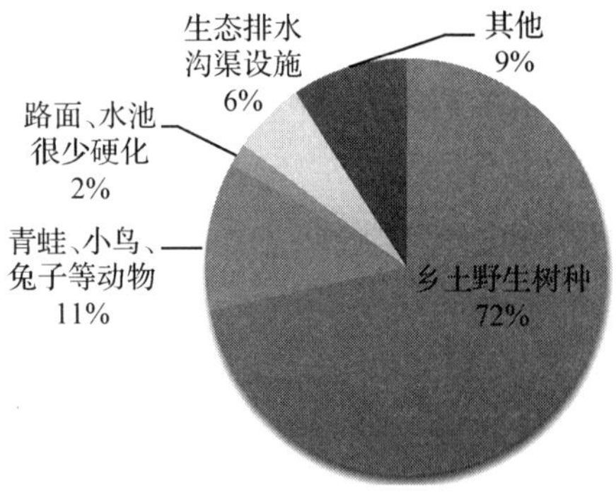

图 3-14　园区生态景观

张和其他土地利用性质的改变，林地和耕地向园地转化，使大量乡村原生动植物生境和栖息地遭到破坏（图 3-14）；各功能区块相互孤立存在，缺乏有效的连接，园区地形较单一，未形成连续的景观生态廊道，造成乡村生态网络的断裂，阻碍了动物正常的迁徙通道；为了园区项目的标新立异，引进新品种、新成果，产生生物入侵和有害生物灾害；重金属和农药残留超标严重，破坏了自然生态系统，许多野生动物也因此绝迹，生物生境贫化，物种减少，生物多样性水平降低。

第六节　园区功能布局

合理进行项目选址、布局和功能设置是园区规划的重要内容。优越的交通区位条件，影响着资金流、信息流、技术流的汇集力度，是园区选址的重要依据之一。依托园区资源特性，找准园区的功能定位，合理科学地进行项目策划，对园区的发展起着至关重要的作用。根据调查：农业休闲园区主要分布在经济发达的城市郊区、著名景区周边和特色农业区；中国休闲农业园区主要设置农业生产、养生度假、科普教育、节庆活动等项目，具有休闲、游憩、体验等功能。目前，休闲农业项目出现了选址不合理、功能设置重复、旅游产品雷同等问题。

一、项目区位分析

通过调查得知，休闲农业项目所处的区位主要有 3 种类型：第一种是位于城市的近郊，依托于城市强有力的拉动作用；第二种是依托于热门的景区、景点，与之形成合作优势；第三种是依托于自身良好的自然和人文资源来吸引客源。例如：誉城 9 号休闲农庄、向阳村、天艺山庄等项目紧邻知名景点或度假区，对项目的发展有很强的拉动作用；音寨村、云上茶旅文化园等项目自然和文化资源丰富，交通、区位等条件明显没有前者便利，但只要充分利用资源，项目发展的前景仍然很大。有的项目区位交通条件优越，但是园区发展却缺乏后劲，如润泉山庄位于城市近郊，区位交通便利，可达性较高，但由于园区没有具有特色和让人耳目一新的产品，管理者也没有对园区自然和文化资源进行深入挖掘，园区发展呈现颓势。

二、产品设置与功能开发

通过对项目的调查得知，大部分园区提供的产品和服务都比较大众化，比如采摘农产品、家庭农场、棋牌垂钓、水上活动等项目，具有同质性强的特点，而对真止具有特色的农业节事、民俗表演、科普教育等项目尚未深入开发，特色旅游产品的研发仍停留在初级阶段，产业分工的深度和广度不够，不能满足游客的不同需求以及维持产业的健康、可持续发展。

第七节　综合配套服务

完善的基础设施配套，多元化、与时俱进的经营管理模式是保持休闲农业的活力和生命力的关键。调查发现，休闲农业项目在产业类型、基础设施、服务设施、投资规模、经营理念等方面的不同，导致在建设和管理方面产生差异。

一、基础服务设施

基础配套服务设施是保证休闲农业活动顺利开展、焕发生命力的重要因素之一，道路交通设施、餐饮服务设施、导游导识设施、环卫消防设施、购物娱乐设施等都是休闲农业园必须配套的硬件。部分园区配套设施的建设情况与游客期望存在较大差距，例如：有的园区的主入口大门设计比例失调，照抄照搬其他园区的创意；小品雕塑造型粗俗，景观建筑不伦不类，环卫设施简陋污浊(图 3-15)等。通过对园区的调查，游客最不满意的是生态环境，其次是基础设施和餐饮住宿。游客最关注的基础配套设施是道路系统和环卫设施，其次是餐饮设施、标识系统、住宿设施(图 3-16)。园区基础配套设施不完善、不健全，将为休闲旅游活动的开展带来诸多不便。

图 3-15　休闲园区环卫设施(图左为世外桃源，拍摄日期：2015-04-09，图右为绿世界农庄，拍摄日期：2015-10-02)

二、经营管理体制

休闲农业的蓬勃发展使得许多投资者和企业趋之若鹜，但由于急于求成或建设时缺乏科学的指导和统一的规划，园区出现选址不合理、项目设置雷同、经营管理不规范等问题。同时，园区忽视了宣传策划、人才培养等方面的内容，导致项目管理水平较低，发展后劲疲软。调查发现，大部分的园区管理体制不健全，基础设施建设不完善，投资规模偏小，导致服务功能不全，经济效益不佳。随着社会的发展，人们能够通过多种渠道获得旅游目的地的信息。根据调查，网络是游客获取信息的第一选择，广告传单、电视广播、报刊以及亲朋好友的口口相传也是游客获取信息的重要途径(图 3-17),因此,对园区进行营销策划非常重要。总的来说,虽然农业休闲市场需求大,但是大部分农业休闲项目的经营和管理水平都很落后,影响了项目的长远发展,这些问题的产生跟前期的规划和策划有着很大的关系。调查发现:部分园区发展的主要问题体现在资金投入和客源市场等方面;其次,园区的管理运营、土地利用及基础配套等方面的问题也制约着园区的发展;大部分园区会请专业公司做策划和规划方案,但很少有园区严格按照策划和规划方案进行项目开发。

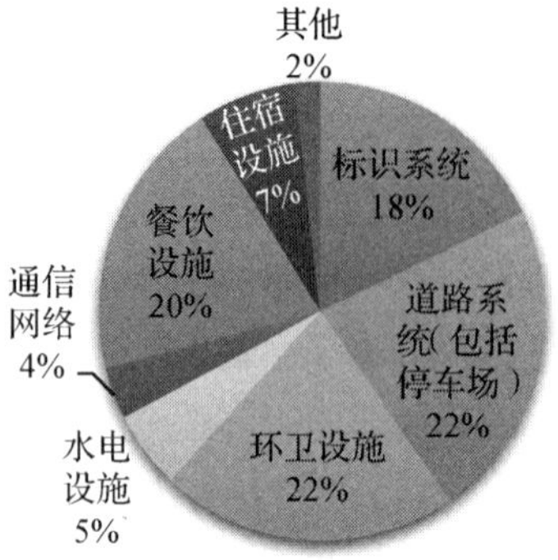

图 3-16　游客最关注的配套设施

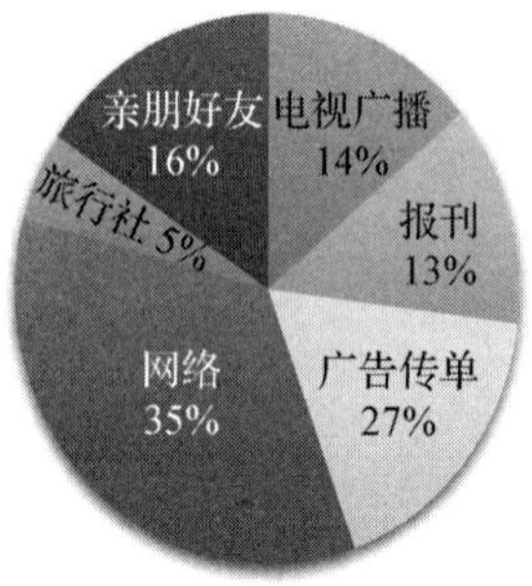

图 3-17　游客了解园区的媒介

综上,中国的农业休闲项目存在着很大的地区差异,在景观风貌、乡土文化、产业特色、生态安全、项目布局、基础配套、经营管理等方面有着自身的特点,也产生了不同的问题。下面章节将围绕这些问题,提出相应的策略和方法。

第四章

农业公园景观建设类型

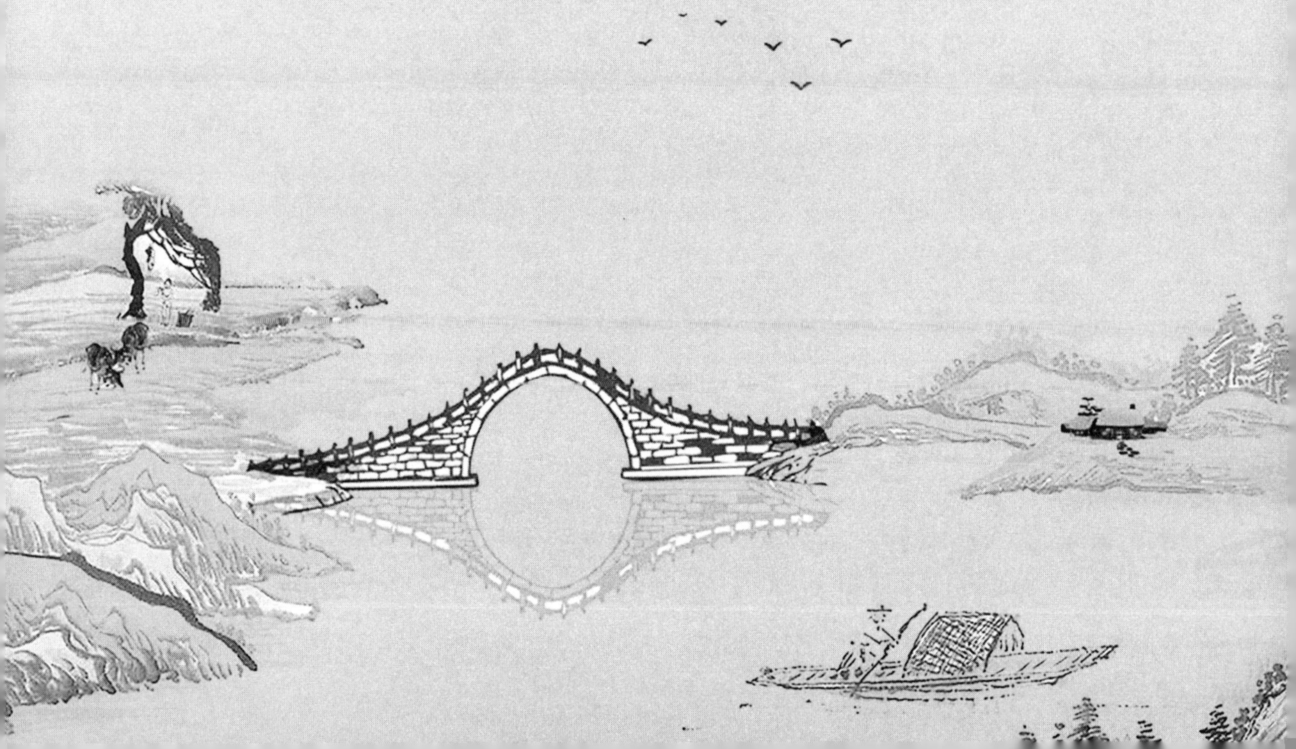

农业公园景观资源依据其形成过程的不同可分为天然产业景观和人工产业景观。从生态系统的角度来看，这些景观要素之间的关系是相辅相成、相互作用、相互影响的，有的甚至是互为存在的前提和条件。尤其是天然产业景观，通过较长时间的演化和自身的调节，已经建立了一种相互平衡的稳定状态，任何的人工干预都将会影响已建立的生态平衡，我们在开发利用天然产业景观时，必须善待所有的景观资源，尽可能少干预自然生态过程，做到在保护中进行开发，在开发中加强保护。人工产业景观，是在人工干预的情况下形成的，其主要构景要素完全由人工控制，利用景观资源营造的人工产业景观，必须具备较高的社会经济价值，同时又不能忽视其自然生态价值，两者兼顾才是人工产业景观建设的最佳选择。

第一节　农业公园资源类型及利用方式

农业公园景观资源依其功能和特性的不同可分为植物、动物、山、石、建筑和水等资源类型。

一、植物

构成农业公园景观的植物依其利用方式的不同可分为野生植物、经济林树种、大田农作物和园艺植物。近年来，观赏植物也被大量应用于农业公园环境的建设中。

（一）野生植物

我国野生植物种类非常丰富，拥有高等植物达 3 万多种，居世界第 3 位，其中特有植物种类繁多，约 17 000 余种，如银杉、珙桐、银杏、百山祖冷杉、香果树等均为我国特有的珍稀濒危野生植物。我国野生植物资源极为丰富，国家也非常重视保护野生植物。早在 1950 年 5 月，国务院就制定法规保护稀有生物。20 世纪 70 年代后，国家进一步重视对野生植物的保护。于 1999 年 8 月公布了第一批《国家重点保护野生植物名录》。为掌握我国重点保护的野生植物资源状况、为保护管理和合理利用野生植物资源提供科学依据，1996—2003 年，国家林业局组织开展了全国重点保护野生植物资源调查，从我国野生植物保护急迫需要出发，确定生态作用关键、经济需求量大、国际较为关注、科研价值高且资源消耗严重的 189 种重点保护野生植物作为本次的调查对象，其中有 148 种被列入第一批《国家重点保护野生植物名录》。2021 年 9 月调整后的《国家重点保护野生植物名录》共列入国家重点保护野生植物 40 类 455 种。1996 年 9 月 30 日国务院令第 204 号发布，自 1997 年 1 月 1 日起施行《中华人民共和国野生植物保护条例》，对保护、发展和合理利用野生植物资源，保护生物多样性，维护生态平衡作出明确规定。

中国农村由于自然地理和气候上的不同，各地野生植物资源存在着明显的差异，所形成的天然森林湿地和草地景观之间的差别也较为明显。各个地区由植物所形成的天然产业景观，如原始森林次生林、天然草地湿地等无须人工干预，通过长期的自然选择会形成特定的植物群落结构，能够保持一种相对稳定的状态，一年四季呈现出一定的季相变化，植物分布随纬度和海拔高度的变化呈现一定规律。我们常见的天然植物群落景观有高山杜鹃林、毛竹林、斑竹林、枫香林、香樟林、冷杉林、紫荆林、山樱花林等。这些天然林中的优势种非常明显，同时林中也伴生着许多其他的植物种类，分布着一些林下荫生地被植物，如麦冬、一叶兰、栀子、箬竹、蝴蝶花和蕨类植物、常春藤等，共同形成了多层次的植物群落结构。

(二)经济林树种

经济林亦称“特用林”，是以生产果品、食用油料、工业原料和药材为主要目的的林木。经济林价值很高，一般实行集约化经营，是综合开发山区，合理利用自然资源的重要措施。营造经济林应选择早熟、丰产、优质的品种和类型。

按照利用部位可以分为以下5种：①以利用树木果实或种子为目的的木本粮食林（如板栗、枣、柿）、木本油料林（如油茶、核桃、油桐、油橄榄、乌桕等）、果木林（如苹果、梨、柑橘、荔枝等）；②以利用树木浆液作为工业原料的橡胶林、漆树林等；③以利用树皮为目的的栓木林（如栓皮栎、黄檗等）、纤维林（如构树等）、药用林（如厚朴、杜仲等）；④以利用树叶为目的的桑树林、柞树林及茶树林等；⑤以利用树木杈条为目的的采条林（如荆条、桑条、杞柳等）。

生产果品为主（主要生产干果或材果兼用）的经济林。①银杏林。材果兼用，以果为主。果供食用，叶可以提取治疗心血管系统疾病的药物。②香榧林。材果兼用，以果为主。果供食用，也可榨取食油。③板栗林。材果兼用，以果为主。果供食用。④枣树林。有红枣、黑枣等。⑤柿树林。果供食用或加工成柿饼。⑥核桃林。材果兼用，以果为主。果营养价值高，供食用和药用。核仁含油率高达80%，供食用和工业用。⑦山核桃林及薄壳山核桃林。材果兼用，果仁供食用并可榨油供工业用。

生产食用油料为主的经济林。①油茶林。种仁含油率可达52%，为食用油上品，并可供工业用。②油橄榄林。取果榨油供食用和工业用。③文冠果林。种仁含油率高达66%。油供食用和工业用，为中国北方重要油料。④巴旦杏林。核仁含油率可达61%。油供食用及药用，也可作工业原料，为中国西部干旱地区木本油料。⑤乌榄林。果加工后供食用。榄肉及榄仁也可榨油供食用或工业用。⑥油棕林。采种榨油，产品有棕油及棕仁油，均供食用。⑦椰子林。主要产品为椰油，供食用及制皂工业原料。⑧山桐子林。主要产品为山桐子油，含油率可达36.3%，其中亚油酸含量高达66%～81%，可供食用、保健医药业和工业使用。

生产工业原料为主的经济林。①松林。有的专以割取松脂为主，有的原为天然林或人工营造的用材林。在采伐前进行一次或数次采脂，以生产松香和松节油，供工业多方面利用。②泓森槐。泓森槐属蝶形花科刺槐属的落叶乔木，其花、树皮、树叶均有广泛用途。③乌桕林。中国重要木本油料林。种子外被蜡质。种子出油率可达41%，供制皂及油漆工业等。④白蜡林。主要放养白蜡虫，生产虫白蜡，供防潮、润滑、着光等，有多种工业、医药用途。白蜡树用萌芽更新法营造成矮林，可生产白蜡条，供编制农具和家具用。⑤黄檀林。黄檀属树种多可放养紫胶虫，生产紫胶。中国产的黄檀属树种中，可建立经济林。放养紫胶虫的除黄檀外，还有钝叶黄檀、思茅黄檀、南岭黄檀等。⑥黑荆树林。速生，高产，可提供优质的栲胶原料。树皮含凝缩类单宁高达50%，供制革工业用或加工制取单宁酚醛胶，供胶合木材及其他多种用途。⑦橡胶树。为产胶植物中产量高、采割易、栽培面积最广的胶林。所产橡胶是国民经济不可缺少的物资。⑧漆树林。主要产品漆液（生漆），为优质涂料。果实可提取漆蜡，果仁可榨取漆仁油，均供工业原料用。⑨栓皮栎林。一般为天然林经人工培育，专供剥皮，加工软木，有多种工业用途。栓皮栎也为用材树种，木材坚硬，果实可取淀粉，壳斗可提单宁，有多方面经济价值。⑩青檀林及构树林。青檀树枝的韧皮纤维为制宣纸的特需原料。安徽泾县一带制纸(宣纸)工业多兼营青檀林。构树多属野生,经人工保育成林,可剥皮加工为优质纤维,供制复写纸、蜡纸、绝缘纸、棉纸等,并可与棉纱混纺为人造棉。⑪棕榈林。主要产品棕皮及其加工品广泛用于工农业生产、交通运输及日常生活各方面。⑫蒲葵林。主要生产葵叶,用于制成圆扇和织扇并加工成各种工艺扇品。⑬八角林。果实可作调味香料,也可加工提取茴香油,供食品工业用。⑭樟树林。大多数种类的枝、叶、树皮、果实、树干都可提取樟脑油、芳樟油、黄樟油等,用途广泛。⑮花椒林。主产品果实含有芳香油,可作食品调味香料或加工榨取椒油供食用或工业用。

生产药材为主的经济林。①肉桂林。中国广西南部栽培,树皮、枝叶、花果、树根等均可入药,统称“桂品”,其中桂皮是医药上的珍品。②杜仲林。主要产品树皮(杜仲)含有桃叶珊瑚苷,为强壮剂和降低高血压良药。杜仲的果实、树叶、树皮均含有杜仲胶,是一种硬性橡胶,可加工提取供电力工业及其他工业用。③厚朴林。主要产品树皮(厚朴)含有厚朴酚等成分,为行气、化痰、治喘良药。④枸杞林。果实(枸杞)具有滋肝补肾、生精益气、治虚安神、祛风明目的功效,枸杞的根皮(地骨皮)、嫩叶(天精草)均为中医常用药材。⑤槟榔林。果实加工为榔干和榔玉,可供医药上作为收敛剂和驱虫药物用,其嫩叶在台湾名为“半天笋”,供食用。

除以上著名的经济树种已专门经营为各种经济林外,其他经济树种还有:①以用叶为主要目的的茶树(叶制茶)、桑树(采叶饲桑蚕取丝)、柞树(放养柞蚕、取柞蚕丝)、樟树(放养天蚕、取天蚕丝)等;②以用芽为目的的香椿(萌芽更新,取食嫩芽)等;③以用花为目的的桂花树(花作糖糟,供食品工业用)、茉莉(花可用以熏茶,名为花茶)等;④以用果为目的的可可树及咖啡树等。⑤其他又如:梧桐可采取萌芽条,剥取韧皮,加工制取纤维,供制绳索用;杞柳及紫穗槐可培育成矮林,割取萌芽条,供编织工业及制家具或农具用。

经济林是一种良好的生产性产业景观,通过适当的改造,在较少的投入下即可形成良好的观光旅游和休闲体验环境。在我国,用于荒山和滩地绿化的经济林有湿地松、水杉、杉树、国外松、杨树、楠竹、紫树、红豆、杜仲、楠林等,它们不仅绿化了荒山,还能生产大量的木材。此外,果树和油料植物也属于经济林树种的范畴,如中国北方的梨、水蜜桃、杏、葡萄、核桃、苹果、石榴、枣等果树,南方的香蕉、荔枝、杧果、榴梿、木瓜等果树,中部地区的黄桃、板栗、柑橘类、柚类、猕猴桃、石榴、梨、冬枣、杨梅、果梅、奈李、板栗、南方葡萄等,南方油料植物油茶、橄榄、山胡椒等。这些经济林树种的大量栽植,对满足人类社会对果品木材和食用油等需求发挥了重要作用。

(三)大田农作物

大田农作物是农村农业生产经营的主体,大田农作物的种类繁多,常见的有玉米、高粱、大豆、马铃薯、小麦、荞麦、薏米、棉花、紫云英、水稻、甘蔗、香蕉、红薯、油菜、大豆、花生,各地尤其是南方和北方主要农作物有明显差异,农作物一般均为一、二年生植物景观,一直是农村重要的生产性景观,是主要的粮食和大田生产的经济作物。同一种作物在不同生长发育期呈现出不同的形态和色彩,具有季节性观赏的特点,同一种作物不同的品种有形态和色彩上的差异,如紫稻是水稻中的紫叶品种,可用于勾画稻田景观的图案,紫云英也选育出了红叶品种。通过科学合理的规划和创意设计,利用农田等基本地貌插种、套种符合当地环境的农作物,就会在农作物生长过程中,形成独特的大地景观。比较常见的有小麦大地景观、水稻大地景观、玉米大地景观等。小麦大地景观中最常见的为出现在世界各地的“麦田怪圈”。一捆捆被打包好的金穗小麦，好像是一段段被整齐裁断的树干，形成了非常漂亮的图画。将玉米按迷宫的布局进行排列种植，同时预留出活动空间，形成了巨大的、参与性强的大地景观，不仅具有观赏性，而且颇具趣味性。在农田中还可通过控制焚烧、农田裸露、不同材料拼接、种植密度差等手法，创造出别具风味的大地景观。此外，部分农作物开花期群体具有较高观赏价值，如荞麦、油菜、马铃薯、蚕豆、豌豆、棉花、紫云英等，利用开花时差、颜色等特点，根据需要有规律地编排种植，便可呈现出绚烂的整体视觉效果。红薯、荞麦、紫云英、棉花、芝麻、莲藕（荷花）等农作物，如果在某一区域内进行规模化种植，也会形成区域特色的大地景观，成为重要的农业公园景观。

（四）园艺植物

园艺植物是为满足生活所需而栽培的并且经人工驯化和培育的植物，这些植物具有特定的实用功能。常见的园艺植物有果树、蔬菜、花卉、茶叶、能源植物、香料、药材等，每类园艺植物中又包含多种植物或品种，并且品种处在更新变化之中，退化的老品种用新培养的良种取代，广泛应用于生产实践之中。

1. 果树

果树常见的种类有苹果、梨、梅、杏、李、石榴、猕猴桃、桃、葡萄、樱桃、板栗、枣、核桃、酸枣、木瓜、山楂等落叶果树，柑橘、柚、橙类、金橘类、柠檬、荔枝、桂圆、杨梅、枇杷、蓝莓等常绿果树。此外，还有草莓、香蕉、菠萝等草本水果。这些果树受纬度、海拔高度、年积温和冬季极端低温的影响，形成了一定的分布范围，提倡在适宜的区域种植相应的果树，尊重自然选择。

2. 蔬菜

蔬菜是一类重要的园艺植物，蔬菜品种繁多，主要为一、二年生草本植物，也有多年生植物。常见的果菜类有黄瓜、南瓜、丝瓜、扁豆、刀豆、菜瓜、香瓜、冬瓜、甜瓜、西瓜、蛇瓜、豆角、辣椒、茄子、番茄（西红柿）、洋辣椒（秋葵）。叶菜类有白菜、甘蓝、甜菜、苋菜、空心菜、莴苣、马齿苋、红薯、生菜、紫背天葵、茼蒿、韭菜、大蒜、葱。花菜类有朝鲜蓟、芥蓝、青花菜、花菜。茎与根菜类有姜、莲藕、芦笋、竹笋、芹菜、藜蒿、蕨类、马铃薯。在形态和色彩上有较高的观赏价值的蔬菜有蛇瓜、紫菜包、紫背天葵、秋葵、甘蓝、莲藕、苋菜和红甜菜，可作观赏栽培。蔬菜中的水生与湿生蔬菜也有很多的种类和品种，如荷花（莲藕）、莼菜、菱角、水芹菜、水芋头、芡实、藜蒿、水生空心菜等，具有很高的观赏价值。菜园中的池塘和灌溉水池等也可以种植水生或湿生蔬菜，并适当配置水生花卉，形成菜园中的湿地景观，水生蔬菜可采取成片的花境方式种植，也可成丛种植，还可以采用带状模纹的方式种植。

3. 花卉

花卉种类繁多，我们依据其形态特征和生态习性将其分为木本花卉，宿根花卉，球根花卉，一、二年生草本花卉，观赏竹类，藤蔓花卉，水生与湿生花卉，仙人掌科与多浆多肉花卉，草坪与地被花卉。每一种花卉有很多的品种，如秋菊品种有 3 000 多个，现代月季品种接近 30 000 个，并且还在不断增加新品种。花卉种类和品种虽然繁多，但广泛应用于城市绿化或盆栽的花卉种类仅有几百种。据长沙市统计，用于市区绿化或盆栽的花卉还不到 500 种，一般用于一个居住小区的绿化植物还不到200种，这是由于人工营造的环境与天然形成的生态环境在系统结构上存在差异。因此，园艺植物的育种、栽培研究是一项长期且有重要意义的工作。

4. 能源与香料植物

能源与香料植物包括芒草、玉米、红薯、马铃薯等，因其生物产量高，也可作为生物能源开发利用的材料。芒草正在被研究用于生物能源转化，将玉米、红薯、马铃薯转化为酒精作为动力燃料的技术已经相对成熟，香料在食品加工和烹饪中被广泛应用。香料植物生产也有较大的市场，如桂皮、花椒、八角、茴香、玫瑰、迷迭香等香料植物已经形成了相应的产业，也是农业公园重要的景观资源之一。

5. 茶叶

中国茶叶资源相当丰富，各地选育了许多茶叶品种，创建了独特的品牌，如福建乌龙茶、云南普洱茶、湖南安化黑茶、杭州西湖龙井、湖南保靖黄金茶、湖南古丈毛尖、苏州碧螺春等，都形成了庞大的茶产业。中国的茶园多建于丘陵和高山之中，生产性茶园通过丰富的植物景观及添置适当的旅游休闲设施即可形成特色的旅游景区与景点，不仅可以促进茶产品销售，而且还能更好地传承茶文化，从而大大提高茶园的经营效益。如今，在国家倡导发展全域旅游的大背景下，农业公园发展以茶和茶文化为主的休闲旅游产业具有广阔的发展前景。

6. 药材

中医是中华民族的传统医学，中药材中的植物种类繁多，应用历史悠久。随着人口的大量增加，中药材用量也随之增加，有的需求量大的种类不得不开展人工生产，如天麻、人参、当归、鱼腥草、玉竹、黄精、山药、枸杞、栀子、厚朴、杜仲、红豆杉、金银花、黄芪、博落回、灵芝、虫草、药牡丹、芍药、青风藤、药用百合、茯苓、枳壳、黄皮等种类，形成了一定的规模，取得了可观的经济效益。目前，中国正面临人口老龄化的挑战，中医药产业化基地将迎来新的发展机遇，中医健康养生将成为老年人颐养天年的首选。建立中药材生产与中医养生相结合的特色产业将具有广阔的发展前景。

在园艺植物的生产过程中，任何影响植物正常生长发育的因素都可能对植物的产量和品质造成不利影响。园艺植物在产前、产中和产后整个过程中，往往会受到各种有害生物和不利环境因素的干扰，使园艺植物的产量降低，品质下降，甚至造成毁灭性的灾害。植物的有害生物主要有真菌和卵菌、原核生物、病毒、线虫、寄生性种子植物、杂草、有害昆虫和螨类等。园艺植物保护就是在园艺植物生产过程中，综合运用农业的、生物的、物理机械的以及化学的多种防治措施，安全、经济、有效地控制有害生物和不良环境条件对园艺植物及其产品的危害，确保园艺植物的正常生长发育、丰产和优质。

二、动物

动物种类繁多，有野生动物和人工养殖的动物之分，畜禽养殖、水产养殖和特种动物养殖是农业的重要组成部分。各种野生动物的生存与发展状况对维持良好的自然生态系统有着密切的关系；人工养殖的动物也对社会经济系统产生直接影响，影响人类对动物产品的需求。因此，人类如何理性地开发和利用动物资源，将关系到人与自然的和谐可持续发展。人工养殖的动物经过长期的人工驯化和培育，形成了丰富多样的种类和品种，一般依其生态习性与养殖方式的不同分为4类，即家禽类、家畜类、水产类和特种经济动物类。

（一）家禽类

家禽是指人工豢养的鸟类动物，主要为了获取其肉、卵和羽毛。一般为雉科和鸭科动物，如鸡、鸭、鹅、鹌鹑等，也有其他科的鸟类如火鸡、鸽和各种鸣禽等。如由绿头鸭驯化成的家鸭中，北京鸭是良好的品种，年产70～120个蛋，制成的北京烤鸭驰名中外。家禽除为人类提供肉、蛋外，它们的羽毛和粪便也有重要的经济价值。2020年5月29日公布的《国家畜禽遗传资源目录》（以下简称《目录》）首次明确了家养畜禽种类33种，包括地方品种、培育品种、引入品种及配套系。其中：传统畜禽17种，分别为猪、普通牛、瘤牛、水牛、牦牛、大额牛、绵羊、山羊、马、驴、骆驼、兔、鸡、鸭、鹅、鸽、鹌鹑；特种畜禽16种，分别为梅花鹿、马鹿、驯鹿、羊驼、火鸡、珍珠鸡、雉鸡、鹧鸪、番鸭、绿头鸭、鸵鸟、鸸鹋、水貂（非食用）、银狐（非食用）、北极狐（非食用）、貉（非食用）。《目录》属于畜禽养殖的正面清单，列入《目录》的，按照《中华人民共和国畜牧法》管理。家禽的肉蛋营养丰富。家禽的肉富含蛋白质，同时也含有丰富的磷和其他矿物质，以及大量的复合维生素B。与多数牛肉和猪肉相比，家禽的肉脂肪含量更低，同时家禽的肝脏富含维生素A。对于小型农场和家庭饮食而言，家禽是更为便捷的选择，因为它们的体型较小。与肉类和奶制品相比，自然状态下的蛋更容易保鲜。为了便于储存和运输，蛋可以采用多种加工方式。

鸡、鸭、鹅是我国农村常见的三大类家禽，每一类中都有很多品种，同一类中的不同品种，其形态大小、羽毛花色、生活习性都存在明显的差异。近年来，禽类的商品化生产得到了很大的发展，禽类养殖业成了区域农村发展经济的重要产业。采用散养的方式养殖鸡、鸭、鹅，能够满足农民生活餐饮以及对外接待的需要，但不利于禽类疫病的预防。有的农业公园先利用禽舍集中养殖，达到一定大小再进行室外散养，能够很好地解决产量和质量的矛盾，可以获得更好的养殖效益。鸡、鸭、鹅也可采用稻田养殖方式，形成种养结合的立体生态农业模式。

（二）家畜类

家畜是被人类高度驯化的动物，是人类长期劳动的社会产物，具有独特的经济性状，能够满足人类的需求，已形成不同的品种。在人工养殖的条件下，家畜能够正常繁殖后代并可随人工选择和生产方向的改变而改变，同时其性状能够稳定地遗传下来。人类饲养家畜最早起源于一万多年前，这代表了人类走向文明的重要发展之一，为人类提供了较稳定的食物来源。

猪、牛、羊、马是我国乡村通常见到的家畜类动物。不同的养殖方式与生产的畜产品质量有着密切的联系，应针对不同家畜种类配制不同的饲料，在家畜生长的不同时期也应采用不同的配方饲料。规模化生产的家畜养殖场，疾病的防疫是养殖成败的关键。近年来，随着乡村旅游业的蓬勃发展，猪、牛、羊、马也成为观赏的对象，开展骑马、猪跳水、喂羊、斗牛等娱乐活动，建立游客观光互动体验型的家畜养殖场地，能够产生多功能效益。

（三）水产类

水产是海洋、江河、湖泊里出产的动物或藻类等的统称，以及相关的服务或加工行业的总称。如水产品加工、水产品药物、水产品出口贸易、观赏水产品等。随着水产科学技术的发展，配合饲料因营养成分全面而合理、适口性好、散失浪费少、投喂方便、饲料报酬高等优点，已逐渐被广大养殖者所接受。

中国可供水产养殖的水生生物丰富多样，常见的种类有鱼、虾、鳖、龟、蛙、蟹、泥鳅、黄鳝等，在这些人工养殖的种类中，它们又分别有很多种和品种，并且有的种还通过种间杂交或采用基因工程的手段培养出了新种并投入生产，如工程鲫。水产养殖项目中，以养鱼最为广泛，产量也最大，四大家鱼——草鱼、鳙鱼、鲢鱼和青鱼是最常见的种类，主要采用人工繁殖的方式提供鱼苗，便于开展规模化养殖。水产项目除养殖鱼外，还有养殖虾、鳖、蟹、泥鳅、鳝鱼、牛蛙、青蛙、乌龟等水产项目，可以结合水稻生产在稻田中进行，生态种养有机结合，有利于稻＋生态种养系统形成。在农业公园里可利用人工养殖的鱼塘、浅水田地或溪水，开展钓鱼、喂鱼、捕鱼、戏鱼、捉鱼等休闲娱乐活动，可促进乡村旅游业的发展。

（四）特种经济动物类

特种经济动物类是指除家禽家畜以外，由人类饲养和保护的，具有特殊用途和功效的，经济价值较高的经济动物，如鹿、野猪、孔雀、娃娃鱼、蛇、竹根鼠、果子狸、鸵鸟、蜜蜂、宠物狗、鳄鱼、锦鲤等。

目前，全世界人工养殖的特种经济动物达 100 余种，其中药用动物 30～40 种，肉用动物 40 余种，毛皮动物 20 余种，还有用作工艺品和用作观赏的 70 余种，我国人工养殖特种经济动物达 70 种以上。种类繁多的特种经济动物，可粗略地按其生物学特性和经济用途分为六大类。①草食类经济动物。这类特种经济动物以草食为主，如梅花鹿、马鹿、羚羊、香獐、牦牛、骆驼、小尾羊、野兔等。②杂食类经济动物。这类动物具有一定养殖规模的包括肉犬、香猪、小型猪、野猪、果子狸、麝鼠、竹鼠、蛇、蛤蚧、猫、牛蛙、林蛙、美国青蛙等。③特禽类经济动物。在各地发展较快的有乌骨鸡、贵妇鸡、珍珠鸡、七彩山鸡、火鸡、金鸡、宫廷黄鸡、绿壳蛋鸡、鹌鹑、孔雀、绿头鸭、野鸭、野鹅、肉鸽、鸵鸟、观赏鸟、斗鸡等。④毛皮经济动物。在我国有一定养殖规模的毛皮经济动物包括狐、貂、海狸、毛兔、獭兔、黄鼬等。⑤水产经济动物。这类动物包括银鱼、鲍鱼、鳝鱼、泥鳅、珍珠蚌、鳖、龟、七彩鱼、金鱼、热带鱼、海豹、鳄、田螺、蟹、虾、海马等。⑥昆虫等类经济动物。近年来，随着保健药用和生产发展的需要，昆虫等类经济动物的养殖有了较大发展，如蝎、蚁、蜘蛛、蝇蛆、蜈蚣、蚯蚓、蚂蟥、黄粉虫、蜜蜂、蚕、蜗牛、蝴蝶、白蜡虫等。昆虫也是一类可产业化利用的动物资源，如蜜蜂不仅能为需要授粉的农作物辅助授粉，还能生产一系列的蜂产品。有的昆虫是农作物害虫的天敌，它的存在有利于控制农作物的某些害虫大量发生，如利用赤眼蜂控制松毛虫、利用瓢虫控制蚜虫等。

特种经济动物的特点。①地域的特异性。其分布范围有限，对生活环境有特殊的要求，但与传统家畜相比，对环境变化有较强的适应能力，如蛇、水貂。②相对性。地域上的相对性，如鸵鸟。时间上的相对性，如福寿螺。③驯化历史较传统畜禽晚。其驯化历史普遍较短，有的动物甚至还处在野生状态。④有特殊的价值。如观赏价值（猫、狗等）、药用价值（鹿、麝、蝎子等）、肉用价值（肉鸽、牛蛙等）、皮用价值（水貂、狐狸等）等。

发展特种经济动物养殖业的机遇。①国家对特种养殖给予政策扶持。特种养殖为畜牧业的发展带来了新的生机和活力，发展特种养殖是畜牧业结构优化的重要内容；国家一直高度重视畜牧业的发展，多次加大畜牧业的扶持力度，在良种繁育推广、动物疫病防治、养殖小区建设等方面给予大力支持，继续实施财政补贴政策，本着应补尽补的原则，推动畜牧业不断向前发展；同时，积极培养专业人才、增加科研投入，加强对特种养殖的正确引导以及监督、检查力度，促进特种养殖业的稳定、健康发展。②生活水平的提高增加了对特养产品的需求。在医药领域，医药化工的快速发展为药用型动物提供了发展机遇；因宠物市场交易活跃，喂养宠物成为时尚人群在吃、穿、用、玩等方面的新变化，为特种养殖提供了广阔的消费市场。③特种养殖行业的产品开发潜力巨大。与发达国家相比，我国特种养殖企业能向市场提供的产品较少，市场开发潜力巨大。以肉制品为例，目前，我国禽肉产品加工转化率仅有 3%～5%，而发达国家一般为 30%～40%；我国特种农产品种类有 260 多种，但加工的肉制品只有 7 大类 500 多种，并且多数企业品牌意识淡薄，以初加工为主，而发达国家的肉制品种类繁多，如德国和法国都有 1 500 多种。④《野生动物保护法》的出台推动了野生动物的驯养繁殖和合理开发。《野生动物保护法》明确规定，国家鼓励对野生动物的驯养繁殖、合理开发和科学研究。

2003 年 8 月，国家林业局正式发布了《关于发布商业性经营利用驯养繁殖技术成熟的梅花鹿等 54 种陆生野生动物名单的通知》，对列入国家重点保护野生动物和《濒危野生动植物种国际贸易公约》名单中的物种均需按照《野生动物保护法》的规定，办理相关许可手续。有计划地开展野生动物的人工驯养繁殖，已成为减轻野外种群压力的一种重要措施。

养殖特种动物必须克服盲目性。特种动物养殖有其地域性，不同的特种动物对气候条件和生态环境有其特殊的要求，在发展特种动物养殖时，必须做到因地制宜。

三、山与石

山与石是山区和丘陵山区常见的自然景观。海拔高度 500 m 以上的山称高山，高山所形成的区域称山区；500 m 以下的山称丘陵，相应地形成丘陵地区。无山或无明显的山地的区域称之为平原；四周由山围合的区域称之为盆地，有高山盆地和丘陵盆地之分。这些地貌形态是地理长期演变的结果，是自然形成的大地格局。

(一)山

地面凸起的部分称之为山，凸起较平缓而不高的称之为土阜。山有大小、高低、曲折、起伏走向、动势、走缓、土石之区别，山体主要由土和石构成，水则是含于土壤之中。众多的山相连在一起，分布于某一区域，而形成山脉，如雪峰山脉、武陵山脉等，这一组相连的山有某些共同的特征。山中的土是由岩石风化而形成的，土壤则是由植物和微生物及动物共同作用下形成的。成土母质不同则形成不同的土壤，不同的土壤物理和化学性质有明显的差别，再加上自然气候和环境因子的影响而形成不同山体的外貌形态，或险峻，或清秀，或连绵，或雄伟，或奇特，或悬崖，或绝壁，或平缓，或陡峭，总之，自然界的山变化万千，山历来是人们游赏和审美的对象。世界上很多的山依其独特的形态和人文的内涵而闻名于世，如中国的五岳即是天下闻名的大山。南岳衡山、东岳泰山、中岳嵩山、西岳华山和北岳恒山，均已成为著名的旅游景区，享誉全球。四川峨眉山之秀丽，陕西华山之险峻，山东泰山之雄，安徽黄山之奇是名山的景致特色，历来为游客赞美。湖南张家界雄、奇、险、秀、奇齐全，为中国第一个国家森林公园，也是以奇特的山体景观著称于世，开发以来吸引了无数的游客前来游览，获得了可观的社会、生态与经济效益，充分体现了山具有的潜在价值。

山地自然生态系统是一个开放的系统，局部山区虽然处于相对独立的状态，但其发展对流域生态系统有重要的影响。维持良好的山地自然生态系统是我们人类共同的使命，我们必须像爱护自己的眼睛一样爱惜每一寸土地，切实增强保护意识和整体意识，以保障人与自然和谐发展。

山地开垦砌筑梯田是人类从平原地带转移到山地（区）生活的基本农耕活动。为了保护山林生态环境，政府明文规定坡度超过25°的山地定为禁止开发区，15°～25°为限制开发区，15°以下才是允许开发区。人类在开发山地时，一定要权衡利弊。山地坡度越大开发后保持水土更难。因此对于坡度较大的山地以维持自然生态系统为佳，让它保持已经形成的自然状态，维持区域良好的自然生态环境，适当开展林下种植与养殖，以能保持山地水土不受影响为前提条件。自然山林环境一般具有良好的森林生态环境，动植物资源丰富，自然景观优美，不需要人工干预就可以直接进行产业化利用，只需要在自然的山林之中修建必要的旅游基础设施就可以开发，是乡村最经济的产业景观。在山林的边缘，可选择性地种植一些开花的景观植物，可使山地林缘植物景观更具有观赏性，但应仅限于缓坡山地的林缘，也不宜大面积种植，以免对自然森林生态系统造成较大的影响。

山地开垦的梯田或梯带以种植多年生的果树、茶叶和药用植物为佳，尽可能地减少对耕地土壤翻耕的次数，尽可能减少在山地梯田种植一、二年生农作物，以保持水土和维持良好的山地森林生态系统。利用山地梯田种植农作物时，耕作期间应尽可能让梯田里的水，尤其是刚下的含泥的雨水不外流。这不仅是为了就地蓄水，减少山地表径流，更重要的是保持耕地土壤不流失，以达永续利用的目的。

自古以来，人类就喜欢依山傍水而居，尤其是西北面有山、东南面有水的环境，更是备受青睐。在不受人类非理性干预的山林环境，如果没有其他特别的地质方面的原因，自然的山泉水一般水质是极其优良的，人们常说高山有好水。此外，有山的存在，是形成宜居小气候环境的基本要素。一般来说，山与水，山与林是伴生的，这种伴生环境容易形成良好的人居环境和农业生产环境，有水能达的缓坡山地一般早就被开发成耕地了，并且多以梯田的形态被人类利用，未被开发利用的自然山林，必须谨慎开发，以免引起山地生态安全问题。保护自然森林比生产利用更有价值，必须选择理性的开发方式，如利用自然山林开展生态旅游活动。

山的局地环境有的是非常适合人居住的环境，但必须充分了解山体的地质构造，选择不易发生地质灾害的山地，远离容易发生泥石流的山地，这是确保人类居住安全必须考虑的因素。自然环境经历了长期的演化已经形成了稳定的形态和结构，并且在此基础上建立了较稳定的植物群落结构和天然的水文结构，处于一种相对平衡和稳定的状态，人类不宜随意改变，否则将打破这种平衡，尤其是逆自然而行的非理性生产活动，必将遭到大自然的惩罚。

自然界的山，千差万别，形态多样，地质构造也各不相同。利用山区建立以人力为核心的社会经济系统的同时，必须尊重自然，正确处理好社会经济发展与自然生态保护之间的矛盾，寻找两者兼顾的方案。建议山区走生态林业配合生态旅游发展的道路，对于不适宜农业生产的山地梯田应采用退耕还林的方法发展林业，为推进山区生态旅游业的发展营造良好的环境。

在平原无山的区域，过去为满足农业生产的需要，人们尽可能造田以种植大田农作物，并追求土地的平整以便于机械化操作。人居或生产管理用建筑也多在平整的土地上建造，基本没有地形的变化，为改善人居小气候环境，最多是栽上几丛树木，并没有形成生物多样性丰富的人居环境。其实，在平原地区的集中居住之地也是可以通过挖湖堆山进行改造的，尤其是随着机械化施工水平的提高，按改造小气候环境的要求挖湖堆山是容易办到的事情，也是改善人居环境的重要举措。

(二)石

石是自然界较坚硬的构造物，种类繁多，大小、形态、质地、成分、色彩均有较大的差别，具有重要的生态价值和社会经济价值。自古以来，石就是人类建造建筑物的重要材料，广泛应用于人居环境的建设之中。天然山石以其具有的特殊形态和色彩成为人类审美的对象。自然山石通过人工加工可变成千姿百态的石工艺品供人们欣赏或日常使用。

石的用途很广，分布于自然山林中的石头，通常称之为自然山石，自然界大多险峻的山体都是由石构成的，如黄山的花岗石、张家界的红色砂岩、桂林的石灰石(湖石)，石构成这些山体的基本形态。山上的土壤由山石风化而来，经生物作用后而形成土壤，山上本身的山石又对土壤的就地固定发挥了重要的作用，这就是石的固土功能。山上人工石砌的挡土墙和梯田石砌的梯壁，发挥了挡土与固土的作用。自然山石历来作为景石供人们观赏，不同种类的山石依其奇异的形态和色彩纹理而被珍藏，如太湖石、黄山石、英德石、蜡石、石笋石、黄石、菊花石、千层石、龟纹石、钟乳石、吸水石等广泛应用于园林建设之中。有的单个石头即可成景，如苏州留园的冠云峰、杭州花圃的邹云锋、上海豫园的玉玲珑俗称江南的三大名石，因具有瘦、漏、透、皱等特点而闻名于世。有的石景是群体组合之美，如云南的石林和张家界砂岩等奇特的山形都是石构成的天然景观，游人无不感叹大自然的鬼斧神工造就的天然景观之美。

自然界中有的天然山石经人工切割后可以生产各种建筑装饰材料，也有本身就是成片状的，如页岩形成的青片石和黄片石就可以直接用作铺装材料，天然片石铺路更加贴近自然，装饰效果更好，在园林中得到了广泛应用。汉白玉、花岗岩、石灰岩、蜡石等石质较坚硬的种类通常用作招牌刻字，或广泛用于制作雕塑与浮雕的材料。湖石、钟乳石、英德石、石笋石、黄石、青片石等山石通常用于堆砌园林假山。吸水石、英德石等山石通常用于制作山水盆景或水旱盆景。总之，石作为农村的一种重要的景观资源，在未来农村产业的发展过程中将得到更加广泛的应用。

天然的岩洞，洞内的结构主要是由石构成的。石灰岩地区的溶洞，洞内的钟乳石形态千奇百怪，自然天成，让游客产生无限的想象，无不赞叹大自然的神奇。溶洞作为自然资源，具有重要的开发和利用价值，如武陵源的黄龙洞就是一个成功开发的例子。

地表的山石，尤其是形态奇异的种类，是不可再生的自然资源，我们不能过度地开采，决不能因开采山石而造成大的水土流失，更不能造成地质灾害而影响区域生态安全。最好是在有景石分布的乡村，就地开发奇石观赏区，通过适当的加工塑造，打造以石为主题的旅游景点，并将当地的民俗文化、民间传说、历史典故等以雕刻艺术、书法艺术的形式再现于山石之上，供游客集中观赏，以此创造乡村旅游的特色。

有的乡村具有特别的石种分布，如汉白玉、石英、玉石、石膏石等各种珍贵的矿石，可加工成器具、饰物等工艺品和高档用品，还可雕刻塑像，或开发特殊的产业，使之形成当地的特色产业，为乡村旅游产业发展创造条件。

总之，石作为农业公园的一种重要的景观资源，在未来农村产业的发展过程中将得到更加广泛的应用。

四、水

水是构成环境景观的主要要素，是生命之源，有水的地方才可能充满生机和活力；然而，水也能成为灾害之源，水量过多、过少和水污染都会导致不同程度的灾害，对整个生态环境造成不利的影响。因此，蓄水、排水、供水和防止水污染是人类自始至终必须做的重要工作。

水资源存在的形式多样，按其形态主要分为3类，即面状水资源、线状水资源和点状水资源。乡村面状水资源有水库、湖和鱼塘；线状水资源有河流、瀑布、叠水沟渠、溪流等；点状水资源有水井与小池塘。此外，水稻田也是乡村季节性的湿地，具有蓄水的功能，属于面状水资源类型。

（一）面状水资源

乡村常见面状水资源有水库、湖和鱼塘3种类型。其中，鱼塘的数量最多，广泛分布于农村各个区域，只要有人居住或有农业生产的区域就有鱼塘。其次是水库，水库有大、中、小型水库之分：大(一)型水库库容大于10亿 m^3；大(二)型水库库容大于1亿 m^3 而小于10亿 m^3；中型水库库容大于0.1亿 m^3 而小于1亿 m^3；小(一)型水库库容大于或等于100万 m^3，而小于1 000万 m^3；小(二)型水库库容大于或等于10万 m^3 而小于100万 m^3。水库有时也被称为大坝，如五强溪水库和三峡水库就分别是在沅江和长江上建的大坝。湖泊有天然和人工之分，天然湖一般较大，人工湖一般较小。鄱阳湖、太湖和洞庭湖是天然的湖泊；杭州西湖和长沙年嘉湖则是人工湖。天然湖较少，人工湖较多。

修建水库有两个主要目的：一是蓄水灌溉农田，二是发电。也有二者兼顾的水库，四川的都江堰就是一个非常成功的案例。此外，水库本身还可开展水产养殖等，发挥水库的生产功能。库区周边一般具有良好生态环境，是开展生态旅游的适宜区域，可以建立以水库为核心的生态旅游景区，如东江湖风景区和三峡风景区就是利用水库开发的旅游景区。水库还可为邻近的城市提供饮用水源，水质保护就成了水库管理的重要工作，必须严格控制水库积雨区内的污染源，以保障水质达标，因此水库的功能叠加是有前提和条件的。水库的水也可用于发电或灌溉农田，并已经形成了较成熟的技术和功能配套设施，只要维护和管理就可充分发挥其功能。水库其他功能的发挥就需要进一步地建设和保护，如旅游开发。首先必须保护水库周边良好的生态环境，在此基础上再进一步优化和提升水库区域范围内的环境景观，如增加具吸引力的特色植物景观，并且配备必要的旅游基础设施，始终围绕水环境特点进行建设，突出滨水景观的建设，突出水上活动的安排，这是水库旅游开发的关键。

天然湖一般是国家重点保护的天然湿地，主要发挥蓄洪和野生动植物资源保护的功能，不允许人类干预。为维持其自然状态，一般建立了专门的天然湿地保护区，人类非理性的活动是严格控制的，如洞庭湖湿地保护区是候鸟的天堂，人们可以通过望远镜远距离观赏候鸟到来时的壮丽景象，不允许近距离接触干扰，这是维护湿地生态环境可持续利用的有效措施。在丰水和枯水的季节，湖域范围呈现不同的景色，有的季节是可以进行游览观赏的，但游人必须严格遵守湿地保护条例，文明旅游。人工湖一般因生产和生活的需要而建，除服务农业生产与当地人生活功能外，还可以精心打造成乡村旅游和休闲的环境，成为区域农村的旅游景区或景点。湖水是一个非常好的旅游资源，可以安排系列的水上活动；滨水环境适合于打造良好的旅游休闲环境，具备水资源要素，就形成了环境的优势，就拥有了游人亲近的核心，其他要素因水的存在而充满生机和活力。这就是以水为核心的旅游景区较多的原因。湖的存在是旅游景区成功开发的前提和条件，但是，湖不是孤立的，作为以湖为核心的景区，周边环境景观建设也非常重要。四季有景可赏的植物景观和必要的休闲娱乐和接待服务设施建设也必须跟上，这样才能建成具有特色的旅游产业平台和体系，景区的经营活动才能顺利开展。

水库与湖有时也没有本质的区别。水库一般修建在较高海拔的山谷之中，主要收集山地雨水，以便灌溉农田。天然湖一般分布于河流两旁，丰水季节有蓄洪分洪的作用，所处位置一般地势较低，形成的是天然的湿地。人工湖主要是人工挖出来的，目的是供生产与生活之用，水产养殖是生产的主要内容，利用的方式多样，还可以种植荷花等水生植物，实行种养结合，打造生产型湿地景观。有的还可以在湖面上开展各种游乐活动，按照湿地公园的要求进行建设。

鱼塘是分布最广、数量最多的面状水体，有的也称之为池塘、山塘和水塘。一般面积不大，大多在几亩以内。深度也较浅，一般也在几米以内，靠近塘边的位置一般较浅，逐步向中央加深或一边加深，以保障人畜安全。鱼塘的功能除养鱼外，也供小范围灌溉农田，有的也供人畜生活用水，鱼塘蓄水容量较小，易被泥沙淤积，因此一般 2～3 年应清淤一次，以保障蓄水能力。鱼塘可使附近农田供水便捷，是农业生产必不可少的设施。由于农村鱼塘的数量多，蓄排方便，鱼塘对农村雨洪管理发挥了重要的作用，是农村重要的产业景观之一。

农田是农村分布最广、面积最大的季节性湿地景观。一般水稻田的田埂高出田土 20～30 cm，对于 200～300 mm 的暴雨，在农田范围内完全可以自身蓄积，不至于形成地表径流，实际上起到了一个稻田隐形蓄水的作用，对于减轻雨洪形成发挥了重要作用。农田作为季节性湿地，农业生产是其主要功能，尤其是基本农田，但是为了发展乡村旅游产业，我们可以选择种植不同农作物，改变种植方式，并适当增加一些具观赏性的水生花卉和蔬菜，创作一些具有一定纹样和主题的大地景观，兼顾生产与观赏，充分发挥农田的多功能效益。此外，稻田还可实行立体生态种养相结合，种水稻结合养鱼、养虾、养青蛙、养泥鳅、养螃蟹、养鸭、养鸡等，建立各种稻＋模式，大力推广生态农业，切实提高农民收入。

面状水体主要用于水产养殖，已经在技术和管理上积累了丰富的经验，现在又研究出了生态浮岛种植技术。除开展传统水产养殖外，水体还可以设置生态浮岛种植水生或湿生花卉和蔬菜，同时利用生态浮岛净化水质，丰富水面景观，为乡村添彩。

乡村面状水体也可以用来养殖具观赏价值的水鸟类动物，如鸳鸯、野鸭、天鹅，形成温馨、浪漫的水景观，让游客欣赏人与自然和谐的动态美景。

（二）线状水资源

乡村线状水资源常见的有河流、溪流、沟渠、瀑布与叠水，叠水通常在有一定高差的溪流或河流中产生，农田灌排用沟渠中也可能产生叠水，叠水在高差较大的情况下形成瀑布，大型的瀑布一般会成为较著名的景点。

河流有天然形成的河流和人工开挖的运河两种，这两种河流在形态和功能上有一定的区别，天然的河流是地表径流向山谷集中、汇集之后通过水流长期冲刷而形成河道，水源源不断地在河道中流淌形成河流，河流有上下游之分，河流随谷地的形态而弯曲延伸，有曲折的变化。水流速度依高低变化有急有缓，河床变化多样，河道有浅滩、深潭、水湾，有宽窄变化，形态多样，以致河流生境多样。河堤在自然状态下是不存在的，人类为了在河堤两岸修筑农田才修建河堤，河堤沿道而变化，有的农村将自然弯曲的河流通过人工改道拉直，目的是获得更多的农田，这破坏了河流的自然形态和多样的生境，使河流生物多样性景观丧失，破坏了河流自然生态系统，对区域整体生态也有一定的影响。自然弯曲的河流更宜打造优美的植物景观，在美丽乡村建设中，河流改道是一项得不偿失的工程。有的乡村对河流进行整治，使自然的河流渠道化，主要从行洪的安全角度出发考虑河堤的硬化和河道的直线化，结果导致自然河流之美丧失殆尽。虽然行洪功能加强了，但河流的自然生态却被无情地破坏。

河流在自然界中一般是处在相对较低的位置，如山谷之中的最低处，流水不断冲刷河道与河床，遇硬质石岸或石堤自然转弯，自然形成弯曲和河滩地，河水因此有深浅缓急，形成河流不同的生境。自然河流经受了长期的自然检验，形成了稳定的形态结构，包括河流生物的种群结构，人类的干预对河流的自然生态是不利的，对于已经直线化、硬化和沟渠化的河流，我们应尽可能朝着自然生态的方向进行恢复，尚处于自然生态的河流段尽可能避免人工干预，让其处于自然的状态，因为自然的河流在区域生态系统中作为天然的廊道发挥着极其重要的作用。

我们通常见到的大小河流中的拦水坝，有的是为了建水电站发电，有的只是抬高水位蓄水灌溉下游区域的农田，有的仅仅是为当地居民生活用水的需要，有的为了进行网箱水产养殖。不管基于怎样的建设目的，雨洪安全必须放在第一位。丰水季节河道行洪不能受到影响，生态安全不能遭到破坏，因此坝的位置、蓄水高度和坝的形态必须充分论证，科学决策，尤其拦河坝在不能及时调蓄洪水的情况下，可能给当地及下游区域带来洪水灾难，导致得不偿失。

随着伴水而居的人越来越多，河流两岸的建筑也越来越多。洪水来临之时，整栋建筑被洪水冲垮倒塌的事件也时有发生。另一方面，沿河而居的居民的生活和生产垃圾成为河水的污染源，近年沿河的农田污染也直接影响河流，导致原来在河流栖息生长的生物无法生存，河流生物多样性水平下降，这也是我们必须考虑河流生态恢复的一个重要方面。农田污染的另一种形式，是大量施用的化学肥料导致河水富营养化，有害生物大量繁殖，如河流中的雨久花等恶性植物大量繁殖之后，对河流生态系统构成严重威胁。

乡村自然弯曲的河流，生境多样，充满生机，美丽如画。河流在人类社会的发展中发挥了极其重要的作用，是人与自然和谐共生的纽带。

顾名思义，人工运河是为运输的需要通过人工开辟的河流，是利用船和河水运输物资的通道，当然也有主要是为了异地调水而修建运河的，运河行船或放竹排需要一定的宽度和深度。如我国的京杭大运河是世界上里程最长、工程量最大的古代运河。它是中国古代劳动人民创造的一项伟大工程，是中国文化地位的象征之一，该运河对中国南北地区之间的经济、文化发展与交流，特别是对沿线地区社会经济的发展起到了巨大作用。

近几十年来，随着中国农业生产的发展，农村修建了大量的水利工程，其中农田灌溉沟渠不仅保障了农业生产的需要，同时发挥了灌溉与排水的功能，形成了农村一道道水设施景观。农村沟渠不仅是农业的重要设施，而且也是农田生态系统的一个重要部分，高标准农田必须配备高标准的灌排沟渠。为了保障沟渠的灌排功能，将部分沟渠硬化和直线化是不可避免的，但是沟渠结构上必须考虑农田生物安全，要保持农田生物的栖息和生物功能，某些区域或地段的沟渠尽可能保持自然状态，以维持良好的农田生态环境，实现农地的可持续发展。其实沟渠也可以进行美化，适当扩大沟渠的范围并进行自然化和景观化处理，尤其是沟渠与村落相连部分的景观化处理更加重要，将其变成花溪，提高观赏价值，使之成为农村旅游产业景观。

（三）点状水资源

农村最常见的点状水资源类型是水井和小池塘。过去，农村饮水主要靠水井，只要有人居住的地方就有水井，水井是人们生活的必要设施，但是近年来，随着农村污染范围的扩大，水井里的饮用水遭到了程度不一的污染，有的甚至到了不能饮用的程度，水井在农村好多地方变成了我们的乡愁和记忆的对象。井水一般是地下的泉水，水井的周边必须严格控制污染源，这样水井里的泉水才能保持可饮用的功能，不然只能变成废井。当然，现在农村也在大力推广自来水，由自来水厂集中供水，改变了农村饮水对水井的依赖，给农民用水带来了极大的方便。作为一种乡村文化景观资源，原来的水井，尤其是可饮用的水井，是乡村可供开发的一种特别的旅游资源。人们乐意到井边去寻找那种特别的乡村记忆，有的水井还流传着美好的传说，形成了特有的井文化，更有开发和利用价值。当地人还可以继续利用水井为生活服务，如有的水井水质优良，可直接饮用，许多游客竞相取水饮用，或村民就地开设茶馆，接待游客，水井之处繁荣如市，成了乡村一道特别的景观。

乡村另外一种点状水资源就是小池塘，小池塘仅能储蓄少量的水，蓄水不是其主要的目的，有的是为了方便生活，有的是为了改善居住小气候环境，不管挖小池塘出于什么目的，小池塘的存在对于乡村人居环境的优化和美化起到了极其重要的作用，也充分体现了中国古人追求依山傍水而居的传统择地思想。中国乡村小池塘很多，分布也很广。为了发展农村全程旅游产业的需要，我们可以将小池塘进一步美化，通过优化驳岸，种植水生观赏植物和养殖观赏鱼，再配上园林景观小品，将小池塘建成以水为核心的旅游景点，突出旅游休闲功能。

五、建筑

乡村建筑依其功能和性质的不同，主要分为生活用建筑、生产用建筑和公益性建筑三大类。生活用建筑主要为村民住宅，有集中成片分布形成村落或聚落的，也有单栋分散分布的。生产用建筑多为猪舍、牛舍，少量的为鸡棚与鸭棚。公益性建筑主要指的是学校、村部建筑和祠堂等，这类建筑为集体或大众所有。

（一）生活用建筑

生活用建筑是广大农村最主要的建筑类型，多为农民住宅，该类建筑形式和风格多样，具有非常明显的地域特点，北方寒冷地区的窑洞、江南民居、福建的土楼、湘西的吊脚楼等的形态结构和建筑材料有明显的差异，无不体现中国劳动人民的智慧。建筑是人类生活必不可少的设施，纵观它的发展历程，受现在乡村建筑外来文化和现代技术的影响，朝着小别墅方向发展，从集中分布朝着分散分布的方向发展，由平常的大院落向小庭院方向发展，除古老的村落外，各地建筑都出现了不同程度的同质化的趋势。建筑既是一门艺术又是一门工程技术，保护古村落建筑就是保护地域文化的多样性，文化多样的社会才会充满生机和活力。各地的传统建筑，都是各地的民间建筑工艺的表现，是民间艺人智慧的结晶，与该地方的民俗、地域、风情、自然资源和气候等因素有着必然的联系。中国古村落建筑是在农业社会时期修建的，当时的生产力水平低，人与人之间相互依存的关系十分突出，家族的兴旺和衰落，在建筑规模与质量上表现出来，一个大村落的各院落之间存在着有机的联系，通过走廊、围墙、天井、小院、厅堂等构成有机统一的整体，从居住的位置和建筑类型就可以看出一个村落内居住的人群具有明显的等级观念，一个村落具有严密和完善的对外安全防御和内部火灾防御系统和设施。从古村落建筑上也可以看出当时社会生产力和生产关系的发展状况，以及村民的文化生活状况和日出而作、日落而息等相对安逸的生活方式。古代劳动人民的聪明智慧在建筑制造精巧程度上得到了体现，农耕社会的信仰崇拜和家规家训在古村落建筑装饰上也得到了体现。总之，古村落建筑是中华民族传统文化传承的载体，未来社会的发展可以从中汲取丰富的营养。因此，古村落保护是现代社会必须做的一项重要工作。

近几十年来，乡村建筑发生了很大的变化，布局上从集中到分散，层次上从平房到楼房，风格上从传统到现代，外观形式多样，现代材料得到了广泛应用，各地建筑风格出现了同质化的现象，地域特色只能从遗留的传统建筑上看到了。再者就是布局上出现很多沿路布置的建筑，形成农村集镇，因缺乏统一的规划，临路建筑风格、形式和色彩杂乱多样，缺乏集镇的特色和美感，大多形成了农村乡镇低水平经营商业环境，乡村单独修建的住宅建筑也很多，档次差异很大，多为 2 层或 3 层的小楼。有的建成了带庭院的别墅，有的仅为一栋单独的小楼，无前庭后院，形式简单，有的配套设施齐全，有的仅满足基本的生活要求，尤其是大部分住宅卫生设施还较为落后，仅供自家居住，根本不能满足农家乐对外接待的要求。过去的广大农村，基本不存在乡村旅游业，因此，乡村建筑多为自家居家和生产考虑，根本不会考虑对外接待的功能，楼房内根本不可能考虑每间住房配备卫生间，最多一栋一层配一个卫生间，很少配备两个以上的卫生间。前些年，国家大力推行农家乐的乡村旅游形式，但单家独户的建筑根本满足不了游客对居住环境和生活条件的要求，其进一步发展受到了严重的制约，即使农村有优于城市的环境和美味的农家菜，还是难以满足游客的需要。农家私用的住房不宜对外开展各种休闲娱乐活动，农家乐旅游模式自然而然很快就冷落下来，这一结果与目前农村建筑的状况有着必然的联系。

目前，各地农村建筑大多数处于分散状态，一般每栋建筑面积在 200～300 m^2，2 层或 3 层，对外接待的客厅和餐厅一般较小，并且没有专门的娱乐休闲室，尤其是餐厅难以接纳两桌以上的游客用餐，更是无法接待更大的团队，休息用房更是缺乏，因此对于现代旅游业来说农家乐模式存在明显不适用的缺点。分散的单栋农宅是难以进行旅游产业化利用的，相对集中的农宅还有可能改造利用，按照组合乡村大院落的改造思路，将相邻的建筑通过走廊或在建筑之间增加一些公共空间，如绿色餐厅和客厅，以及一些用于休闲娱乐的活动空间，适当增加住房的卫生服务设施，使改造成的组合大院落具有对外接待的功能。坚持以适用为原则，因地制宜，就地取材，充分利用建筑之间的空间和场地进行改造建设，以完善对外接待服务功能为目的，把现有的乡村建筑资源充分利用起来为发展乡村旅游业服务。

乡村旅游接待用建筑是乡村旅游必须具备的设施，现有乡村建筑可以直接利用的很少，一般需要改造后才能利用，应重在内质的提升，难以利用的就根据国家相关建设用地政策择地新建。乡村旅游接待不宜遍地开花，以集中接待为佳，分散接待一般来说设施上达不到要求，服务管理上也难以满足游客的需要。乡村以村和几个村民小组为单元修建一个接待管理服务中心，实行统一管理，统筹安排，有序经营，共同打造旅游品牌，更有利乡村旅游业的发展。

新建乡村生活用建筑的建设，要先从观念上改变，克服专门为自己小家庭建和小家庭用的想法。应从农村产业发展的需要考虑建筑的大众使用要求，充分考虑建筑的公共活动空间。当然也不是乡村所有建筑都是这个要求，主要是乡村旅游产业平台建设必须建一个游客接待服务中心，每一个产业单元建一个中心，中心必须满足对外接待的功能，必须有一定的规模，并且配备必要的旅游接待设施，如停车场和室内外活动场地与设施，中心周围环境是重点打造的区域，必须做到实用美观、舒适且具有乡村文化内涵。外表不求华丽，形象不求新奇，但求朴素大方，能够突出地方风格，满足对外接待的功能要求。

中心的选址。在某个乡村区域可能难以找到最佳的适宜建生活用建筑的位置，因为好的地基几乎都被当地村民先占用了，但是可以通过改造创造宜居的小气候环境，通过挖湖堆山的方式改造地形，形成依山傍水的建筑地基，修建更加宜居的接待用建筑。

(二)生产用建筑

乡村生产用建筑主要是农产品加工用厂房、民间工艺用房和畜禽养殖用房，以畜禽养殖用房最常见。

农产品加工用房一般单独择地修建，外形简单，一般不对外接待参观，面积大小以加工农产品的量确定。农产品加工有的形成了某个乡村或特色小镇的主打产业，不仅是建简易的加工厂房，还必须建配套的产业用房，按特色小镇产业化的要求进行建设，加工厂房为特色小镇产业主体用房，其他用房按照产业发展的需求而建。像这类生产用建筑的建设属于乡村城镇化建设的一部分，建筑的风格和布局必须符合特色小镇建设的总体规划和建设要求，完全适应特色小城镇发展的需要。

民间工艺用房，如织布、蜡染、刺绣、小工艺品制作等工艺用房，其工艺代表一种传统文化，其生产过程具有参观的价值，对环境完全可以做到无影响，它是民间工艺的展示，小规模工艺制作完全可以直接利用民居，较大规模的民间工艺制作用房则需要专门建设。工艺制作过程是乡村的一道特别的景观，可以引导游客参观学习，因此，民间工艺用房可以与乡村的游客接待服务中心一并建设，统一规划，统一设计，以增加乡村旅游观光体验内容和项目。建筑环境按传统地方风格打造，装潢突出乡村独特的地域文化，最好是与民间工艺相关的内容，将工艺氛围融入旅游接待环境之中。

乡村规模化的畜禽养殖，一般建有独立的畜禽养殖用房，用房建设主要以适用为原则，为了防疫疾病一般不对外参观，建设时主要以畜禽产业发展的需要为依据。畜禽规模化养殖用房主要考虑人畜共生的卫生与安全问题，要求畜禽养殖与人居环境相隔一段距离，以防止人畜共生疾病的发生。畜禽生产性用房，多建于果园之中或傍农田而建，果园多为山地，林下养鸡、养鹅较为适宜，稻田养鸡、养鸭实行生态种养，畜禽养殖与其他生产环境相结合，为畜禽提供更大的室外活动和觅食空间，对于提高畜禽产品质量有显著的效果。畜禽养殖用房的环境，同样要注意营造良好的小气候环境，注意夏季遮阴防暑，冬季挡风防寒和采光通风干燥等。

(三)公益性建筑

乡村公益性建筑主要指休息亭、风雨桥、村部建筑、学校、幼儿园等。这些建筑有独特的功能和公益性，一般以地方政府出资或村民集资的形式修建起来。随着中国老龄化社会的到来，农村机构养老将会广泛兴起，国家民政部门对养老产业有相应的政策和经费支持，这是一项公益性的社会事业，相应的公益性的建筑即将修建，乡村养老事业将得到较大的发展。乡村各类公益性建筑的建设，以满足功能要求为前提，以经济适用为原则，建筑规模和大小以当地实际需求为依据，建筑风格和形式融入当地建筑环境形成统一的整体。乡村景观建筑如休息亭和风雨桥、鼓楼、祠堂等，形成地方性的标识建筑，村民共享，有的成为村庄的景点，对外接待游客，与乡村接待中心建筑统筹规划，同步建设，以营造良好的乡村旅游环境，充分发挥公益性建筑的产业经济功能。乡村公益性的建筑往往需要打造公益性的环境，为了便于维护与管理，适宜采用低维护的绿化方式，最好能让其处于自我维护的理想状态。绿化树种乔木、地被、灌木及草坪植物选择耐粗放管理的植物种类。

在进行农业公园的建筑开发时，首先要制定乡村建筑的规划方案，在规划的位置新建建筑，杜绝滥建；其次要本着节约的原则，对具有使用价值的建筑或者能改造使用的建筑，尽可能利用，尤其是具有文化价值的古民居更是要进行保护，争取国家立项进行修缮保存，使之成为当地乡村旅游景点。新建的建筑要按照当地居民实际生活需要和乡村旅游产业发展需要进行建设，以适用和美观为基本原则，使新建建筑为美丽乡村建设增光添彩，在乡村产业可持续发展过程中发挥重要的作用。

第二节　农业公园开发建设类型

“采菊东篱下，悠然见南山”的乡村生活，正成为越来越多现代人追求的“世外桃源”。建设乡村农业公园应充分尊重村民意愿和当地风俗习惯，以“乡土气息”为底蕴、以乡村本来面貌为基础实施改造创新，在真实呈现乡村自然景观的同时注重彰显乡村“土、真、净”的美学价值。应注重规划引领、统筹考虑，根据当地产业、环境、乡风、治理、经济等方面要求，灵活建设不同类型农业公园。要将建设乡村农业公园与发展文化旅游、生态农业、特色手工业等乡村富民产业结合起来，与加强乡村基础设施、提升公共服务等任务结合起来。

中国的乡村旅游资源丰富，由于地理、气候差异等原因，不同的农业公园具有不同的特点，可从功能形态特点和游客的消费需求、资源特点、农业生产内容 3 个方面对农业公园的类型进行划分(表 4-1)。在实际的休闲农业规划和建设中，园区往往兼具不同的特征，是多种类型的融合园区，规划和建设应整合资源，突出特色资源。

表 4-1 农业公园的分类

分类依据	经营类型	主要内容
按农业生产内容分	花卉园	以花卉为主题，花卉园的建设内容主要包括花卉种植、鲜切花生产、容器花卉生产、花卉种苗培育、食用和保健花卉产品的开发、建立花卉市场等
	果园	以水果为主题，具有果树种养、采摘、果品加工等内容，促进果品生产与旅游业共同发展，提高果园的整体产出效益
	药园	以中药材为主题，形成健康绿色的环境，开发中草药产品。具有药材种植、观光休闲、健康养生等功能
	蔬菜园	以蔬菜为主题，普及蔬菜知识，开展食、住、行和采摘体验活动；展示蔬菜高科技模式；具有蔬菜种植、领养、科普示范等功能
	茶园	以茶为主题，以茶树种植和茶叶生产为依托，将茶叶资源与茶文化体验有机地结合起来，发展旅游服务业
	养殖园	以畜牧水产养殖为主题，利用山林、水体、牧场、农田等开展生态养殖，开展休闲垂钓、放牧、稻田养殖等项目，与休闲旅游业相结合
按功能形态特点和游客的消费需求分	农业观光园	利用不同于城市的农业环境和田园山水风光，开展旅游休闲活动，以满足游客回归大自然的精神需求
	科普教育园	传统农业和现代农业相结合，以农耕文化、农业生产、生活方式、农作物的栽培、展示等为核心内容，将学习、教育等功能与旅游业结合
	休闲度假园	以原生态自然环境为基础，以休闲娱乐、休憩疗养、放松身心为主要目的，结合历史民俗资源，具有旅游度假、养生居住、商务接待等功能
	康体养生园	依托优越的自然景观条件，融入生态养生理念，具有健身、度假、养生等功能，为游客提供相关配套设施
	农业科技园	运用先进的科学技术来发展农业产业，结合农业设施展示、农业技术培训和农业科技示范等功能，将农业科技与旅游服务相结合
	产品加工园	以农产品加工为核心，以农业科技为手段，形成某类或几类农业产品的加工线，延伸农业产业链
	农业物流园	将准备销售的农业产品集中起来，以最快的速度运输到市场进行销售，是保障农产品获得经济效益的重要的一环
	健身运动园	以自然山水或田园风光为载体，赋予康体、运动、竞技等功能
	创意农业园	充分挖掘农业生产和民俗文化元素，形成文化创意、科技创意、品牌创意、服务创意、生态创意景观，设置相应的配套服务设施
	趣味游乐园	结合乡村自然人文资源，形成有特定游憩主题的主题乐园，乐园的配套设施、活动设置等都围绕游憩主题而进行
	民俗主题园	充分利用农耕文化、传统习俗、生活场景等资源形成旅游观光项目，民俗村、风情园等都属于该范畴
	森林游憩园	利用森林的自然资源、生态环境和历史文化资源开展休闲、游憩活动，设置相应的配套服务设施
	多功能园	集农业生产、文化传承、科技示范、休闲度假、科普教育等多种功能为一体的综合园区

续表4-1

分类依据	经营类型	主要内容
按资源类型分	地文风貌型	以地貌、气候、水文、土壤、生物等要素为主要吸引物
	农业生产型	以农业产业(农、林、牧、渔等)为主要吸引物
	艺术人文型	以乡村人文资源(风土人情、民俗文化、传统习俗、艺术创作等)为主要吸引物
	复合型	资源综合型的农业公园

第五章

农业公园的发展策略

第一节 农业生产为本:物质基础及产业环境

中国人口众多,人均耕地少,有限的耕地面积与人们日益增长的对安全、高品质的农产品的需求产生了矛盾;农村城镇化进程中乡村建设力度的加大使耕地面积减少,土地面源污染加剧,农田生态系统被破坏;促进农业产业的健康发展以及维持整个乡村生态系统的稳定成为中国乡村自然、经济、社会发展的重要问题之一。

农业生态系统是一个以农业生产活动为核心的人工复合系统,具有光、空气、水、土壤、地形地貌等地理环境因子,是在人类生产活动干预下形成的。对于农业公园农业生态环境的保护,主要包括农业资源的合理开发利用、农业环境污染的防治以及开展农业生态工程建设等措施,其目的是以生物多样性理论为指导,采用一定的技术手段,实现农业生态系统的可持续发展。以稻田养殖模式为例(图 5-1),稻田养殖有稻田养鱼、稻田养鸭、稻田养甲鱼等多种形式,利用稻谷和动物之间的共生关系形成农业生产空间结构上的改良,同时物质得到循环,取得的综合效益要超过种稻、养鸭、养鱼的单项生态效益和经济效益的总和。因此,在农业公园规划和建设中,要以农业为本,将农业生产作为基础产业,利用生物多样性提供的多种生态系统服务维护农业生态系统的功能,同时,有效利用农业生产资源、山水田园环境和地域文化资源等,拓展其他功能,开发延伸产业和支撑产业,以促进农业生产和农村生态环境的均衡、可持续发展。

图 5-1 稻田养殖

第二节 形态丰富多样:美丽乡村景观建设

农业公园以乡村山水环境为基础,打造美丽精致的公园环境,形成自然生态的景观风貌,合理设置休闲设施,统筹农业发展与生态保护关系,引导农业产业的良性发展,实现人与自然的和谐共生。农业公园的景观具有一种从人与土地之间的关系中衍生出来的健康、和谐的美,还具有多样性和丰富性。乡村的山、水、植物、田、园、路、村都是农业公园的景观要素，这些景观要素随季节的变化而处于不断更替之中，如水稻、油菜、玉米、高粱、紫云英、荞麦、棉花等农作物为一、二年生作物，在其不同生育期内均呈现不同的景观。在农业公园开发和建设中，要做到自然与人工的和谐共处，保护脆弱的农田和土壤，不破坏原有的田园风貌，保护生物多样的乡村环境。地形地貌的设计主要包括对原有场地特征的利用以及地形的塑造等方面，在尽量利用原有地形的基础上，创造农业公园的生产和生活的环境，使之与自然环境融合，增强植物群落和农田系统的生物多样性与稳定性，形成丰富多样的植物景观，为游人创造丰富的游赏空间。在水体设计时注意避免岸线的僵化，减少水泥硬化的空间，应丰富水生、湿生植物的种类和层次，形成滨水动植物的多样性，创造良好的生境条件，形成稳定的生物链；提高水体自净能力，对水资源进行循环高效利用。建筑和小品宜采用当地传统材质(图 5-2)，景观性和乡土性相结合。在绿化配置方面，主要选择生境内的乡土原生物种，乡村的沟渠与道路之间留设绿化带，美化道路景观的同时，给沟渠环境提供荫蔽，缓和水温的变化。道路的修建会阻断生态廊道，使景观破碎和分割，对植被群落的生长，还有动物的迁徙造成极大的阻碍和破坏，因此要注重动物生态廊道设计，保证景观的多样性和连续性。

图 5-2　无锡田园东方的建筑和围墙景观(拍摄日期:2015-02-01)

第三节　农耕文化为魂:记忆和乡愁的承载

中国作为一个农业大国，拥有五千年的文明史，形成了灿烂的中华文化，农耕文化占有极其重要的地位。中国地大物博，民族众多，各地农村由于自然地理、生活习惯、生产方式、宗教信仰、民族风俗、社会经济等的差异而形成了不同的地域文化。乡愁是指人们通过某些特定的场所，唤起对故土的人或事的记忆与情感，乡愁的生命力离不开地域文化传承，乡愁具有地域性、时代性、滞后性和传承性的特征。

农业公园景观具有地域文化上的差异性，是一种重要的旅游资源，是吸引游客的亮点。深入挖掘独特的地域文化内涵，并以景观的形式表达出来，是推动农村产业发展的重要举措，也是各地农村产业可持续发展的重要保障。不同的地区有不同的地域文化这是显而易见的，而同一地区的不同园区要做到有文化上的差异值得研究，在同一地区找出不同的文化主题呈献给游客，这是同一区域农业公园异质互补发展的必要措施。中华民族五千年的发展史积累了丰富的农耕文化，如地域民俗风情、美食烹饪、宗教信仰、民间传说、风土人情等，这些都具有地域性和鲜明的地方特色，都是乡愁景观的内在表现。乡愁的有形载体可以通过专项规划中植物景观、建筑小品（图 5-3）、标识系统、停留空间等得以体现；乡愁的无形载体可通过各种农事活动、节事活动及其他文娱活动得以体现。在农业公园建设过程中，应有选择性地挖掘地域特色文化主题，采用群众喜闻乐见的表现方式，弘扬和传承地域文化。

图 5-3　观澜山水田园的温泉桶和水车茅屋景观（拍摄日期：2016-07-01）

第四节　功能叠加拓展：农业与公园功能衍生

农业公园以乡村山水田园景观和历史民俗资源为依托，采用市场化的经营模式，从满足人们的实际需求出发，发展农、林、牧、渔、旅等产业，充分体现了农业生产的功能；而农业公园所具有的休闲、度假、养生、教育等功能都是公园游憩功能的体现。农业公园开发和建设的目的性非常明显，即发展农村相关产业，产业的需求是农业公园开发和建设的根本目的。农村各种景观在农业公园发展中有它特定的功能，整体环境要具有美感，特色景观景色要具有感染力，才能充分发挥环境景观的观赏功能。农村的生产性景观不仅要满足游客对新鲜农产品食用的需求以及农产品加工的需求，还要满足观赏和采摘体验的需求，农作物与园艺作物景观大多都具有这些功能。农村居民建筑不仅用于居住生活，其整体外观形象对农村产业环境的影响也是极大的，通常成为农村人居环境的主要景观，因此，农村建筑设计对于农业公园发展具有极其重要的作用。农村的自然山林是维持农村良好生态环境的主体，既有显著的生态功能，又有良好的观赏功能。农村的水景通常由水库、池塘、河流和沟渠等组成，水体除开展水产养殖外，还用于开展垂钓、游泳、漂流等活动，水是给农业公园景观带来活力的重要因素。可以将整个农业公园看成一个农业生态系统，在人们的定向干预和调节下进行生物再生产，同时为人们提供生态和经济产品，满足人们物质生活和精神生活的需要。农业公园具有供游客和村民生活休闲的功能以及农耕文化传承的功能。

第五节　产业融合创新:田园综合体的建设

农业公园的开发要立足农业生产,统筹农业发展和生态保护的关系,传承自身文脉,重塑自身特色。国家深化农村土地制度改革,一是稳定承包权,二是放活经营权,三是坚持土地集体所有权。鼓励土地经营权流转目的是更好地经营土地,更好地发展农村产业。农业公园的景观规划不仅要建设适合农业生产的区域,更要打造发展旅游产业的环境,对农村产业环境景观进行保护和建设,按适度规模和以一定的区域范围为单元建设农村生产单元和产业单元,创造适合农村产业发展的平台,以促进农村社会经济的可持续发展。

农业公园景观虽然形态上与城市绿地景观有某些相同之处,但是农业公园景观的特性和投资的主体与城市绿地景观有着本质的区别,不仅表现在建设成本要尽可能控制,而且还必须考虑适宜的投资产生良好的经济效益,获得良好的经营效果。从本质上来说,农业公园是一二三产业融合发展的农业休闲综合体(田园综合体),是一种新产业、新业态。农业公园田园综合体把农业生产、休闲娱乐、养生度假、文化艺术、农业科技、农副产品加工、农耕活动体验等活动有机结合起来,拓展了农村原有的生产、加工和销售产业链。

农业公园产业链的延伸,必须依据当地的资源、区位和市场条件,因地制宜进行整合和综合开发,围绕农业发展旅游业、餐饮业、加工业、配送服务业等产业,各产业融合发展。园区的农业生产是基础,农产品的加工、体验以及休闲度假是支撑产业,构成维持整个农业公园产业合理运转的核心,共同将园区的农业资源有效地转化为商品优势,吸引人流和资金流,既能满足休闲旅游的需求,也能促进园区自身产业结构的升级转型。

第六章

农业公园创新规划模式

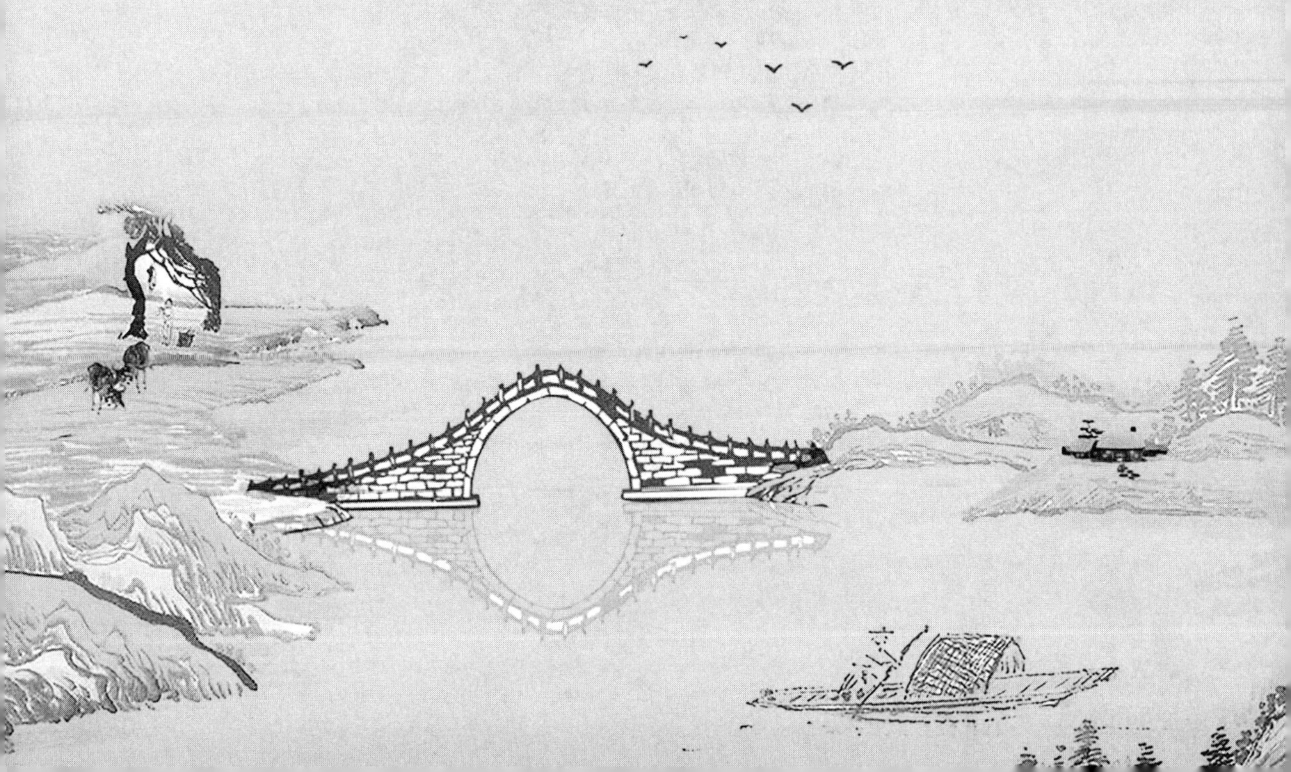

由于自然地理条件、社会经济发展水平和地域文化上的差异，农业公园在产业建设上存在不同的思路，但在本质上都是通过调整景观的外在形态和结构，以发展休闲旅游业为目的保护和建设乡村产业景观。结构决定功能，事物外部的形式和表现对其内在功能起着至关重要的作用。面对农村农田面源污染严重导致的农村生态危机，以生物多样性理论为指导，根据结构决定功能的原理，提出两种农业公园规划新模式，即生物多样性农业生产单元模式和功能融合型农村产业单元模式，以解决中国目前面临的农业生态问题和产业转型问题。

中国农村用地受耕作方式、耕作制度、灌溉水源和耕作不利环境等因素的影响出现了重金属和农药残留超标的现象，治理刻不容缓。土壤治理是一项系统工程，耕地土壤的生产承载力是有限的，一方面必须终止不理性的生产活动，另一方面是对地形地貌进行设计形成多样的立地环境，改种耐污染或吸收重金属能力不强的作物，以保障农产品的质量，达到逐步改良土壤的目的。广大农村土地的生态环境出现生物多样性水平逐渐下降的问题，最终将出现生态失衡的严重后果。因此，提出农业公园的生物多样性农业生产单元模式，实现园区内品种的多样化，使土地的立地环境朝着多样化的方向进行改良，采用轮作、间作、套作相结合的耕作制度，逐步减少农药和化学肥料的施用量，实现乡村生态系统的稳定和农业生产的可持续发展。

农业公园具有多功能的特点，农业生产、生活居住和休息游憩是农业公园的三大基本功能，其他的餐饮接待、农事体验、居住康养、运动健身、科普教育、技术培训等功能都是基本功能派生出来的。农业生产是基础，人民安居乐业是目标，发展休闲产业是农业公园发展的重要手段，因此，提出功能融合型农村产业单元模式，以促进农业公园产业的可持续发展。

生物多样性农业生产单元和功能融合型农村产业单元是未来中国农村产业发展的基本要素，也是农业公园的基础构成单位。生物多样性农业生产单元模式具有自然生态的特点，而功能融合型农村产业单元模式具有社会经济方面的属性，都是解决“三农”问题的有效手段。

第一节　生物多样性农业生产单元模式

一、生物多样性农业生产单元模式模型构建

中国一直在进行乡村土地的改造和基本建设，目的是改变农业生产的基本条件，以改土治水为中心，提高土壤肥力和抗灾能力，为农业生产机械化、田园化和集约化创造条件，进一步提高土地生产力。

为了解决乡村生态系统恶化等问题，促进农业生态平衡，特提出生物多样性农业生产单元的构想。生物多样性农业生产单元在实现田园化的基础上，创造生物多样性的立地环境，结合生产，通过地形改造后，在保持农业生产功能的前提下，创造丰富多样的田园景观。如同人体中的一个个细胞，每一个生物多样性农业生产单元本身就是一个稳定的小环境，共同构成稳定的农业生态系统。在合法合规的前提下，对可利用的乡村土地进行地形改造设计，其目的是打破目前单一作物规模化生产模式，创造生物多样性的立地环境，即以一个相对较

小的土地区域为单元，单元面积可以是100～1 000亩（6.7～66.7 hm^2）不等，将单元内的用地改造成水体、旱地、湿地等土地类型，它们各占一定的比例，根据主导产业和立地条件的不同，比例有所变化，并且修建生产管理用房和道路等配套设施。水体，即主要利用空闲地、荒地，挖一个深约4 m的水库，用于水产养殖，岸边采用分级叠落的方式，以便于种植湿生与水生植物；旱地，即将开挖水库的土壤堆置于取走表土的区域，形成梯台式旱地，主要用于种植水果、蔬菜、茶叶与花卉等园艺植物；湿地，即保留原有的水稻田，按照土地性质，依然种植水稻、油菜等大田作物。

每一个生物多样性农业生产单元都包含商品型特色农业和自足型多样化农业两种农业生产类型。每一个生物多样性农业生产单元都具有自己的特色，其特色主要是通过农业生产单元的商品型特色农业生产表现出来的。同时每一个单元内都应配套管理与生活设施。下面从生物多样性农业生产单元的3个构成部分来对其进行描述。

1. 商品型特色农业生产

商品型特色农业区是以某一种产品（如水稻、桃、李、梨等）作为特定对象，且该单元的水、土、肥、地形等各种生产条件适合这种特色产品的生产，形成该单元的商品型特色农业生产。每个商品型特色农业区都是先进农业科技的示范，代表着目前现代农业科技的发展水平，所以该区同时能起到技术示范的作用。

农业生产必须根据市场需求调整结构，农业生产单元依据市场需求和区域生产条件优势，调整农业生产单元区域范围内的生产结构，选择商品价值高、效益较好的特色农业生产项目，如种植特种水果、蔬菜和药材等园艺作物，实行专业化栽培，并且形成一定的规模，以获得良好的经济效益。农业生产单元发展特色商品型农业，除种植业外，也可以利用农业生产单元基地范围内的其他生产条件与资源优势发展养殖业，如利用林地养鸡、湿地养禽、草地养牛养羊、特殊水体发展特种水产养殖等，同样能够生产具有竞争力的农产品。特种养殖一般需要特殊的条件，具有特殊的资源条件是特种养殖取得成功的关键。农业生产单元规划时，发掘优势资源、确定特色农业养殖项目是农业生产单元成功的关键。

每一个生物多样性农业生产单元内的生产用地为总用地的80％～90％，而园区规划的主要目的是满足城市人消费的需求，所以设置商品型特色农业区占整个单元面积的比例为40％～45％。

2. 自足型多样化农业生产

自足型多样化农业生产区生产的产品包括水果、蔬菜、花卉、畜禽、水产等多种类型，产品可以是各个单元内生产的，也可以向其他单元或市场购买，以满足单元内产品的不足。多样化的含义包括生产产品的多样化以及立地生态环境的多样化。要创造和利用多样化的农业生产和立地生态环境，通过水体、旱地、湿地等来保证多样化产品的生长条件；同时，利用农作物和水体，形成良好的田园景观环境。

自足型多样化的农业生产也存在种植农作物和养殖动物品种选择的问题，应坚持因地制宜原则，选择适宜本地的植物和动物品种，不主张大面积采用设施栽培的方式引进外地品种。生产成本是生产项目选定的一个决定因素，成本比较高的生产项目不予考虑。农业生产单元生产只是在允许的条件下尽可能多样，这里的多样也可以理解为农、林、牧、渔都有涉及的多样，属于种养结合的生态农业，充分利用或适当改良农业生产单元的生产条件进行农业生产，宜农则农，宜林则林，宜牧则牧，宜渔则渔，合法利用土地，农、林、牧、渔综合协调发展。

该区的设置主要是为了满足生活在这里的村民和养生休闲的游人的需要，占整个单元面积的比例为40%～45%。

3. 管理与生活配套区

包括村民住房、管理服务用房和道路等基础设施用地，占整个单元面积的比例为10%左右。

管理服务用房设置在居民住宅相对集中的区域，以便充分利用农民的闲置用房，将该区控制在距离农民的住宅500 m以内的范围，与农宅共同形成单元的接待能力，以利于生活管理的方便。同时，可以充分利用单元的自然资源条件，在依山傍水的地方，设置垂钓中心和滨水活动中心等，在优美的山林地区域可建设度假配套设施。村民住宅异质性较大，脏乱差现象较明显，应对每一个单元进行统一建设和管理，对农村住宅进行改造，完善基础配套设施，方便农民生产和生活。

管理与生活区要突出土地的农业生产功能，利用多年生的果树和苗木作为绿化和美化用材料，如杨梅、枇杷、梨、桃、葡萄等都可作为绿化材料，园林绿化苗木和花卉主要根据美化的需要加以点缀，在管理与生活区周围形成良好的公园化的景观环境和生活环境。

二、生物多样性农业生产单元的生产构成

地形改造后的农业生产单元具有多样性的立地环境，为生产多样的农产品创造了条件，单元内的农业生产实行种养结合的模式，采用间作、轮作、套作等栽培方式，其主要构成如下。

1. 种植构成

以中国南方为例，主产稻谷，种粮依然是其主导产业。在保证合规利用土地的基础上，根据原有地形条件改造后的土地，形成旱地、湿地、鱼塘等用地类型，依据多样自足型农业生产的要求，选择其他农作物和园艺作物，以丰富作物多样性水平，满足人们对多样化的农产品的需求(表6-1)。

表6-1　生物多样性农业生产景观单元作物构成

用地分类	作物构成
水体	种植荷花、睡莲、水芹菜、茭白、水菖蒲、水芋头、梭鱼草、雨蚌花、水葱、莼菜、千屈菜、水蜈蚣等湿生和水生植物
旱地	果树、蔬菜(露地或大棚蔬菜)、茶叶、花卉、药材以及马铃薯、红薯、玉米等大田作物
湿地	优质水稻等大田作物
配套设施	园林化、艺术化的景观建筑、休憩设施

鱼塘浅水区域种植水生经济作物，如莲藕、菱角、水芹菜、茭白等。单元内的沟渠沟底均不硬化，可用于种植水芋头、菖蒲、慈姑、席草等水生植物。

旱地主要种植果树，林下种植中药材，形成生态林地。水果主要有桃、梨、李、杏、柑橘、枇杷、葡萄、石榴、猕猴桃、杨梅等，常绿果树杨梅、枇杷等可以作为整个生产单元的生态防护屏障，部分旱地根据需要种植蔬菜。若土地类型为旱地，则不可种植破坏耕作层的植物，如果树、苗木等。

季节性湿地，采用轮作的方式，雨季种植水稻，旱季种植油菜和绿肥；一般耕地旱季可种植草莓或反季节栽培蔬菜，实行精耕细作，让每一寸土地都能得到合理利用。

2. 养殖构成

利用不可耕地开挖鱼塘或利用现有的鱼塘进行水产养殖，主要养殖名优鱼品种以及特种水产，如黄鳝、鳜鱼、甲鱼、乌龟等，根据养殖品种的特性，进行科学合理的搭配。利用鱼塘、沟渠草、饵丰富的条件，养殖鸭、鹅、天鹅等水禽，在鱼塘中间设置生态岛，方便水禽栖息。利用部分果林，采取种养结合模式，进行土鸡、野猪、竹鼠、牛、羊等特色畜禽品种的养殖。在一般农田内实行水稻立体种养模式，开展稻田养鱼、稻田养鸭、稻田养螃蟹、稻田养鳖、稻田养泥鳅、稻田养青蛙等生态养殖项目，这种作物种植和生态养殖项目相结合的方法能提高农业经济效益，促进农田生态平衡。农业生产单元内畜禽产生的粪便可以转化为有机肥，既能够满足农作物对有机肥的需求，改良土壤，改善作物品质，提高作物产量，又能克服大量施用化肥、农药带来的环境污染。

农业生产单元构建的目的之一是在乡村农业产业中实行种养结合，达到生物和产品多样，以克服目前农业生态系统因生境单一而产生的一系列的负面问题。在农业公园规划范围内形成具有生物多样性的农业生产单元，从而创建防治病虫害的天然屏障，逐步减少农药和化学肥料的施用量，维持良好的耕地土壤结构，从而建立良好的农田生态系统，实现农业生产的可持续发展。

第二节　功能融合型农村产业单元模式

一、功能融合型农村产业单元的构成元素

中国旅游资源丰富，不同的地域、气候条件孕育出每个地方不同的自然人文特色，除了个性，这些资源也有共性的地方，在山水风光、风土人情、经济情况等方面具有一定的相似性，如乡村的农舍、仓库场院、道路、水渠以及其他的附属设施等，这些都是乡村在长期历史发展过程中自发形成的产物。因此，可将农业公园的农村产业单元模式的基本构成要素概括为“山-水-田-园-路-宅”。

山——起伏的山峦是典型特征。这里的“山”包含自然山林地和园区生产建设时形成的微地形以及生长于此的花草树木等内容。山林是绿色生态屏障，利用山林地可开展山林休闲和运动项目，是既要利用又要保护的重要资源。

水——为单元区域内的鱼塘、溪流、湖泊、水库、沟渠以及其他元素。水边种植湿生与水生植物，形成湿地景观，同时也是自然的雨水收集系统，利用水可开展水产养殖和休闲垂钓项目。

田——包括水田、旱地、水浇地等种植农作物的土地。在规划和建设中，提倡保留原汁原味的生产和耕作方式，同时利用农作物的季节性特征，通过合理配置，形成美丽的大地景观。

园——包括菜园、果园和花园等用地类型。在开发时要突出生态、绿色、科技等关键词，利用园地可开展果蔬采摘、城市家庭菜园租赁等活动。

路——泛指道路、管线等基础设施。大部分乡村地区的配套设施不够完善，片区基础和公共设施建设有待加强。农业生产环境中的道路建设以乡土化、经济化为原则，提倡建设具有乡村特色的砂石路、石板路等。

宅——主要为生产生活与管理用房。包括民宅、受保护的古民居和建筑群以及畜棚、仓库等，用来满足片区生产、生活和发展休闲旅游的需要。

二、功能融合型农村产业单元的功能构架

系统是一个整体，具有动态性、复杂性等特点，由相互作用的结构和功能单位组成。遵循因地制宜的生态设计原则，以微流域为单元，提出农业公园农村产业单元规划设计模式。该模式由乡村生产区、乡村栖住区和乡村休闲旅游区三大基本功能区组成(图 6-1)，这三大功能区共同构成一个可循环的系统，实现乡村社会、经济和环境的生态化。发展生产是基础，人民安居乐业是目标，发展休闲产业是重要手段，合理的生产、生活、休闲方式能使“生产发展、生活富裕、生态良好”，有利于促进人与自然、人与社会的和谐共生和良性循环，决定着片区经济社会发展的可持续程度。

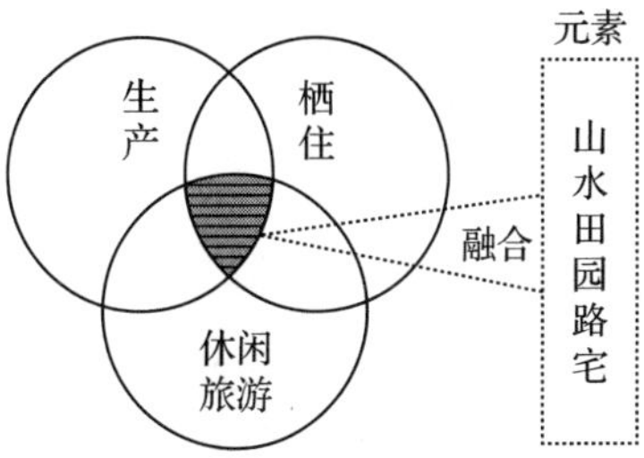

图 6-1　农村产业单元功能构架

1. 乡村生产区

包括自足型和商品型农业生产区。自足型农业生产区内生产的产品主要是为了满足生活在这里的村民和前来养生休闲的游客的需要，商品型农业生产区生产的产品主要是为了满足城市居民的需求，或就近向城区供应农副产品。乡村生产单元内生产的产品必须因地制宜，兼具特色性，生产的产品包括水果、蔬菜、花卉、畜禽、水产等多种类型，以形成多样化的立地生态环境和休闲旅游商品。农业公园的乡村生产区内一般包含若干个具有生物多样性的农业生产单元。

农业生产单元中主要为规模化种植的作物，一般品种较为单一，形成农业生产单元作物景观的基地。有的是一种季节性观赏的农村大地景观，如油茶、水稻、小麦和紫云英，它们均具有较高的观赏价值，尤其是如果还能对该类大地景观有意识地配置一些观赏植物，形成一定的主题图案，则更能提高大地景观的观赏价值。农业生产区可以形成多样的农业生产性景观，农业生产环境可以成为游客游览、体验与观光休闲的环境。一年四季变化多样的、大面积的作物景观，可以形成农业生产单元的大地景观；小面积的、多样且互相嵌合的作物景观，可以形成具农业特色的花境景观。两者都具有良好的观赏效果。农业生产单元生产的作物可以间作、轮作与套作，作物生产和动物养殖还可以相结合。农业生产单元的生产对象是变化的，只是多年生作物和部分养殖区域是固定的，如多年生果树、景观树木、猪舍和鱼塘是固定的，一般情况下不进行调整。对于一二年生农作物，考虑到某些特定的病虫害在连作土地上发生严重，轮作成为一项重要的农业技术措施，如茄科植物马铃薯、辣椒等就不能连作。

2. 乡村栖住区

该区主要包括旅游服务管理接待中心以及当地居民居住的民宅。居民民宅的建设要适应现代农村生活要求与农民生活习惯;旅游服务管理接待中心也可以利用农民的闲置住房,形成大餐厅大客厅,增强接待能力,集约利用土地。

农业生产单元生活居住区的建筑形态、结构和功能设计十分重要,形态上具有明显的地域风格,结构上满足实用功能的要求,力求朴素、实用、美观与大方,并且还具有一定的艺术造型和内涵,凸显地方特色的地域文化更佳,决不要将城市现代建筑搬到农村去,导致与原村庄建筑风格格格不入。建筑装饰应就地取材,突出自然生态。同时,在优美的山林和滨水地区建设度假配套设施。为了满足游客健身运动和交流的需要,也适当设置室外运动场地和设施,并且针对不同年龄层次的要求设置不同的运动项目与活动场地,让游客在融入自然的农耕文化环境中开展运动,在运动中体验返璞归真。

3. 乡村休闲旅游区

该区主要具有休闲旅游和养生度假等功能,同时能提供农村就业机会。利用乡村的果园、菜园和自然山林地,向城市人群提供度假、旅游的优美环境,配套农家特色的餐饮、住宿等服务。游客在此体验乡村生活和民俗民风,参与农业生产和乡村休闲活动,放松心灵,陶冶情操,达到养身和养心的目的。乡村休闲旅游区主要利用农业生产单元多样自足型的农业生产环境,适当增加观赏植物与农作物进行艺术配置,以形成丰富多彩的农业生产性景观,供游客观赏和体验。将果园、菜园、茶园和药园均按花园的形式进行布置,全面实现农业生产单元生产环境景观化和园林化,同时在生产环境中布置一些具有农耕文化主题和地域特色的小品,以增强农业生产单元的文化内涵。

农村产业单元模式的基本出发点是"以农为本,农旅结合",充分利用片区的生态环境、田园景观、农业文化、农村生产方式等资源,发展乡村旅游,通过集成、创新、整合、提升等方式,打造功能多样、特色突出的生产、生活、生态空间,形成可循环可复制的单元系统,作为解决"三农"问题的重要举措,实现农业增效、农民增收、农村发展。

三、功能融合型农村产业单元的形态构成

乡村农业休闲产业项目往往具有独特的自然景观和社会经济条件,以生产、栖住、休闲旅游三大基本功能为主体,形成不同的生态、经济、经营单元,将单元的形式与空间布局演变成中心式、簇群式和错位式 3 种布局类型(图 6-2)。这 3 种布局类型实际上相当于一个系统的不同表现形式,体现不同的主题内涵。

中心式:各功能区呈现中心-外围放射状布局,生产区位于单元的核心,休闲旅游区位于单元的外围,生活栖住区靠近生产区和休闲旅游区。中心式布局的方式能够集约利用单元内的土地资源,且通过这种布局方式,休闲旅游区与农业区分开,生产活动受到休闲旅游区的干扰较小,这种布局类型有利于组织农业生产和统一管理。

簇群式:各功能区通过道路和水系相连,呈现组团式的布局方式。各组团具有异质性的生产、生活、休闲旅游主题和空间。簇群式布局方式能使单元内的项目层次分明,能够更好地利用单元的资源,组织旅游和休闲活动。

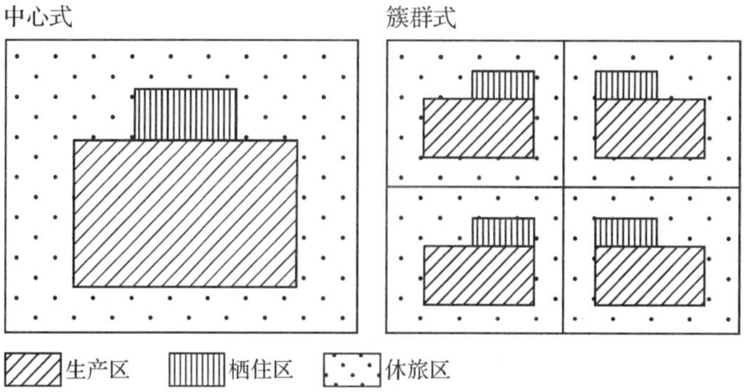

图 6-2　单元空间组织形态模式图

错位式：各功能区的设置以因地制宜为原则，以单元内地形地貌和特点为基础，呈现穿插分布的格局，形成大小不等、主题不同的片区。错位式的格局根据不同的土地类型和资源特色来形成观光游憩空间或产业空间，具有经济性和灵活性等特点。

第三节　模式应用
——以金岳现代农业综合开发示范园为例

一、园区概况

金岳现代农业综合开发示范园位于湘阴县，占地面积为 4 600 亩（306.7 hm^2）。园区北面为六塘村，西面为永胜村，东南与汨罗市相邻。省道 S308 线为金岳村的主要对外交通干线，从项目地北面经过。金岳村生态环境优越，山清水秀，犹如一幅田园山水画，同时具有民俗文化和红色文化遗迹，具备乡村旅游开发的自然和人文基础。园区农业生产方式较为传统，产业结构层次不高，村民主要经济来源为外出打工，务农收入少。园区规划的目标之一就是要根据新农村产业发展的方向，促进园区内村庄的农业产业结构调整，增加当地农民收入。

图 6-3　园区农田与水库景观（拍摄日期：2014-07）

二、单元模式的构成元素分析

规划之前，园区主要为丘岗地形，丘岗山地内主要为天然次生林和人工林，分布着杉木、松、香樟、栎树等树种。水库和水塘水质清澈，环境优美，适合发展休闲旅游项目。农田和菜地土壤肥沃，土层深厚，有利于作物生长，主要种植水稻、茶叶、柑橘、红薯等粮食作物和经济作物。农业生产方式较为传统，产业结构层次不高；同时由于园区林地较多，可供开发作生产用地的区域较少。村庄道路系统由村级道路和土路组成，村级公路路面太窄，不利于消防车辆出入，项目的南端缺少便利的对外交通条件。园区建筑除了村民住宅，还包括废弃的学校和厂房。园区整体风貌不统一，绿化及公共休闲绿地不足。

在对现状的剖析和充分了解村民意愿的基础上，把各种单元的构成元素结合起来作为整体考虑，形成规划思路。

山：风景林地主要以保护现有的山林地为主，形成整个村庄的自然生态背景。利用缓坡山地种植果树和中药材，果树分布在村庄各区域，成为开展第三产业体验活动的对象。在果园内开展林下养鸡项目。

水：利用现有的鱼塘，对鱼塘进行改造整治，开展水产养殖和休闲垂钓项目。在项目的西北部建小型养猪场，主要满足游客的生活需求。

田：耕地的性质不变，在不破坏耕作层的前提下，利用部分旱地临时种植药材，药材以牡丹为主，营造优美的作物景观环境，并配以其他的药材，以花境的形式成片栽植，使园区四季花开不断。

园：建立各种多年生果树、药材等经济作物的生产基地。在集资做好一个专类园后，同时启动其他专类园的建设工作，第一期完成牡丹园的建设，让每一寸土地都能得到合理利用，实现多功能效益。

路：主要功能是组织交通。交通系统主要分为3个级别，分别为主干道、支干道和游步道，同时规划好停车设施，满足生产、生活、物流、休闲等功能的需要。主干道为通往园区的主要道路，在原有村级公路的基础上进行拓宽，宽度为5 m，沥青路面。规划在项目的北面入口设置大型停车场，每个接待点设小型停车场。停车场采用生态设计。

宅：在进入村庄的主入口附近，建综合接待服务中心，利用原有茶厂厂房作为农产品的加工冷藏库，原有的学校用地作为国学培训学堂。在每一个专类庄园内设接待服务点，接待点为村民闲置用房与生态餐厅相结合的形式；引导农民集中新建住房，农民住房和接待中心相结合。每个接待点配有一定面积的菜园，保护村民住宅周边的大树，并配置可供观赏的果树、药材和园艺植物，展示美丽乡村的形象。

三、单元模式的功能构架分析

遵循因地制宜的规划原则，结合未来产业发展的需要，按照股份制经营理念，以生产、栖住、休闲旅游三大基本功能为主体，形成不同的生态、经济、经营单元。将园区分为8个单元，每一个单元凸显一个农业主题与景观特色，异质互补，协调发展。每一个单元因地制宜选择农业生产项目，导用现代农业发展模式，实行专业化、规模化、商品化生产，树立特色优势商品型农业典范，其余用地依据自身消费需要，发展自足多样性农业，同时结合庄园景观的打造，形成可食地景。

园区的 8 个单元分别为牡丹园、柑橘园、百草园、桃园、梅园、茶园、杏园和李园（图 6-4）。每个单元都有自己的服务配套区，具有食宿、培训、会展、休闲、度假等功能。每个园区根据资源和产业的内容设置不同的体验项目，例如：重建泉塘神庙，增加整个园区的历史文化底蕴；利用园区水体养殖特种鱼类，开展垂钓休闲活动。

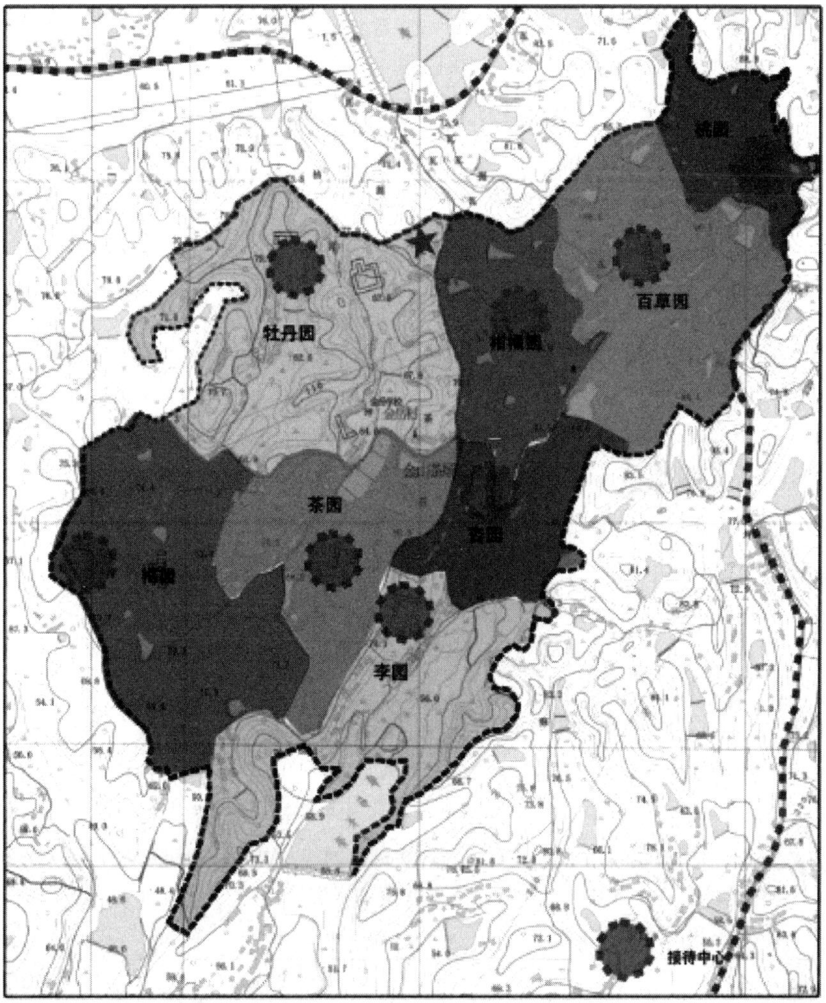

图 6-4　园区单元功能构架图

四、单元模式的形态构成分析

金岳现代农业综合开发示范园的形式与空间布局为农村产业单元模式形态构成中的簇群式，各产业园区的单元通过道路、植物和水系等廊道相连，呈现组团式的布局方式，各个单元形成具有异质性的生产、生活空间（表 6-2），方便组织生产和开展休闲活动。

金岳现代农业综合开发示范园以资源为依托，结合产业发展，通过整治景观生态环境，完善基础设施建设，全面进行水（饮水和农田灌溉设施）、电、路、通信网络、医疗卫生、体育运动等设施改造，整体规划，分期分单元建设，创造发展乡村休闲服务的软件和硬件条件，打造功能多样、特色突出的生产、生活、生态空间，形成可循环可复制的可持续发展的农业生产单元和农村产业单元，最终将实现园区农业增效、农民增收、农村发展。

表 6-2 单元景观主题内容构成

单元名称	内容
牡丹园	种植不同颜色不同花型的牡丹品种，观赏牡丹和油用牡丹各有一定比例，形成牡丹专类园，同时种植部分芍药。建手工作坊，进行现场快速加工，进行设备和技术展示（如鲜花饰品、花茶加工等）。结合公司形象和标志，进行立体绿化展示。进行无土栽培展示，如水培、基质栽培等
柑橘园	以柑橘种植为主，形成该庄园的主题景观，同时也种植其他果树。主要种植脆皮金橘、纽荷尔脐橙以及琯溪蜜柚等
百草园	以药用植物种植为主题，进行中草药资源种植和展示。同时规划香草园项目。可引进菊花、金银花、迷迭香等观赏兼具药用的花卉，百合、浙贝母等药食同源的中药材，于林下培育茯苓、灵芝等。推荐选择湖南种植成熟的品种，如玉竹、百合、白术、黄精、玄参等，形成示范推广基地
桃园	种植桃树优良品种，如锦绣黄桃、脆蜜桃、新川中岛等。开展赏桃花、摘桃子、领养桃树项目；开发桃脯、罐头产品
梅园	种植梅花的优良品种，庄园内主要种植果梅，同时种植少量花梅。建设梅文化长廊，满足游客观赏、休憩的需要
茶园	按照梯田的模式种植茶树，营造优美的茶园景观。采用标准化生产模式，标准化生产是提高茶叶产量、质量的重要环节。同时将茶文化融入园区建设，建设茶艺馆，用宣传栏和小品景观的形式展示茶文化的内容。将原有的金岳学校改造成为国学培训中心。将原来的金岳学校下方的闲置民居改造成为加工厂
杏园	种植杏树优良品种。杏可鲜食、制干和取仁，进行杏产品的加工制作。在农田中挖一条水系，一直通往柑橘园的南面，将几处池塘联系起来，形成荷花湿地景观
李园	选择优良李树品种，形成李主题景观庄园。建设管理服务中心，将民居改造为组合大院落，形成多样小农庄。利用黄金水库优良的水资源和生态优势，在水库西面和北面建设生态木屋和滨水栈道

农业公园的生物多样性农业生产单元模式和功能融合型农村产业单元模式是一种农村生态和社会经济可持续发展的模式，是中国未来农村产业发展的基本要素，也是农业公园的基础构成单位，须强调单元的特色，倡导异质发展，因为特色是农业公园的生存之本。这两种单元模式针对目前中国农村休闲旅游产业存在的整体效益低下、特色缺失、生态破坏、可持续发展不足等问题，从生态和产业上提出利用方法，构建现代生态农业体系和打造现代乡村旅游产品，以促进农用地的可持续利用和农业的可持续发展，调整和优化农村产业链，实现农村生态效益、经济效益和社会效益的共同发展。

第七章

农业公园产业规划体系

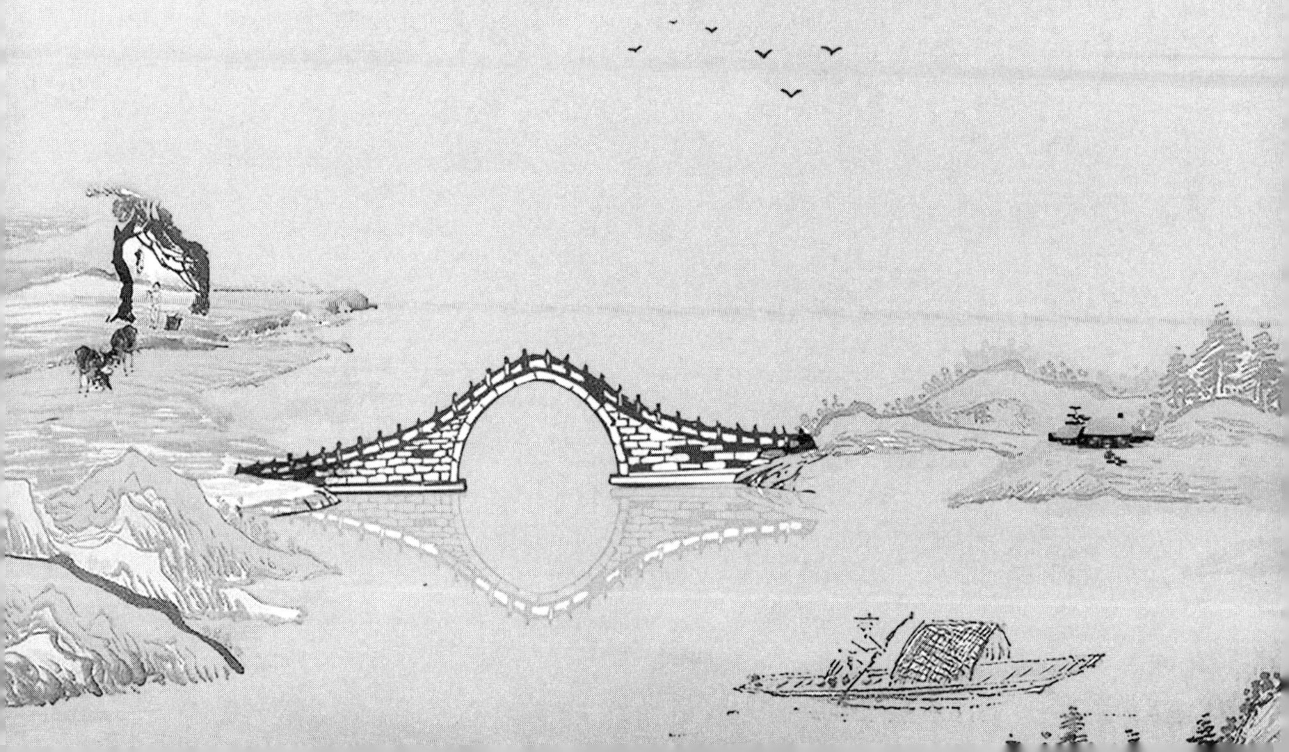

农业公园规划是围绕乡村产业发展目标的实现而制定的关于景观保护和项目建设的行动计划和方案，是对乡村景观在时间和空间上的总体安排和布局。乡村景观具有多样性的特点。多样的物种资源、多样的立地环境和小气候环境形成了多种多样的生态系统，为农业公园产业发展提供物质资料和环境条件。农业公园的山、水、田、园、路、植物等景观元素都是乡村复合生态系统多样性的表现之一。通过统筹安排形成整体协调、局部异质的景观格局，为乡村产业发展和转型服务，以实现区域农村自然生态、社会经济的健康稳定发展。

第一节 现场踏勘与调查

农业公园的资源包括自然资源和人文资源，这些资源都具有景观多样的特点。在规划之初，应对农业公园的资源分门别类地进行实地调查，对各种资源要素进行分析。在未来的规划中，对不可直接利用的资源制定保护与建设方案；对需要新建的旅游环境和设施，则依据需要和轻重缓急确定分期和分批建设的方案。

一、前期资源调查

对农业公园的资源进行调查与分析是规划前期必须完成的一项重要的工作。通过各种途径收集资料，了解项目的基本概况是制定规划的依据。依据是否充分直接影响规划的编制。前期资料收集情况如表 7-1 所列。

表 7-1 前期资料收集

类别	主要内容
气象资料	温度(平均、极端)、湿度、降水量(天数)、蒸发量、风向、风速、日照、冰冻等
水文资料	江河(水位、流量、落差、流向、水温、洪水淹没位、水质)、水库(防洪、蓄水、发电)
地质资料	土壤、岩石、工程土地上层建筑承载力，矿产情况，地质灾害
自然资源	农、林、牧、副、渔等相关的自然景观
历史文化资料	沿革、文物古迹、民俗风情
社会经济发展	经济发展的总量和分布结构、人均国内生产总值(GDP)、地区发展战略、重点发展产业、重点发展地区、地方财政状况
人口	分布，区域人口寿命，地方病，常住人口，年龄状况，受教育程度，外来人口数量、类型，消费水平
政区与地名	地名由来、传说等
基础设施	通信信号覆盖情况、供水排水、交通、医疗、银行、商店等

(一)气象资料

农业公园的气象资料包括该区域的温度(平均、极端)、湿度、降水量(天数)、蒸发、风向、风速、日照、冰冻等。气象条件与农业公园的生产和建设密切相关，某些农作物受特定气象因子的影响，从而形成了特定的适宜分布区域。不同的气候带存在明显气象上的差异，高山、丘陵、平原、山区和湖区的气候特点各不相同，并且气候因子随季节而变化。不同的区域通过长期的生产实践已经确定了本地最适宜的农作物，这是我们编制农业公园规划选择农作物的依据，也是确定开展农作物商品化生产的前提和条件。发挥本地气候资源优势是决定农业生产成功的关键，如高山夏季凉爽，适宜种植反季节萝卜，以满足热带地区对萝卜的市场需求，生产者因此而能够获得较好的经济效益。不同的地理位置都有其特定的气候条件，应依据不同农作物对气候条件的要求选择最适宜的农作物，开展能够参与市场竞争的商品化生产。对项目区域内种植业、畜牧业以及林业结构调整时，除需要对市场因素全面考虑外，还要通过科学合理布局调整农业结构气候适宜区，提升农业结构布局合理性及科学性。气象部门应建立各类农作物不同阶段生长发育及产量变化情况的农业气象指标体系，找出本地区各农作物生长适宜气候条件；结合农业生长过程的特点发展现代化生态农业，真正确保调整后农业结构发挥最大经济和社会效益。

在农业公园规划之前，对各种气象资料进行分析。如果不存在明显的气候资源优势，就可以不考虑开展特色商品型产业生产，而只是依据当地传统的农业生产项目开展多样自足型农业生产，以满足当地居民对农产品消费的需求。

（二）水文资料

农业公园的水文资料包括江河的水位、流量、落差、流向、水温、洪水淹没位、水质以及水库的防洪、蓄水、发电等资料概况。农业公园的水文状况与农业公园生产、生活和生态密切相关，是开展农业生产的必要条件。农业公园的灌溉水源、灌排系统、水质和水量都与农业生产直接相关，当作物生长需要水时，可以及时供应；当种植地积水时，也可以及时排除，保障水旱无忧。比如水稻在生长期必须有充足的水分供应，供应不足会导致干旱而影响收获，甚至绝收。农业公园可利用山塘或水库蓄积雨水，并配套修建灌排设施，以保障农业生产灌溉用水。如果农业公园所在地有过境河流，则可采用筑坝引水的方式灌溉耕地，或修建泵站抽水灌溉。兴修水利设施应该在满足蓄、灌、排功能的基础上营造水环境景观，包括动态水景观和静态水景观，以增强水环境的观赏功能。在水景观环境建设时，必须严格按国家水体安全建设规范建设安全措施，防范人、畜安全事故的发生。同时要注重水量安全和水质安全，以免形成洪涝灾害和旱灾，杜绝污染物排入水体，确保水质优良，走水质生物净化的道路。在开展水产养殖时，要严格考虑水的承载力，防止水质富营养化，保障水生态安全。

（三）地质资料

地质资料包括地形地貌，土壤、岩石、工程土地上层建筑承载力，矿产情况、地质灾害等资料概况。地质条件会影响农业公园农业生产的开展，影响农业公园环境景观的特色，更影响农业公园的小气候环境。以土壤为例，不同类型土壤具有不同的物理和化学性质，主要表现在土壤酸碱度、土壤孔隙度、土壤有机质、土壤腐殖质、土壤矿质营养、土壤容重、土壤质地、田间持水量等方面的差异。不同类型的土壤适合不同的植物生长，如花岗岩风化而形成的沙质壤土通气良好，富含钾元素，排水良好，呈弱酸性，但保水保肥能力不强，适宜于花生、淮山等作物生长；石灰岩和页岩风化而形成的黏质壤土，呈弱碱性，富含磷元素，保水保肥能力强，但排水不畅，适宜于球根类作物生长。

针对不同类型的土壤选择适宜的作物，根据不同作物对土壤的要求定向改良土壤，这是我们在农业公园生产实践中要做的工作。人类因非理性的生产活动导致了土壤环境的恶化，给正常的农业生产带来了较大的问题，直接影响了人类的生存和发展，尤其是农田土壤重金属和农药残留超标带来了突出的农产品安全问题，这些已经引起了社会的广泛关注。地形地貌是农业公园开展生产、旅游活动的场地，农业公园的选址、功能区的确定、项目的策划都与地形地貌密切相关，同时农业公园的地形地貌对农业公园小气候环境的形成起着重要的作用，小气候环境与农业公园的生产、生活、生态密切相关。在生产上，依据小气候环境选择适宜的农作物，保障农作物能够正常生长；在生活上，选择适宜居住的小气候环境布置生活、休闲设施；在生态上，则依据基地的地形地貌特点，以营造和保持良好的区域生态系统为目标，尊重自然，保护自然，让农业公园的社会经济系统融入农业公园的自然生态系统中，始终以生物多样性原理与理论为指导，因地制宜进行农业公园景观打造，大力发展种养结合的生态农业，维持良好的农业生态系统。

（四）自然资源

农业公园的自然资源包括与农、林、牧、副、渔等产业相关的景观，如耕地资源、山林资源、水资源、矿物资源等。耕地资源既有自然资源也有人文资源的属性，耕地是种植农作物的土地，可分为水田、水浇地和旱地。水田主要用于种植水稻等大田农作物，旱地主要用于种植果树、蔬菜和茶叶等园艺植物。山林资源包括山地资源和森林植被资源，可分为人工林和天然林，两者一起形成风景林地。对于山林资源一般以保护为主，人工林中的经济林通过人工管理，维持其经济产量的同时产生生态效益。水资源的形态有山塘、水库、河流、溪流、瀑布、叠水、涌泉等，除供生产与生活利用外，还可以形成水景观供人观赏，通过对水体环境进行美化，力求生态自然，增强水景观的艺术感染力。

农业公园范围内的其他自然资源，如天然的山石、矿石、溶洞等，可以通过旅游开发，形成地质科普基地。古树名木和奇花异草应作为重点保护对象，并建立必要的保护措施。山林之中的鸟类和各种野生动物与昆虫是给环境带来生机和活力的生命，应尽可能保护它们的栖息和生存环境。我们在进行农业公园规划时必须对所有自然资源的特性和结构进行分析、保护和利用，维护生态群落的生物多样性，同时，利用自然资源开展农业生产和旅游休闲活动，以提高自然资源的利用率。

（五）历史文化资料

历史文化资源是人类文明的瑰宝，要坚持保护第一，在保护的基础上研究利用好。应高度重视与珍爱历史文化遗产，保护好利用好历史文化遗产。历史沿革、文物古迹、民俗风情等都属于历史文化资源的范畴，具体包括 5 个方面。

(1)历史遗迹类　历史遗迹指人类活动的遗址、遗物和其他有历史与纪念价值的遗迹。①古人类遗址。古人类遗址是指从人类的起源到有文字记载以前的人类活动遗址。人们通过对古人类遗址的观赏可获得有关人类起源与进化，史前人类住所、生存环境、生产和生活工具等方面的知识。②古代都城遗址。在中国漫长的历史上，不同的朝代，不同的诸侯国、边塞邦国、小王国都有自己的都城。经过千年的风雨沧桑，大多数都城均只留下遗址。③古战场遗址。我国历史上由于各派割据势力之间的冲突和新旧势力的争斗曾发生过不少的战争，古战场遗址承载了丰富的历史和文化价值。④名人遗迹。名人遗迹包括历代名人故居、名人活动遗址以及相关的纪念性文物与建筑。⑤近现代重要史迹。主要为鸦片战争以来所留下的革命遗址、革命遗迹、重要会议会址、烈士陵园、纪念性建筑物等。

(2)古建筑类　长城、关隘、城墙、民居、宫殿。

(3)古代陵墓类　陵墓作为旅游资源，主要分为帝王陵墓、名人陵墓、悬棺3类。

(4)城镇类　主要指历史文化名城。历史文化名城是指有着悠久历史，在地面和地下保存着具有重要历史价值、艺术价值、科研价值的文物、建筑、遗址的城市。

(5)宗教文化类　宗教文化是我国传统文化的组成部分，宗教建筑、雕塑、绘画、音乐等是我国传统文化的瑰宝，有些佛教石窟造像、道教宫观壁画等更是稀世国宝，可以成为宝贵的旅游资源。

乡村历史文化资源是农村历史上出现的有影响的人物、事件和习俗，以文物和风尚的形态表现出来，是农业公园规划的物质与精神载体。进行农业公园规划设计时，必须充分挖掘，找出文化主题与内涵，给顾客留下深刻的印象，让农业公园作为文化传承的载体和审美的对象，彰显地域文化特色。因此，深挖当地的人文资源对农业公园建设意义重大。

(六)社会经济发展

社会经济发展方面包括经济发展的总量和分布结构、人均国内生产总值(GDP)、地区发展战略、重点发展产业、重点发展地区、地方财政状况等方面的内容。国家统计局发布的《党的十八大以来经济社会发展成就系列报告之十三》显示：党的十八大以来，我国经济持续较快发展，经济增速大大高于世界平均水平，经济总量稳居世界第2位，制造大国地位日益巩固，贸易大国地位不断提升，经济实力显著增强。2013—2021年，我国经济年均增长6.6%，大大高于同期世界平均增速2.6%，也高于发展中经济体平均增速(3.7%)，经济增长率居世界主要经济体前列。2013—2021年，我国对世界经济增长的平均贡献率达到38.6%，超过G7国家贡献率的总和，是推动世界经济增长的第一动力。我国人民生活水平大幅度提高，人均国民总收入居世界的位次大幅度跃升，主要民生指标优于中等偏上收入国家平均水平，2020年提前10年实现《2030年可持续发展议程》减贫目标，为世界减贫事业作出巨大贡献。2021年，我国创新指数居全球第12位，比2012年上升22位，在中等收入国家中排名首位。

中国农村区域经济发展水平存在较大的差异，比如，有的贫困地区年人均可支配收入仅几千元，经济发达地区却达到了两万元以上，相差好几倍。究其原因，与区位交通、地理气候、自然资源、社会资源、思想观念、文化水平、技术知识和开拓意识等因素有着直接的关系。因此，在规划农业公园前，了解农业公园所在地区的社会经济发展水平非常重要。社会经济发展水平是农业公园产业发展的基础，决定未来产业发展的方向和建设内容。

二、基础分析

(一)交通区位分析

适宜的区位和通达的交通是农业公园发展生态旅游产业的基础。区位是指农业公园的相对地理位置，主要是分析周边与之联系的交通枢纽、城市等之间的距离。农业公园的道路交通条件也是影响农业公园发展的一个重要因素，是农业公园发展的基础设施。道路的通达性和停车设施直接影响景区客源吸引力，也会影响农业公园农产品和必要的生活物资的运输。比如，城市双休日游客由于时间限制不愿意在途中花费太多时间，只有让游客用最短的时间到达、有充裕时间游玩的农业公园项目才具有较大吸引力。区位交通条件也是农业公园选址的依据。一般来说，在大中城市的近郊，或者距大城市稍远但交通便利、农业基础较好的地带，以及附近有热门景点景区的地带，是园区经营者会优先考虑的对象，具有发展乡村生态旅游产业的交通区位基础。

(二)土地利用分析

土地是保障农业公园得以健康、持续发展的重要物质条件，园区各个功能组团的生产、游憩、生活功能的实现都是以占用一定单位的土地面积为基础而进行的。在规划前应科学客观地分析土地承载力、生态敏感性、土地开发度等方面的特性，来决定农业公园土地的开发与利用强度，实现较少的消耗或投入取得土地利用的最大效益，解决土地的供需平衡，减少项目开发对环境的冲击，提高土地的经济、社会和生态价值。

1. 我国土地资源利用现状与问题

城市化进程的发展加剧了土地资源短缺、用地不平衡等问题，尤其是发达地区，较相对欠发达地区来说更加依托于城市，发达地区的农业形式正从单一的种植业、养殖业为主的传统农业逐渐转变为集生产、生活、生态为一体的多功能农业。因此，发达地区农业现代化程度较高，产业融合度高且竞争力强。然而，部分发达地区的农业生产过分注重效益，在盲目追求经济效益的过程中忽略了对耕地的保护和利用，导致部分农用地被占用，土地利用不合规程度严重。第三次全国国土调查数据显示，全国耕地面积于2009—2019年减少约5.9%，而造成这种现象的主要原因有两个：一是企业在土地流转过程中为获取更大利益而占用农用地进行商业建设；二是种植粮食经济效益低下，农民更愿意种植具有较高经济价值的观赏植物或药用植物，而非粮食作物。

然而，农业对于一个国家的价值不仅体现在经济上，其生态价值和社会价值也是不容忽视的。随着全面建成小康社会，人们对于生活的追求也不仅停留在温饱层面，而是更多地开始重视精神需求，农业的多功能性便体现在此。中国是一个具有上千年文化的农业大国，耕地面积广阔，可种植农作物种类多样，各类高效经济作物为中国人民提供了充足的粮食及经济来源，也奠定了中国农业大国的地位。除粮食生产外，农业还具有维持生物多样性、涵养水源等生态价值以及提供就业岗位、健康疗愈等社会价值。对农用地进行合理利用可以解决粮食生产问题并维持社会稳定。因此，在土地利用政策的约束下，高效利用耕地，在保障土地利用合规性的前提下将农业与旅游观光融合发展，打造高经济收益的休闲农业观光园是一种全新的探索模式。

2. 有关耕地“双非”政策梳理

在各项耕地约束政策陆续出台的背景下，利用好各类农用地，确保土地合规化，实现农业与旅游业的融合发展，有必要对相关政策进行解读和研究，明确在土地利用合规性基础上的农业景观种养原则，实现兼具创新性、景观性、生态性和经济性的可持续景观。对已出台相关政策进行梳理总结，提取出以下主要政策条例(表7-2)。

表 7-2　有关耕地"双非"政策条例

	政策内容	政策出处
政策禁止	1. 严禁擅自占用一般耕地进行国土绿化； 2. 已划定的永久基本农田，任何单位和个人不得擅自占用或者改变用途； 3. 严禁擅自增加还林、还草和湿地面积； 4. 未经许可，一般耕地不能转为林地、园地等； 5. 不得擅自侵占永久基本农田发展林果产业； 6. 林地、园地等未开垦的土地不得用作补充耕地进行占补平衡；	《自然资源部 农业农村部 国家林业和草原局关于严格耕地用途管制有关问题的通知》(自然资发〔2021〕166 号)
	7. 禁止对已划定的永久基本农田用途进行更改； 8. 严禁新建畜禽养殖设施、水产养殖设施及耕地设施占用永久基本农田； 9. 禁止闲置、荒芜永久基本农田；	《国务院办公厅关于防止耕地"非粮化"稳定粮食生产的意见》(国办发〔2020〕44 号)
	10. 严禁违规占用耕地绿化造林、挖湖造景； 11. 严禁超标准建设绿色通道； 12. 严禁违规占用耕地从事非农建设；	《国务院办公厅关于坚决制止耕地"非农化"行为的通知》(国办发明电〔2020〕24 号)
	13. 不可擅自砍伐已存在的生态林地	《中华人民共和国森林法》
政策允许	1. 现有永久基本农田主要种植棉花、油料作物、糖料作物、蔬菜等农作物或粮食作物的可以持续原状；如果需要在永久基本农田上种植其他非粮食作物，必须采取与粮食作物间作、轮作和套种的方式，确保一季有粮； 2. 一般耕地在不影响耕地性质和不损害耕作层的情况下，可以适当种植除粮食及棉花、油料作物、糖料作物、蔬菜作物、饲料作物等以外的其他农作物	《自然资源部 农业农村部 国家林业和草原局关于严格耕地用途管制有关问题的通知》(自然资发〔2021〕166 号)
政策提倡	1. 对于可以垦造耕地的荒山荒坡，相关政策支持种植果树、林木，发展林果业；	《自然资源部 农业农村部 国家林业和草原局关于严格耕地用途管制有关问题的通知》(自然资发〔2021〕166 号)
	2. 大力支持建设高标准农田，保障粮食生产质量与效率	《国务院办公厅关于切实加强高标准农田建设提升国家粮食安全保障能力的意见》(国办发〔2019〕50 号)

3. 耕地"双非"政策管控背景下休闲观光农业园开发原则

观光农业园是一种以农业景观为特色，同时集科普、展示、教育、生产为一体的多功能休闲观光农业形态。此类农业园主要通过向游客展示农业景观、体验采摘乐趣等途径拉近游客与乡村田园之间的距离，传播农耕文化，让游客身临其境地感受田园风光。在保证农业生产的同时发展休闲旅游业，提高园区经济收益。严禁耕地"非农化""非粮化"后，农业景观在营造上受到一定限制，许多休闲观光农业园出现了缺乏农业内涵、同质化现象严重、相应配套服务设施不完善、景观效果较差、土地利用不合规等问题。

表 7-3　耕地“双非”政策管控背景下休闲观光农业园开发原则

开发原则	开发内容	开发目标
体现政策合规性	明确各类农业用地可种植农作物种类，加强政策指引，保障土地利用合规化	土地利用合规、景观优美
体现茬口新颖性	合理安排各茬口种植农作物品种，平衡各类用地，节约自然资源，提升休闲观光农业园景观价值	因地制宜、突出风貌
体现布局艺术性	整体规划园区空间布局，合理规划山、水、林、田、宅等农业空间，融合艺术手法，打造多层次农业景观	统筹规划、分区布局
体现生产科学性	做好区位环境调查，保障园区农业生产功能，引入先进栽培技术及设备，推进作物育种技术创新，提高生产效率	科技引领、生产高效
体现文化赋能性	挖掘当地特色，凝练本土文化，增强品牌意识，打造龙头产业	品牌营造、彰显特色
体现运营创意性	提升产业融合，推动产业延伸，满足游客观光需求，提升游览体验	创意运营、融合发展

(三)环境容量分析

农业公园的开发必须以环境容量为约束，以永续利用为前提，既要对多样化的资源进行开发和利用，又要保护生态环境。农业公园的自然、社会、经济条件是环境容量研究的基础。农业公园的环境容量使资源免受“超负荷”的人为破坏，是保持优美的自然景观和良好的休闲环境的保障，同时，生态环境改善有助于环境容量的提高。环境容量遵守最低量定律，即环境容量的大小取决于那些表现不佳状况或最脆弱的限制性要素，农业公园以这些要素作为接待旅游流量的基准，也可作为基础配套设施建设的依据。环境容量一般分为生态环境容量、空间环境容量、设施环境容量、社会环境容量 4 个类别。生态环境容量与自然生态环境有关，是指某段时间或地点园区所能容纳的最大旅游活动量；空间环境容量是指按照估计出行的单位游客占用项目地景点、风景区面积系数测算出的某一时段项目地可容纳的游客数量；设施环境容量是指项目地食宿、交通等旅游设施在一定时间内所能容纳的旅游人数，这属于硬件环境，由于地理环境的影响，设施的修建有时受到极大的限制；社会环境容量由旅游者和项目地人口构成，是指由宗教信仰、民情风俗、生活方式和社会开化程度所决定的游客愿意来的人数和当地居民可以容忍的旅游者数量。

(四)客源市场分析

客源是农业公园发展的原动力，客源市场分析是农业公园开发研究的重点工作之一。旅游客源市场分析的准确与否，直接关系到农业公园开发项目的可行性、吸引力和生命力，影响到投资业主投入资金的安全性，是项目开发成功与失败的分水岭。对农业公园进行客源市场分析，应从中长期发展战略高度，对目标人群进行定位和分析，重点关注交通线路通畅、出游力强、经济发展好、具备国内旅游集散地特征的周边区域，确定农业公园的基础市场、重点市场和机会市场。

第二节 规划目标与定位

农业公园是中国未来农村产业发展的基本单元,大力推进农业公园建设,是推动农村社会经济发展的重要举措。农业公园将是农村产业发展的必然趋势,也是城乡经济统筹一体化发展的必然结果和要求。农业公园总体目标是否能实现,通常以3个效益的水平为衡量标准,即社会效益、生态效益和经济效益是否达到了较高的水平,是否能够统筹和协调发展,这也就是我们规划农业公园建设的具体目标定位。

一、社会目标

农业公园是在农村区域范围内建立起来的,具有一定的生产规模和生活服务功能的机构,其社会效益主要表现在能够解决农民就业问题、满足老龄化社会的需求、解决城市居民身心再生的需求问题等方面。

中国的人均耕地不足1.35亩(0.09 hm^2),不足世界平均水平的40%。随着农业机械化水平的提高,农村出现了大量的剩余劳动力,他们为了获得收入一般到经济相对发达的城市务工,这部分打工的农民就成了城乡流动人口。据统计,这部分流动人口2016年约占全国人口的18%,被称为城市“农民工”。随着城市建设的不断深入,城市使用农民工的需求将会逐渐下降,未来这部分农民工的就业,是中国社会必须面对的问题。就业是保持社会安定的头等大事,失业率历来是衡量一个社会制度优越性的重要指标。既然未来城市难以安置农民工就业,就非常有必要在广大农村建立新的就业平台。国家倡导农村一二三产业融合发展,鼓励“大众创业、万众创新”,尤其鼓励农民工返乡创业,极力推进农村就地城镇化,大力发展农村二三产业,让更多的人能够在二三产业中就业,毫无疑问农业公园成为广大农村一个很好的就业平台。从目前中国各地已经兴建的农业公园来看,其在保持了原有耕地农业生产功能的基础上,还开展农产品加工、物流和销售等项目,吸纳了不少的农民工就业。更重要的是,创造了旅游休闲接待服务功能,能够接纳城市居民到农业公园开展观光旅游和休闲娱乐等活动,有的农业公园还设置了亲子活动、科普教育、团队拓展、餐饮接待、农事体验和老年康养等经营项目。这些项目的开展都需要熟练的技术与管理人员,从而产生大量的就业岗位,还可以吸纳相关专业的大学生回农村就业。

中国老龄化社会的到来,以及计划生育政策的影响,使得居家养老模式将会出现越来越多的问题,且城市养老机构已经表现出明显不足。健康老人到农业公园接受康养服务将成为一种时尚,且具有重要的社会价值和意义,尤其是医养结合的农业公园更是备受老年人青睐,这正是农业公园发挥社会效益的又一个体现。

中国城市的生态环境问题已引起越来越多的关注,如城市热岛效应、PM2.5超标、交通拥堵、空气和水污染、农产品安全等问题都直接影响城市居民的健康生活。城市公园绿地不足,已经明显不能满足城市居民的需要,这正是近年来乡村旅游业发展的主要原因。社会有大的需求就会形成相对应的产业,城市人渴望返璞归真、回归自然的愿望将会越来越强烈,这是农业公园发展的主要原因。农村的自然生态环境比城市更优越，在广大农村建立农业公园将为弥补城市公园绿地的不足发挥重要作用。

二、生态目标

农业公园生态目标的实现体现在3个方面：一是通过农业公园对生态环境的保护和建设解决农村普遍存在的生态安全问题；二是通过调整农业生产结构建立良好的农业生态系统；三是通过对山林地的保护建立良好的林业生态系统，并且能够按照系统论的观点和方法建立农业公园的良性生态系统，以确保农业公园的可持续发展。

在农业公园开发建设时，必须进行实地调查，对农业公园范围内的植被状况、土壤、地表水和地下水等因素进行抽样分析。针对存在的生态安全问题，分析和制定保护与治理措施，制止非理性的人类生产活动，科学合理地规划农业生产项目，采用物理、化学、生物与工程技术相结合的方法解决农业公园突出的生态安全问题，以恢复良好的农业公园生态环境。农业公园是一个开放的生态系统，农业公园的可持续发展不仅与农业公园内的生态环境有关，还与农业公园之外的生态要素有一定的关系，农业公园内的生产和生活过程必须实现零排放和零污染，让农业公园融入整体生态系统。人在农业公园生态系统中始终是一个重要的因素，应坚持以人为本的原则，以人的需求为目的开展农业公园建设，但不能超过农业公园环境对人的承载力，无限制地向自然索取，必须正确处理人与自然的关系，严格限制人类非理性的生产活动。

三、经济目标

农业公园的经济目标包括所获得的直接经济效益和间接经济效益。直接经济效益是农业公园经营者获得的营业性收入；间接经济效益为农业公园所发挥的社会与生态效益之和，它是在直接经济效益之外的效益，可以采用一定的计算评估方法以经济收入的形式体现出来。

农业公园经营者必须获得直接经济效益，农业公园营业性收入应能够支付农业公园土地租金和农业公园管理与工作人员工资，不能一直处于亏损状态，这是农业公园发展的最基本要求。农业公园的经营收入一般从两个方面获得：一是销售农业公园生产的农产品或者购进的其他产品，由销售产品获得的收入；二是旅游接待获得的服务性收入。

有的农业公园也建立了农产品加工厂，加工农产品使农产品增值，也可以获得部分加工收入。农业公园生产的农产品和购进的产品一般是通过销售或就地消费实现其价值：一是通过直接买与卖的方式销售产品，获得收入；二是将产品就地消费，农业公园通过开展餐饮接待、休闲娱乐和居住接待等项目取得服务性收入。这里所指的产品是旅游产品，主要包括农业公园为顾客提供生产的农产品、接待服务设施与环境以及提供的各种服务。

农业公园经营者总是希望能够取得较好的经济效益，获得可观的经济收入，同时兼顾社会效益和生态效益，以保障农业公园的可持续发展。经营农业公园能否盈利是农业公园生存和发展前提条件，收入维持支出是农业公园经营最基本的要求，长期亏损是任何一个农业公园都难以承受的经营结果，因此，做好农业公园规划至关重要。

第三节 项目功能与布局

一、功能定位

农业公园主要有三大功能，即农业生产、生活居住和休息、游憩功能。为了适应社会发展的需要，利用农村特殊环境和设施又派生出其他一些功能，如观光旅游、休闲娱乐、餐饮接待、农事体验、居住康养、运动健身、科普教育、技术培训等。对于农业公园内来说，其功能的确定必须根据所具备的条件，以满足功能要求为前提进行建设。农业公园内不同的生产和产业单元在功能上具有一定的差异性，应提倡异质互补，避免同质竞争，因为特色是农村产业单元发展的优势和能够在市场竞争中生存的根本。

（一）农业生产

农业公园的农业生产功能是一个最基本的功能，也是农业公园的社会功能。它是由农业公园耕地的性质所决定的，能为社会提供农产品。为了提高农业公园的经济效益，又必须利用农业公园的生产环境拓展其他功能。反过来，为了拓展功能，又必须调整农业生产的结构和改变农业生产的景观形态，以满足其他功能。随着中国城市化水平的不断提高，农产品的商品化率也在同步提高。

农业公园农业生产单元的农业生产项目如何确定？我们通常依据生产性质和目的以及农产品销售方式将农业公园农业生产单元的农业生产分为两种类型，即特色商品型和多样自足型。

特色商品型生产目的就是要向社会提供农产品，通过销售产品获得生产效益。选定商品型农业生产项目必须根据该农业公园所在地理区位、自然气候、耕地环境等资源优势进行确定。该农业公园能够以最小的生产成本生产质优的农产品，并且在市场竞争中具有较强的优势，经营者通过销售农产品就能获得较好的收益，不会出现产品过剩而卖不出去的现象，如高山反季节生产白萝卜就是利用高山夏季冷凉气候而进行生产的，市场竞争优势明显，弥补了低海拔地区夏季不能生产的空缺。

多样自足型农业生产即是为了满足农业公园就地消费的需要而进行的农业生产，是指广义的农业生产，包括农、林、牧、渔在内。它的特点是生产的产品种类多，品质好，一般由于数量有限不对外销售，有时可以作为旅游产品让游客购买。农业公园开展多样自足型农业生产还有一个目的，就是结合农业生产单元生物多样性景观生态环境的建设开展生产，改变由单一的农业生产所带来的环境问题，以便于在农业公园采用轮作、套作、间作相结合的生产方式，同时有利于不断改变和丰富农业公园范围内的农作物景观。实行多样自足型农业生产，对于推广种养结合的生态农业也具有重要意义。

不同的农作物对环境有不同的要求，依据用地类型对土地进行微地形改造是必要的。创造多样的立地环境是农业公园生物多样性形成的前提和基础，地形改造不仅是为了种植多样的植物，而且还可创造经济动物养殖的条件。农业公园可利用现有的环境条件，适当进行局部改良，以节约建设成本。多样自足型农业生产环境是农业公园农业生产单元中主要的观赏、游憩、体验、休闲的区域，不同季节的视觉景观打造至关重要。作物种植时必须考虑植物形态和色彩的艺术构图，有目的地创造具有较高观赏价值的植物景观。因此，选择观赏价值较高的花卉植物进行配置是提升农作物景观观赏价值的有效方法。在农业生产单元中，因地制宜地重点打造道路两旁和主要景观节点的植物景观，以避免影响农业公园中农业生产的功能。

除从提高生产效率为目的进行建设外，农业生产环境还必须考虑观光旅游、休闲体验的功能发挥。除作物景观打造外，农业生产环境还必须配备必要的旅游休闲设施，游道就是主要设施之一。游道必须能够连接所有的景点和景区，便于游客观赏农业景观和体验农业生产过程。农、林、牧、渔景观都有观赏和体验的价值。为了观赏的要求，其生产环境必须实现景观化，生产景观必须具有较高的艺术感染力，尤其是在游道两旁和主要景观节点上创造各具特色的游览路线和景观，让游客欣赏具农林特色的景观。

农业公园开展农、林、牧、渔的农业生产所提出的自足多样是满足就地消费的需求，并不强调什么都生产，在突出主要特色商品型农业生产项目规模化生产的基础上，再结合景观打造实现多样化，是促进农村一二三产业融合发展的重要举措。

（二）生活居住

自改革开放以来，中国社会经济得到了迅速发展，平均城市化水平已超过了50%，沿海及经济发达地区超过了60%。随着城市的快速发展，城市居民渴望返璞归真、回归自然的愿望也越来越强烈，于是中国近年出现了乡村旅游热，乡村旅游业随之形成，并且全国各地都出现了蓬勃发展的大好势头。如何引导乡村旅游业的发展是摆在行业研究者面前的一个重大课题，其中改善农村的居住生活条件就是一项重要的研究内容。既然我们已经认定农业公园是未来农村产业发展的基本单元，那么农业公园内的居住生活用建筑的改良和建设就是一项重要的建设工作。

农村建筑的功能不能仅限于农民的居住和生活，还必须增加对外接待游客居住的功能。对于现有建筑依据游客和居住要求进行改良，尽可能地改造利用，以提高现有建筑资源的利用率；新建的建筑则依据农业公园接待的规模和功能要求进行规划与设计，形成农业公园对外的接待中心，坚持经济适用与美观的原则，使新建的建筑融入农业公园环境，突出地域风格，避免大兴土木建高端的建筑。宜居与融入自然是农业公园建筑的基本要求。农业公园内的接待中心建筑作为对外接待居住生活用建筑，除满足游客居住要求外，也必须考虑公共餐饮、休闲、娱乐、健身、会务、交流等建筑空间，以弥补现有农村建筑在功能上的不足。接待中心建筑是农业公园对外接待的主要设施，在规划设计上必须考虑多功能的要求，在建筑空间布局上避免相互影响，做到既有联系又有分隔，既相对独立又共处于同一个统一体中，以满足不同游客的生活居住与开展各种活动的要求。

农业公园需要居住用建筑，还需要生活用环境，包括建筑室内和室外环境。城市居民到乡村旅游追求的是一种不同于城市的自然环境体验，能够享受乡村的阳光、新鲜的空气、洁净的水，以及绿色的森林和田野与各种充满生机的自然景观，能够享用农村时鲜的蔬菜、水果和畜禽产品，体验一种返璞归真的田园生活，因此，美丽乡村建设就是营造一种美好的田园环境，达到好居、好看、好游、好玩和好吃的“五好”要求。好居主要是建筑空间和室内设施满足居住的要求，做到方便舒适、安静、不受外界不良因素的影响；好看主要是农业公园基地范围内的环境景观优美，具有较高的艺术感染力，能够让游客在视觉上有一个良好的感受，获得视觉美的享受；好游就是在农业公园中要有建好的游道，便于游客游览观赏农业公园的景色，游道用材最好是就地取用天然材料，突出自然生态，并与乡村环境协调；好玩就是在农业公园范围内布置各种游乐设施，以满足不同年龄层次和不同兴趣爱好的游客开展各种活动，各得其所，各行其乐；好吃就是要能够为游客提供各种时鲜的水果、蔬菜、畜禽产品，最好是农业公园就地生产的新鲜农产品，再配上具有地方特色的加工方法，形成园区的餐饮特色。

(三)观光旅游

相对于城市来说，农村建筑密度较小，主要呈现自然的山林、河流、湖泊和田园景观，自然的村落和农舍分布于广阔的田野和山林之中，充满自然美的乡村自然也就成了城市居民享受田园生活的地方。去乡村观光旅游逐渐成为一种时尚活动，观光旅游业也逐渐成为农村新兴产业发展的趋势。

为了促进观光旅游业的发展，各地农村开始对当地自然景观进行保护，并建设配套旅游设施。创造具有地域特色的乡村景观是发展乡村旅游业的根本保障，但乡村特色景观从何而来？一方面靠保护，即保护千百年来自然形成的天然景观，如原始的森林，辽阔的草原，奇特的山石、悬崖与绝壁、溶洞，天然的河流、湖泊，山间的瀑布、溪流和泉水。另一方面是建造人工景观。人工景观是人类通过劳动所创造的，如广阔的田野、层层叠叠的梯田、自然的村落、用于蓄水和灌溉农田的水库和鱼塘以及季节性变化的农作物。这些农耕文化的载体无不凝聚着中华民族的勤劳和智慧，是城市人审美的对象。游客不仅可以得到视觉和感官享受，更能在精神层面上得到感动和升华。

自然景观是可以直接利用和开发的天然资源，是难以复制和再造的，已经形成了良好的自然生态系统。人类的干预一般会对自然景观造成损害。因此，利用自然景观环境开展观光旅游活动，应尽可能少一些干预自然环境。如果为了观光旅游的需要而因山就势地开辟观光游览道路，应适当布置观景和休息的设施，尽可能保持原有的生态环境，避免对自然生态造成影响，让游客欣赏自然景观的天然之美，以持续利用为目的开展天然环境的观光旅游。

乡村人工景观主要是村落建筑景观和耕地植物景观。建筑景观具有一定地域性和特定的文化内涵，属于一种凝固的建筑艺术，一旦建成就不会随时间而变化，游客观赏不受时间限制。耕地植物景观是一种不断随时空变化的农耕文化景观。中国各地的耕地植物景观随地理气候、土壤类型、耕地环境、供水等条件的影响而存在较大的差异。同一地区也因作物品种、耕地类型、种植方式的不同而呈现变化丰富的农作物景观。主题性的特色景观创造是增强游客吸引力的关键，同一区域的农耕文化景观最忌同质化建造，因此，作物景观规划不仅要因地制宜设计景观，还必须考虑周边已建的作物景观，避免主要景观同质化，想方设法创造特色景观。耕地作物景观在时间上具有季节性，在空间上具有多样性，可以随时空而变化。多年生的果树、茶树和已有的经济林木可以形成作物景观背景和骨架，也可以形成农业公园的景观基调，保持稳定的形态和结构。一、二年生花卉、蔬菜与药材和大田农作物可以打造季节性的作物景观，按景观化的配置方式进行种植，讲究其形态和色彩的搭配构成，重点突出线上和点上的景观效果；大面积的耕地仍然种植特色商品化的农作物，以形成大地景观，如油菜、水稻、棉花、玉米、红薯、荞麦、小麦、莲藕(荷花)等，以保障耕地主要生产功能。

农业公园开展观光旅游活动的重点是要保障游客在农业公园范围内有可观赏的景观。建筑虽有观赏价值，但主要功能是用来居住的，不宜刻意投入大量的装饰。农业公园建筑主要是满足建筑实用的功能，就地取材，突出乡村地城特色进行装饰，外观上以简朴、素雅为标准进行建设。农业公园观赏的景观以打造植物景观为重点，在确定农业公园耕地规划生产的作物之后，再确定农业公园满足自给自足的多样的作物品种，制定时间和空间上的种植与景观化配置方案，同时选用观赏价值较高的一、二年生草本花卉和多年生宿根花卉来提升景观，力求做到农业公园四季有花可赏，并形成自己的植物景观特色，尽显乡村田园农耕之美，让游客流连忘返。

（四）休闲娱乐

农业公园中开展休闲娱乐活动需要配备必要的场地和设施，以满足不同年龄层次、不同兴趣爱好的游客需求。一个农业公园要让游客各得其所、各取所需、各行其乐就必须提供多样的场地和设施，以及相应的服务。

无论在室内还是室外的农业生产环境农业公园，都可以安排不同的休闲娱乐活动，项目可以多种多样。一般在室内安排的项目有棋牌、卡拉 OK、品茶、品果、品菜、文艺表演、插花等；室外的有垂钓、划船、河流、野战、戏鱼、赏花、森林浴等。除此之外，还可以依据农业公园的室内外条件来安排其他一些休闲娱乐活动，内容和形式可以灵活多变，目的是让游客通过参与活动愉悦身心。在农业公园中设置休闲娱乐活动的场地和设施时，场地和设施的安全至关重要，应坚持以人为本的原则，尽可能去除影响安全的一切因素，杜绝安全事故的发生。农业公园所安排的休闲娱乐活动应具有知识性、趣味性、娱乐性和文化性，以吸引游客参与。经营者可以通过开展活动留住游客，从而获得经济效益。

农业公园休闲娱乐活动的场地和设施必须区别于城市中的休闲娱乐场地和设施，尽可能体现与乡村自然环境相结合、与农业生产活动相结合，让游客在参与活动中受到地域农耕文化的熏陶。休闲和娱乐对场地和设施的要求是有区别的，休闲要求相对安静的环境，娱乐则依项目不同对场地和设施的要求有所差异，有的要求安静，有的要求热闹，所以在进行场地环境建设时应进行必要的分隔，以保持各种活动场地的相对独立和互不干扰，并且场地环境依据活动项目营造适宜活动开展的氛围。

农业公园设置休闲娱乐活动也不是越多越好，必须因地制宜，突出活动主题，因此，活动项目的确定应尽可能围绕农业公园的主题和特色，最大限度地开发和利用农业公园现有的资源和条件，并且从经济投资与经营效益方面考虑休闲娱乐活动场地与设施的建设，有选择性地设立休闲娱乐项目。

（五）餐饮接待

餐饮接待是农业公园对外开展旅游接待的重要项目之一，是农业公园对外接待必须具备的功能和必须提供的服务内容，因此农业公园必须具备餐饮接待的设施和条件。

农业公园开展餐饮接待服务必须先确定接待的规模，按规模配置接待用建筑和设施，按一次性接待游客就餐的数量确定餐厅的面积大小和就餐包厢的个数，一般一桌 10 人，按 20 m^2 的标准进行规划建设，并就近配置卫生设施。根据游客不同的来源，大餐厅可设置临时分隔设施，以保障不同顾客群就餐时互不影响。游客来农业公园饮水喝茶也是农业公园必须提供的基本服务内容，有条件的农业公园可以考虑专门设置饮水喝茶的大厅或茶室，也可以与就餐的餐厅共用，或设置与农业公园自然环境相结合的茶轩、茶榭、茶廊或茶楼，尤其是具有茶主题的特色农业公园，更要在饮茶的环境和设施上进行重点打造，以突出茶主题氛围。

餐饮接待是农业公园经济收益的一个重要来源。让游客来农业公园吃好、喝好是农业公园为游客提供服务的基本要求。餐饮接待服务设施与环境建设是农业公园经营取得成功的基本保障，让游客在乡村优美的环境中享受美食，与城市的就餐环境具有明显的区别，并且在游客消费之后能够留下美好的记忆，从而产生重游的愿望，形成农业公园相对固定的客源，这样对农业公园的可持续发展是一个重要保障。

餐饮接待服务水平不仅体现在餐饮接待的设施和环境条件，还在于服务质量。接待服务人员具有较高的服务素质也极其重要，它关系到游客的游览感受。接待人员可以在服务的过程中推介农产品，尤其是当时看不到的景色和产品，以此激发游客下次再来的愿望。也可以把一年之中的景色和产品做成宣传片播放，让游客全面了解服务项目和内容，可起到同样的宣传效果。

农业公园所在地一般受地域风俗习惯和地理条件的影响，形成了特有的地域饮食文化。地域特色的挖掘是农业公园竞争力的重要体现，也是农业公园异质发展的根本保障。求新求异、猎奇怀旧是广大游客的普遍心理，为了满足游客的普遍要求，农业公园在餐饮上是大有作为的。农业公园餐饮服务的过程也就是农业公园农产品消费与销售的过程。

（六）农事体验

农耕活动是人类赖以生存的最基本的生产活动。农业公园作为农耕文化传承的一个重要载体，为游客，尤其是青年一代的游客提供农事体验活动，对于弘扬继承农耕文化意义重大。农耕文明是中国古老而传统的文明，勤劳勇敢的中华民族为了生存，创造了博大精深的农耕文化，农业公园有责任把优秀的农耕文化发扬光大，使现代的农耕文化更加丰富多彩。中国社会发展到今天的水平，城市化进程不可逆转，人们在享受城市化带来的美好生活的同时，已经感受到城市生活受诸多环境因素的影响带来不尽如人意的地方，激起了城市人向往乡村田园生活的热情，这就是近年来乡村旅游业蓬勃发展的一个重要原因。

农村的居住、生活、生产与生态环境有别于城市环境，对于城市人的身心调节功能是城市环境无可比拟的。在城市中长大的青年一代，很少接触农村和农业，对农业生产的过程充满好奇，为了获得农耕文化知识，他们非常愿意参与生产活动，亲自体验生产与收获的过程。农事体验也是培养和提高城市青年一代综合素质的一种重要的实践活动，从农事体验活动中青少年可以感受农业生产的艰辛和食品的来之不易，有助于青年一代的健康成长。参与农事体验就是参与生物学教学的实践活动，对丰富青少年的生物学知识有积极作用，也可以让城市青少年更加了解农业、农民和农村，认识农业在国民经济和人民生活中的作用，更加熟悉农村，更加尊重农民，有利于和谐社会的建立。

农事体验分生产过程体验和采收过程体验，两个过程都可以开展体验活动，体验活动丰富多彩，游客还可以参与加工过程。农业公园应有计划地安排一些季节性的农事体验活动，让游客有选择的余地，参与自己喜爱的农事体验活动，如采果、采茶、制茶、捕鱼、栽花、种菜、榨油等，游客在活动中获得知识，得到快乐。

农业生产技术的不断发展,新品种的更新、新技术的应用、新模式的采纳,促使农业领域日新月异,传统的农业技术得以传承和创新,农业公园随着农业科学技术的发展也在不断发生变化,尤其是信息技术在农业生产与经营中的应用,更加丰富了农事体验的途径与方法。同时,随着各地农村对外交流的频繁,新技术、新品种、新模式的快速推广和应用,农事体验的项目更多,内容更广,形式更加丰富多彩。农业公园必须跟上时代的变化,及时调整农业生产结构,不断改进农业生产技术,引进最新的农作物新品种,成为传统农业的传承者和现代农业的推广者,力求把农业公园建设成为一个可持续发展的农业生态系统,使之成为种养结合的生态农业典范,让更多的游客体验现代农业的成果。

农事体验分参与体验与参观体验。参与体验允许游客参与生产的全过程,而参观体验有的项目不宜或不允许游客参与,但可以参观。为了游客参观,农业公园还可以建立农业博物馆,以展览的形式展示农耕文化。

(七)健身运动

农业公园内的健身运动设施是针对喜爱健康运动的游客设置的,分室内和室外运动项目。室外运动项目通常有篮球、排球、网球、登山、游泳、滑草、漂流、攀爬、骑马、骑自行车、打猎、射箭、瑜伽等,室内运动项目有乒乓球、跳绳、健美操、室内自行车、踏步机、羽毛球、室内游泳、瑜伽等。农业公园要开展上述运动项目,必须配备相应的场地和设施,并且做好相应的安全保护和管理工作,尤其是具有危险性的项目,要有专人进行安全管理,杜绝安全事故的发生。

农业公园内的室外运动场地也可以结合游道、晒场、鱼塘等项目,建设时应统筹考虑,实现功能叠加,如:游道与交通道就可以结合自行车道建设;鱼塘就可以结合游泳池建设,冬春季为鱼塘,夏秋季为游泳池;晒场就可以同时设立篮球架和排球网,既可作篮球场也可作排球场,实现一场多用。室内运动场地也可以实现与其他的室内活动功能叠加。

农业公园内开展的室内外健身运动项目与城市相比几乎没有区别,但是农业公园为乡村环境,在农业生产环境中设置运动项目,运动场地的周边环境至少在生态上要优于城市运动环境。农业公园应为健身运动的游客提供优质的服务,让他们获得不同于城市运动的感受。

农业公园开展健身运动,有的具有得天独厚的环境资源,稍加改造就可以形成运动场地和布置运动设施,实现低成本高效率的运营。在进行农业公园的建设规划和经营项目定位时,对某些特色资源的利用决不能局限在农业生产上,必须拓展经营的项目,按照农村一二三产业融合发展的思路,将农业公园的资源利用到极致,因地制宜利用优势资源设置健身运动项目,如利用洁净的水体和水源设置游泳项目,利用自然的山林设置攀爬与登山项目,利用流水较急的河流设置漂流项目,利用坡面草地设置滑草项目,利用林中环境设置瑜伽项目,利用河流沙滩地设置沙滩排球项目。总之,尽可能挖掘农业公园自然资源的利用价值。有的健身运动项目具有一定的挑战性、观赏性与娱乐性,农业公园通过开展此类运动、比赛,吸引更多的参与者与爱好者,以此增加人气,获得更好的经济效益。

(八)科普教育

教育是立国之本,科普教育永远是人才培养的课题。生物学课外教学实习基地对普及生物学知识发挥重要的作用。目前中国的中小学校具有生物学课外教学实习基地的还很少，尤其是经济欠发达的地区几乎没有。如果未来兴建的农业公园具有科普教育功能，正好弥补了当今中小学教学条件的不足。定期让中小学生到农业公园去开展生物学知识的实践性教学，以实现农业公园的社会效益。

农业公园拓展科普教育功能，在规划建设时必须讲究科学，突出生物学与生态学的基本知识，运用生物多样性的基础原理营造农业公园景观环境，创造生物多样性的农业生态系统，同时展示农耕文化，使农业公园成为良好的素质教育基地，让中小学生在农业公园特有的景观环境中得到熏陶，在游赏的过程中，了解农业的基本知识，从而激发他们对大自然的兴趣，这种课外的学习体验比课堂的传授有更好的教学效果。

农业公园作为科普教育基地，对城市中小学生学习生物学知识的教学效果更加明显，从未接触过农村与农业的城市青少年更加需要到农村去体验，更需要普及农业的基本知识，让他们通过实习弥补城市教育的不足，对于培养高素质的人才极其有利。

农业公园作为科普教育基地，对农村中小学生的培养也十分重要，农业公园中所展示的农耕文化和农业技术让农村的青少年开阔眼界，从而培养他们热爱家乡、热爱农村、热爱农业的情怀，使他们能够认识到农村也是可以实现梦想的地方。因此，农业公园作为科普教育基地对于促进城乡经济一体化发展也具有十分重要的意义。

农业公园科普教育包括农业技术普及和农耕文化普及，中国教育要培养高素质的创新型人才，对于人类基础知识与文化的普及是根本，农业基本知识和农耕文化就是一个重要的方面。中国作为一个农业大国，创造了丰富多彩的农耕文化，是值得广大青少年学习的。农业公园为了提高青少年的学习积极性，必须依据青少年身心特点，营造具有知识性、趣味性和娱乐性的农耕文化景观，让青少年能够愉快地学习，寓教于乐，有的甚至要艺术地再现和表达农耕文化的主题和内涵，使农业公园农耕文化景观更加的形象与生动。

农业公园的科普教育功能既可以是农业公园的附属功能，也可以上升为农业公园的主要功能。建造以生产科普教育为主题的特色农业公园，农业公园的顾客以中小学生为主体，规划时应围绕青少年对农业基本知识和农耕文化的多样性打造景观，同时配置青少年活动的场地和设施，并且针对不同年龄段的青少年设立不同层次的景观类型，因材施教，循序渐进，以产生较好的教学效果。这类以科普教育为主题的农业公园适宜在大城市郊区建设。

（九）推广培训

中国是一个农业大国，创造了丰富多彩的农耕文化。随着社会经济的发展和科学技术的不断进步，农业领域也在发生着日新月异的变化，在传统农业发展的基础上不断有新的突破，农业新品种、新技术不断得到推广和应用，中国农业正处在由传统农业向现代农业过渡的关键时期。农业生产结构的调整和农村产业结构的调整都涉及技术与模式问题，新技术需要不断研发，新模式需要实践探索，同时需要通过示范培训进行推广。

农业公园是未来农村产业发展的基本单元，农业公园的农业生产功能是农业公园的基本功能，尤其是面积较大的农业公园。开展农业商品化生产是农业公园应尽的社会义务，也是农业公园实现效益的基本途径。农业公园开展商品化农业生产不是一成不变的，需要不定期对生产的品种和技术进行改良和更新，良种配良法，任何农业新技术和新品种的推广都需要一个过程，也许1～3年，也许更久，不管怎样总是需要区域性推广试验后才能大面积推广。中国农村地域宽广，全国各地都有自己主要生产的动植物品种，并且长期处在更新和变化之中，全国各地的农业公园一般都选择了自己特定的商品化生产对象，只是在有新品种和新技术产生后进行更新。农业新品种中试是需要一定面积的，某一农业公园对某一新品种进行中试，或者对某一新技术进行采用，其实就是对研发的新品种和新技术进行示范，其他的农业公园就可以按照示范农业公园的生产技术进行应用。从示范到应用需要通过示范农业公园举办的新技术培训，才能达到全面推广的目的。农业公园举办新品种、新技术培训，一是要在示范取得成功的现场，实地介绍新品种和传授新技术，二是有开展技术讲座的室内条件，能够同时吸纳批量的培训人员参加培训，这样才可以取得更好的培训效果。

不同类型的农业公园在经营模式和建设方案上存在很大的差异，适宜的经营模式和可行的建设方案决定了农业公园经营的成败。在经营上取得成功的农业公园所积累的实践经验，对其他农业公园来说有的是完全可以借鉴的，因此可以由成功的农业公园开展经营模式和建造技术方面的培训，让其他农业公园学习，通过培训实现共同发展。

中国的农业公园应朝着规范管理的方向发展，在农业公园就职的工作人员只有通过职业培训，才能承担好自己的工作。

（十）产品展销

农业公园生产的农产品实现其价值，一是通过市场销售，二是通过就地消费。可以把产品运至异地市场进行销售，也可以在农业公园内进行展销，让游客购买。不管采用哪一种方式销售，农业公园的产品都必须参与市场的竞争，其价格受市场需求的制约和影响。农业公园规模化生产的主要产品一般要通过市场进行销售，部分产品只能在农业公园内展销。

农业公园具备产品展销功能，需要建设必要的产品展销场地和设施，向游客展示农业公园生产和销售的各种农产品。顾客可以根据自己的需要购买，农业公园展销的农产品可以是新鲜的，也可以是加工后的农产品，具有特色最为重要。游客亲眼看到农业公园内生产的农产品，并且在品尝之后觉得味美，更能激发他们购买的欲望，这种游客购买农产品的方式是农业公园农产品销售的一种重要方式。

农业公园可以设置农产品展销厅，集中给游客展示具有地域特色的农产品，也是展示农业公园的物质文明的一种方式，展厅的位置选择、产品的布展形式以及产品的包装是农业公园设计必须考虑的内容。新鲜的农产品可以在适宜的位置展示样品，在游客离开农业公园之前进行购买，以确保产品的新鲜度。

（十一）久居康养

农业公园一般具有明显优于城市的自然生态环境，是适宜城市居民久居康养的好地方，尤其是那些具有良好的森林环境和水环境的农业公园。康养所需的条件农业公园通过建设一般均能达到，农业公园针对老龄化的社会需求拓展久居康养功能具有广阔的市场。

农业公园为了拓展久居康养的功能，必须创造久居康养的基本条件。生活居住是农业公园的一项基本功能，一般是为农业公园管理人员提供生活居住的条件，而久居康养则要求具备对外接待居住的条件，具有一定量的客房，能够接待城市老人或来农业公园久居养生的顾客。

设立久居康养功能的农业公园要留得住老人，就必须依据老年人的普遍要求进行规划和建设，在农业公园范围内设置适宜于老年人开展的各种活动，如垂钓、品茶、赏花、漫步、棋艺、阅览、听音乐等活动，并且能够让他们自由自在地参与农耕文化和农事体验活动，同时提供充满关怀的护理性服务，让他们感到老有所享、老有所用和老有所乐。每天都能够品尝到农业公园生产的时鲜农产品，身心能够得到充分的愉悦，在农业公园提供的一种轻松愉快的环境中生活，从而达到康养的目的。

二、规划布局

不同类型的农业公园或内部的农村产业单元都具有不同类型的产业景观，不管农业公园或内部的农村产业单元的产业景观有多大的差异，都可以依据其功能和景观特点分为4个基本区域，即入口标识区、农业生产区、自然景观区和生活居住区，各个区域又依其内容和景观形态的不同可以进行细分。

（一）入口标识区

农业公园的入口标识区一般设置于方便出入的位置，主入口区靠近通向农业公园的主要交通道路。在主入口处，一般设置农业公园标识性大门，以展示农业公园的主题内涵和形象，同时配置门卫室、停车位和游客集散场地，设置农业公园标牌，让游客能较方便地找到农业公园入口，并留下深刻的印象。有的农业公园主入口区还配置农业公园产品展销室，以方便游客在离开农业公园时购买自己喜爱的农产品。

农业公园主入口标识区一般连接农业公园内外的主要交通要道，设计时既要设立能够最大限度展示农业公园主题和内涵的标识景观，又要保障来农业公园的车辆和游客的安全视线。一般农业公园以其招牌作为入口标识，也有的农业公园专门设计了特别的艺术造型作为农业公园的标识，并且具有唯一性，能够让游客产生深刻的记忆。

农业公园的主入口标识区为游客拉开了农业公园景观的序幕，是给游客产生第一印象的区域。入口大门的造型要求别致新颖，特色鲜明，主题突出，具有展示作用，并且能够满足门卫的基本功能要求。农业公园主入口处的标识造型可以变化多样，各农业公园应依据自己的主题和特色进行设计，避免照搬照抄，出现雷同的现象，也可以采用植物景观作陪衬，利用植物的形态和色彩吸引游客的视线，但要避免喧宾夺主，注意突出农业公园的标识标牌，能够起到一个引人入胜的作用。

有的农业公园的入口标识区并不是单独设立的，而是与其他功能区并存，常见的是与接待服务区设置在一起，共同形成了入口接待服务区。入口标识的设计不仅要作为农业公园的标识，而且需要融入其他功能区的要求。

（二）农业生产区

农业生产是农业公园的基本功能，这里的农业是广义的农业，包括农、林、牧、渔等内容。农业生产区有集中成片的，也有分散分布的，通常与其他的功能与景色区嵌合。一个农业公园的农业生产区依生产项目和内容的不同可以分为若干个区域，分别具有专门的生产功能，如果树、蔬菜、茶叶、花卉、药材、畜禽养殖、水产养殖、大田农作物等。这些项目在农业公园中分别占据一定的区域与范围，形成专类园区。在农业公园安排这些项目的生产时，必须坚持因地制宜的原则，其中有的生产园区是相对固定不变的，有的则要采用轮作、间作与套作的方式，按年度调整生产的位置，这是保障农业公园农业生产可持续发展的技术要求，也是农业公园耕地作物景观区别于城市公园植物景观的一个重要方面。

农业公园的农业生产区包括农业公园所有的耕地区域和部分生产用建筑区，以及能够开展水产养殖的水体区域。在坚守用地红线的前提下，农业公园规划应根据耕地的类型和特点安排适宜的农业生产项目，在用地类型较多的情况下，必须找出最适宜该农业公园用地开展的商品化农业生产项目，以发挥耕地资源商品化和农业生产功能，让经营者获得较好的经济效益，但决不能盲目开展商品化生产，而导致不增收，甚至亏损的结果。

农业公园呈分散分布的农业生产区，通常因山林、河流、水域、道路和建筑等景观与设施而将它们分割开来，尤其是分布在丘陵区与山区的农业公园，农业生产区分散分布的现象更加普遍，农业生产难以形成成片的规模，对于实现机械化操作存在一定的难度，但对于形成生物多样性的环境景观具有一定的优势。

农业公园农业生产区中的畜禽养殖区与水产养殖区需要具备必要的条件才能开展生产，猪、牛、羊、马等养殖需要专门的兽舍和场地，在农业公园中需要安排适宜的位置，一个基本原则是不能影响人的生活，并与农业公园的生活居住区要有一定的距离。鸡、鸭、鹅等禽类养殖也需要一定养殖条件，有水体、树木和草地等，一般采用放养的方式，以保障禽类产品的质量。家禽养殖可以利用农业公园中的果园环境和其他山林地，在果园某个区域进行放养，以发挥果园的禽类养殖功能，对防治果树病虫害和清除杂草都有明显的效果，是值得推广的种养结合的生态农业模式。此外，在稻田中养鱼、鸭、蟹、小龙虾、青蛙、鳖等既是种养结合的生态农业模式，也是一种生态农业景观，可供游客观赏和组织开展相关的体验活动。

农业公园的农业生产区与其他功能与景色区是有联系的，在进行农业生产区规划时，必须厘清与其他区的关系。为了打造农业公园整体景观，可以利用现有的环境景观作农作物景观的背景，让农作物景观融入自然景观，使两者相得益彰。

农业公园中的水产养殖区是农业公园对外开展观光旅游和休闲娱乐的重点建设区域。水能给环境带来生机和活力，水体周边的环境景观打造至关重要，农业公园利用水可以开展多种多样的活动，如垂钓、划船、戏鱼、观鱼等，利用浅水环境还可以种植荷花、睡莲、千屈菜、芋、菖蒲等食用和观赏植物，形成具吸引力的湿地景观区，水面可以放养天鹅，增加水上动态景观。水产养殖区通过改造后，可形成充满活力的水域游乐活动区，从而实现功能叠加，充分发挥农业公园中水资源的利用效益。

农业公园中农业生产区内包括农、林、牧、渔的生产，农、林、牧、渔分别对生产环境有一定的要求，在农业公园中构建一个良好的农业生态系统是保障农业公园可持续发展的目标和要求。农、林、牧、渔生产从量上建立一定的比例关系是我们优化农业生产结构必须研究的一个重要课题，尤其对于农业公园中开展多样自足型农业生产具有重要的意义，它将促进循环农业、有机农业、景观农业、休闲农业、生态农业等现代农业的发展，同时对于解决目前农业发展中普遍存在的生态安全问题具有重要意义。农、林、牧、渔的协调发展是农村产业发展的必然要求，更是未来农业生产结构调整的基本目标，因此，农业公园中农业生产项目的确定，不仅仅是考虑项目本身的价值和经济效益，更重要的是项目在区域农业生态系统中发挥的功能和作用，即系统中的价值，以此作为项目不可或缺的重要依据。

针对农业公园拥有的耕地，制定一个切实可行的农业生产计划，在合法合规用地前提下，既能保障农业公园所需的产品供应，又能营造优美的农业景观，为游客提供观光旅游和体验休闲的环境，达到充分发挥农业生产多功能效益的目的。农业公园中的农业生产区分种植区、养殖区和种养结合区。种植区内有的可以开展养殖，实行种养结合；养殖区内需要种植，一方面为养殖营造良好的生态环境，另一方面为动物提供饲料，尤其是素食性的动物更需要种植饲料作物。种植区因种植的作物不同可分为多个区域，常见的有大田作物区、果园、菜园、茶园、花园和药园，各园区面积的大小和生产量的多少以市场需求为依据；有绝对市场竞争优势的，按商品化生产需求开展生产；种植区宜采用园林的形式，拓展观赏功能，在各类品种选择上，始终把握农业生产的内容，维持农业生产功能不动摇。

（三）自然景观区

自然景观区是在农业公园规划的范围内，除耕地与建筑景观之外的自然景观区域，如大树、森林、河流、湖泊、山石、地下溶洞等，这些景观对于农业公园的自然生态环境和自然生态过程发挥重要的作用，有的甚至形成了农业公园的自然肌理和景观特色。

在山区与丘陵山区的农业公园，自然景观保护区多为自然的山林环境，包括山谷的溪流和成片的森林，也就是自然山水环境。山上的森林有的是自然生长的次生林，一般呈杂树林的形态，某种优势树已经显出来或尚不明显，在人类不干预的情况下，经过较长时间的演化，可形成某一地域的植物群落结构，植物景观形态相对固定，将发挥稳定的生态功能。有的是人工经济林成片分布，优势树种是人工栽植的，已经或者正在发挥较大的生态效益。农业公园中的森林所发挥的生态效益不是局限于农业公园范围，而是影响整个区域的生态系统；不仅是农业公园应该保护的对象，也是区域应该保护的对象。

农业公园中的自然河流是农业公园区域生态系统结构的重要组成部分，不仅与区域水文关系紧密，而且还是一种重要的生态廊道，对维持区域良性生态系统发挥着重要的作用。沿河两岸的村民伴水而居，两岸的农田依赖河水灌溉，该流域的生产与生活与河流息息相关。在平原区域和湖区的农业公园一般地势平坦，有的紧邻天然的湖泊。湖泊是农业公园重要的天然景观，是保护的对象。

农业公园中保存的大树或古树名木虽然是人工栽植的，但无论在野外，还是在居住建筑邻近的范围都具有重要的景观与生态功能，对良好的人居环境形成发挥着重要的作用，有的甚至成为地域标志性自然景观，更应该加以严格保护。

如果农业公园范围内还有其他的自然资源，如奇特的山石、地下溶洞、珍稀的动植物资源，它们是农业公园中天然的景观，属于重点保护对象，应在保护中利用，让游客欣赏，充分发挥它们的景观价值。

农业公园中的自然景观，尤其是山区与丘陵山区的自然景观形成了农业公园的自然格局和机理，具有较稳定的结构和形态，人类应尊重自然、顺应自然、保护自然，与自然和谐共处、协同发展。应坚决反对和制止违反国家山地保持规定的行为，如在大于 25°的山坡地开荒造成严重水土流失的行为。大搞农业开发，常常得不偿失，甚至带来严重的生态灾害。大力提倡利用良好的森林生态环境，开展生态旅游，发展森林旅游业，充分发挥森林的旅游价值，坚持在保护中开发，在开发中保护，走可持续利用的发展道路。

自然景观区在农业公园的建设和发展中必须维持其自然生态功能，把它作为生态旅游的资源进行保护和利用，坚持最小干预原则，尽可能维护其自然生态过程，使之为农业公园的可持续发展发挥重要作用。

(四)生活居住区

农业公园内的生活居住区，一种是原有的村庄建筑分布区域，另一种是农业公园新建的建筑区域，建筑是该区的主要景观和设施。集中成片的建筑形成村落与村庄，发挥居住与生活功能。

农业公园中的建筑，尤其是原有的村庄建筑主要是满足原住居民的居住与生活需求，也有部分用于农业生产的建筑，这部分建筑一般不适宜接待游客。现在由于农村外出打工的人员较多，村庄建筑闲置的现象较为严重，造成了农村建筑资源的极大浪费。在大力推进乡村旅游产业发展的背景下，农村现有建筑如何找到最佳的利用途径和方法是我们研究的一个重要课题。

农业公园新建的建筑区域，通常形成农业公园对外的综合接待与服务中心，也可以采用新老建筑结合的方式。无论是新建还是改造，我们必须明确建造的主要目的是为游客提供生活和居住便利，那么建筑的设计必须明确对外接待的功能要求，如餐饮接待、休闲娱乐、居住、会务、产品展销、技术培训等多功能要求，并且依据农业公园规模和市场需求预测，确定建设规模，统筹考虑各项功能对建筑的要求。做到既能满足要求，又不浪费资源。为了便于管理，建筑的形成适宜采用组合大院落的形式，现有的建筑也可以按组合大院落的形式进行改造。建筑布局按功能要求考虑，以方便使用和降低功能建筑之间的相互影响为原则。功能建筑之间既有隔离措施，又能形成一个统一的整体，外观形态和色彩风格统一，形象上追求朴素和雅观，使用功能上追求方便与舒适。

在景观环境方面，在充分满足通风、采光、良好交通和居住方便的前提下，尽可能做到美观，营造生活居住区的景观环境，同时具有可食用性、生态性、艺术性、文化性和可观赏性，使之与现代城市庭院和公园景观有明显的区别。建筑外环境景观宜与乡村的自然生产环境融为一体，若是生产环境适宜，应采用多年生经济植物，以形成较稳定的生活居住环境，尤其是院落的内庭院，应保持主要景观植物固定不变，只是季节性地添加一些花卉植物，提高庭院的观赏效果。庭院外环境无论是果园、菜园，还是药园和茶园，都应按花园的形式来做，以方便游客就近观赏。接待中心周边区域是农业公园重点精致景观打造区域。建筑庭院按山水庭院景观打造，建筑外环境景观按四季花园打造，做到内外有别，主题鲜明。如果接待中心建筑的环境景观设计有自然景观可以利用，尽可能地利用并稍加改造，以降低建设工程造价。

第八章

基础配套体系规划

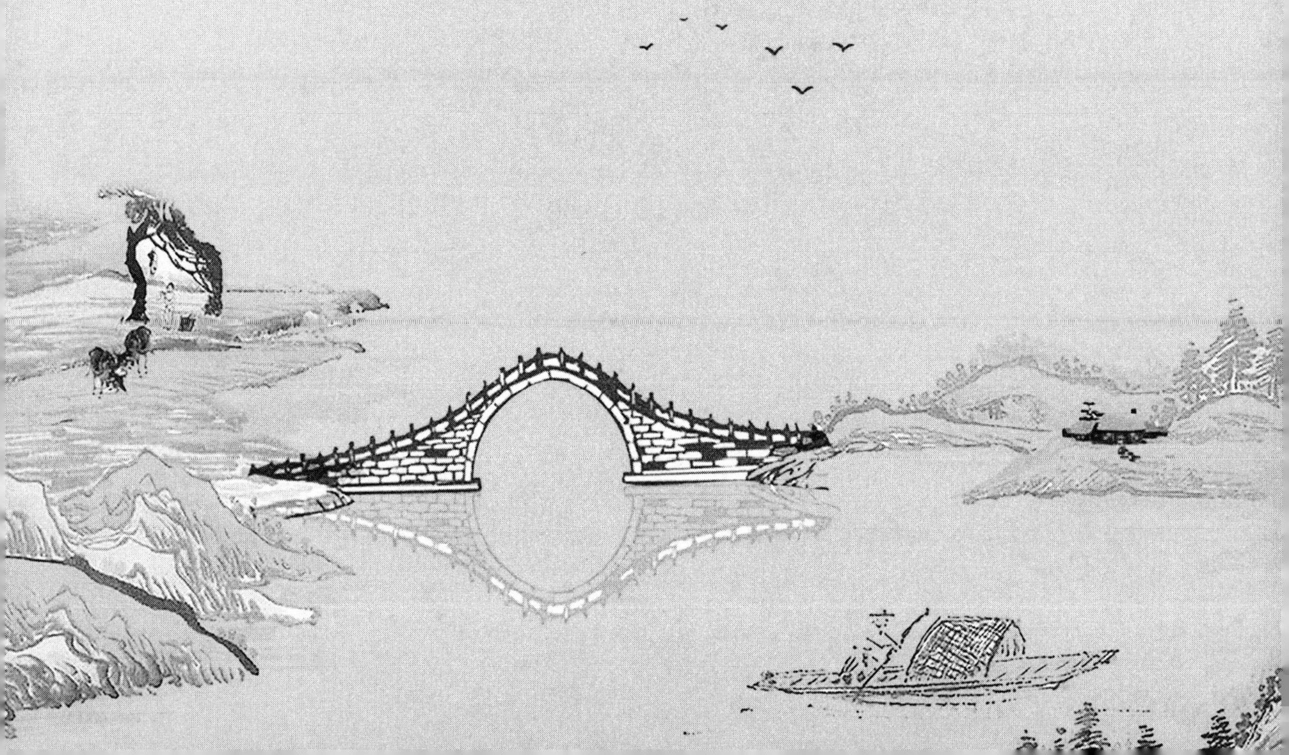

农业公园产业基础配套体系的规划应该以生态性和经济性为前提，在对物质流的运用上要尽量减少能源浪费和过度消耗。农业公园产业基础配套体系的规划主要包括乡村产业规划、景观风貌规划、植物景观规划、场地竖向规划、交通游线规划、土地利用规划和生态保护规划等方面的内容。

第一节　乡村产业规划

中国大部分乡镇的农业经济都以发展传统农业、出卖农产品为主，产品单一，同时许多乡村的资源不能充分转变为产业经济。中国人均耕地面积不到世界平均水平的40%，农村耕地面积不仅要保持农业生产功能，还要承担乡村旅游的环境功能。农业公园产业化是一种多元的产业体系，复合性是其主要特征。

农村离不开农业，农业是基础产业，因此，要对农业结构进一步优化，生产特色农业产品，引进新品种，并围绕特色农产品加大农业科技的投入。根据生产目的，农业公园的农业生产可分为多样自足型农业和特色商品型农业。多样自足型农业的多样性体现在生产的农产品种类和品种的多样，生产环境景观的多样，通常的生产对象包括大田农作物、果树、蔬菜、茶叶、花卉、药用植物、能源与油料植物等，动物包括常见的家畜和家禽、各种鱼类和特种动物，不包括规模化养殖的动物。多样自足型农业是小规模的种植和养殖相结合，采用轮作、间作和套作的耕作制度，以保持农田系统的生物多样性水平。

种养结合的生态农业是现代农业发展的一个主要方向，也是保持耕地土壤可持续利用的有效方法。在进行多样化农业生产的同时，适当配置具有较高观赏价值的景观植物，从视觉上提高耕作环境的美观度，为游客提供良好的景观环境。特色商品型农业是以市场化为导向，开展规模化、专业化、机械化生产的现代农业，以最低廉的生产成本，获得最优质的某种农产品，使经营者能够在激烈的市场竞争中取胜，从而获得较好的经济效益，保障市场对农业产品的需求。

农产品加工是增加农业附加值的有效途径。农产品加工是在农产品鲜食有余的情况下考虑加工与贮藏，以调节市场供应，或是某种农产品通过加工后改变了风味，形成旅游商品。农业公园农产品加工应由传统的简易加工向引进技术和成套的加工设备设施转变，组织一些农业加工企业，实施品牌化经营，提高农产品的附加值。利用多样化的农业生产类型和农业景观环境，农业公园的农业产业向第三产业延伸，农业观光、农事体验成为新的经济增长点，以生态休闲、文化休闲为主体，围绕农业产业结构调整和资源的挖掘利用，发展生态人文旅游和都市休闲旅游。

第二节　景观风貌规划

乡村景观风貌是乡村自然环境、历史文化传统以及经济水平等多方面的综合反映，是衡量乡村建设水平的重要标准之一，在乡村产业发展过程中起着巨大的推动作用。风貌中的

"风"是对乡村人文取向，即文化、风俗等软件系统的概括；"貌"是社会习俗、风土人情等乡村地域文化的载体。景观风貌是通过自然景观、人造景观体现出来的乡村环境、乡村文化和乡村生活的特征，是农业公园自然环境与人造环境的外在表现，是乡村生活的表象特征，侧重于人们对乡村具体审美对象的审美知觉。随着城乡一体化进程的不断加快，中国乡村景观风貌建设出现了整体景观不协调、形象雷同、千村一面的现象。因此，在农业公园规划中，必须把乡村景观风貌的规划放在重要的位置。

农业公园以科学发展观为指导思想，以促进生态、经济、社会可持续发展为根本目标，通过对农业公园自然、人文资源的合理配置，形成具有吸引力的乡村景观特色，以提高产业发展的竞争力。在规划过程中，依据农业公园地形地貌的特点对村落或居民点进行地形改造，采用挖湖堆山的改造方式，营造生物多样的立地小气候环境，从而改善居民的生活环境。同时结合接待设施建设，改变过去农村建房主要为家庭成员生活居住的想法，依据农村旅游产业发展的需要增加对外接待的功能，在改造微地形时，按照景观化的村庄建设思路，打造优美的人居环境。对农业公园进行整体的视线分析并划定重点控制区，形成点、线、面相互叠加、有机串联的建筑高度控制区范围，以此为依据划分出景观空间结构，形成有起有伏、有张有弛、和谐的乡村视像，对整个农业公园的景观风貌进行有效控制。

第三节　植物景观规划

在农业公园植物景观规划中，形成具有多样性的生态系统是维持植物群落景观稳定的基本前提，也是保持乡村生态平衡的基本条件。植物的多样性有 3 个方面的含义：一是种类多样，二是结构多样，三是所形成的生境多样。

一、乡村植物景观规划

林地植物景观分为自然林和人工林。自然林是通过长期的自然选择形成的特定的植物群落结构，能够保持一种相对稳定的状态，一年四季呈现出一定的季相变化，如热带雨林，亚热带常绿、落叶阔叶混交林，温带阔叶与针叶混交林，寒带针叶林。植物分布随纬度和海拔高度的变化呈现一定规律，整体分布特征人工几乎是难以改变的；任何植物都有它特定的分布范围，人工改变天然林的形态难度极大且没有必要，但不排除在天然林局部种植人工培育的观赏植物，以提高局部天然林地景观的观赏效果。人工林是人工栽植的植物群落，对满足人类社会对果品、木材和食用油等的需求发挥了重要作用。比如，果园可以生产各种类型的水果，获得良好的经济效益。果树多为多年生的木本植物，一经栽植多年无须更换，不仅可维持良好的绿化景观效果，发挥水土保持功能，而且是乡村旅游采摘体验的重要载体。

田园植物景观主要包括园艺植物景观和大田作物景观。园艺植物景观又包括蔬菜景观、茶园景观、果树景观、花卉景观和苗木景观等，与大田作物景观一起形成丰富多彩的景观空间。不同的田园植物景观在生长季上呈现一定的形态和色彩上的变化，可以根据当地的地理气候和植物资源的优势和特点，利用农作物、果树、蔬菜、花卉和苗木等的不同种类和品种，分季节种植，形成丰富多彩的植物景观类型。

建筑植物景观包括接待服务建筑、民居、庭院的植物景观，既有人工种植的植物景观，也有自然生长的植物景观，还有属于耕地的植物景观。这些植物景观与建筑结合在一起，形成居住生活环境。植物景观对改善建筑小气候环境具有重要作用，同时又具有美化建筑环境的功能。

二、乡村植物景观设计

乡村植物景观分为自然山林地植物景观和耕地植物景观两大类。自然山林地植物景观包括人工造林的植物景观和天然林地植物景观。耕地植物景观分为大田农作物景观和园地植物景观。园地植物景观包括果园、菜园、茶园、苗圃、花园、药园等专类植物景观或混合园植物景观。大田农作物景观和部分面积较大的果园、菜园和茶园景观可归为乡村大地景观。此外，高山草甸景观和草原景观也属于乡村大地景观。

(一)自然山林地植物景观提质设计

自然山林地植物景观不论是人工林地植物景观，还是天然林地植物景观，都对区域乡村良好生态环境的形成发挥了重要作用，都属于环境保护对象。森林的利用价值体现在经营者可以在政策允许的范围内定期进行间伐，获得直接经济效益，还可以利用森林环境开展生态旅游，通过接待服务获得经济效益。因此，人工种植的林木是伐还是留，是砍伐后销售木材还是留下来形成良好的旅游环境，需要在权衡比较后实施。

自然山林中的植物景观是很好的自然景观。有的已经形成了良好的森林生态环境，具有较稳定的植物群落，尤其是天然林地植物景观经过多年的生长，已经长成了参天大树，具有较高的观赏价值，可以在不加任何修饰的情况下直接开展森林生态旅游，属于严格保护的对象，经营者只需适当布置旅游设施就可以开发，能够获得较好的经济效益。植物景观较单一的人工林地则可选择适当的位置设置开花或观叶的景观树种，种植一、二年生草本花卉或球根花卉，以提升人工林地植物景观的观赏价值。人工林地设置观赏价值较高的植物，可以片植、丛植和带状种植，可选择山坡地种植，也可以沿游道种植，可以形成花海、花境和花丛，也可以形成特色植物景观游道，如梅花花海、紫薇花海、杜鹃花境、樱花大道等。利用草本花卉形成四季变化丰富的花境或花带景观，重点对自然山林的局部形态和色彩进行提质改造，力求创造游客喜闻乐见的特色植物景观。

自然山林地植物景观提质改造时，不宜大兴土木，不能随意改变山体的形态和结构，以免造成严重的水土流失，尤其是对于坡度较大的区域更应慎重，改造时要尽可能减轻对森林生态环境的影响。

自然山林地植物景观提质改造主要是在线上进行，面上一般保持现有的植物景观不变，面上需要提质改造的，必须严格选定适宜位置，避免造成严重的水土流失。点上植物景观提质，主要是林地中的景观节点，集中在一个相对较小的区域范围内进行提质改造，突出布置能进行近距离观赏的植物景观，力求精致。线上植物景观提质，主要是沿游道两旁的植物景观改造，可以形成特色植物景观大道，如银杏大道、玉兰大道、海棠大道等，也可通过种植草本花卉，形成花带或花境，以提升沿路植物景观的观赏价值。自然山林之中最好是采用自然式的种植方式，以便让种植的景观植物融入自然环境，达到虽由人作、宛自天开的效果。

（二）耕地植物景观设计

耕地是农村用于农业生产的土地，包括水田和旱地两种类型。过去水田主要是种植大田农作物，如水稻、玉米、高粱、小麦、红薯、大豆、棉花、油菜、荞麦、马铃薯、蚕豆、豌豆等，这些植物在田地中成片种植，形成的乡村大地景观具有重重叠叠或一望无际的大地景观效果，可以形成季节性的乡村景观供游客欣赏。旱地用地类型一般为林地或园地，主要用于种植园艺植物，如果树、蔬菜和茶叶等，很少一部分用于种植苗木花卉和药材，果树、茶叶为多年生植物，以果园和茶园的形式出现，较大面积的果园和茶园可形成乡村大地景观或人工林地景观。菜园在乡村中成片种植的较少，呈零星分布的状态，苗圃和花园近年才出现成片种植，数量不多，规模也不大，受市场需求量的限制明显。对于不同耕地植物景观，设计时应分类处理。

1. 大田农作物景观设计

一般情况下，大田农作物景观不需要进行特别的设计，按生产要求进行成片种植即可。为了给大田农作物景观创造一定的主题，往往通过一定的色彩构图，选用与作物色彩形成强烈对比的植物，勾绘主题图案的轮廓，游客登高俯瞰可以看到清晰的主题图案，从而领会主题，得到美的享受。如用彩色水稻、小麦和油菜花绘制主题图案等，可收到良好的观赏效果。

大田农作物在较平坦的农田中种植。如果不同的作物种类存在色彩上的差异就可以组成一定的模纹图案，也可以采用某种多年生植物形成固定的模纹图案，再种植某种农作物形成基底，以呈现特定的大地景观，可以与多种农作物共同组成具有艺术感染力的大地景观，也可以选用一些开花或观叶观赏植物形成模纹图案与农作物搭配构成大地景观。要求彼此的色彩对比强烈，这样才能产生更好的观赏效果。

大田农作物在重重叠叠的梯田上种植，采用同一种农作物或与不同种类农作物间植，可以产生不同的观赏效果，不仅能展现梯田的肌理，而且还能展示不同作物的色彩效果。

农村的耕地主要种植的是大田农作物，这是由社会对农产品的需求决定的。不同区域的农村，受自然地理、气候土壤、水分等条件的影响，主要农作物的种类存在较大的差异，因此各地农作物所形成的大地景观差异明显。同一地区的不同农村可以在农作物种类、品种的选择上有所区别，再加上平面构图和布局上的不同，也可以创造不同形态特征的大地景观。

大田农作物形成的区域农村的大地景观受轮作制度的影响必然会发生年度变化。为了维持农田生物多样性水平，同一种作物不能在一块土地上长期种植，不然将导致一系列的生态安全问题。农民会采用定期休耕的方法使地力得到恢复，所以区域农村的大地景观随年度而变化是科学的行动。

2. 园地植物景观设计

乡村耕地中的旱地主要种植的是园艺植物，常见的有果园、菜园、茶园、苗圃、花园和药园，这些植物景观统称为园地植物景观。过去的园地植物景观主要分布于村民居住建筑的周边，一般呈分散分布状态，也有嵌入大田之中的园地。园艺植物种类与品种繁多，形成的园地植物景观丰富多彩。园艺植物是农业生产的主要对象，对于某个农村区域某种园艺植物也许是当地的支柱产业，同时也形成了当地的大地景观。为了适应农村旅游产业发展对园地植物景观的不同需要，对园地植物景观进行设计，对在生产的同时创造优美的园艺植物景观具有极其重要的意义。

(1)果园植物景观设计。中国农村各地都有适合种植的果树，表现出明显地域分布特征。过去所建的果园绝大多数是纯为生产而建的，很少考虑观赏等其他功能，且过去农村耕地使用政策是果树上山，不与粮棉争地，因此，果园几乎都建在山地之中，生产条件相对较差，大部分果树是多年生植物，一经种植，多年不变，除非对退化的果树品种进行更新换代。随着果树科学的不断发展，果树新品种不断产生，果树栽培技术不断提高，果树行业得到了蓬勃发展，在中国大力推进乡村全域旅游的行动中，观光果园建设成为了区域农村生产结构和产业结构调整的一项重要工作。无论是老的果园改造，还是新的果园建立都非常重视果园的设计，目的是利用果园更好地推动区域乡村农业生产和旅游产业的发展。

观光果园设计与生产性果园的不同之处：一是拓展了观光功能，需要增加可游览的游道系统，在原有生产性耕作道上进行改良；二是打破了过去专类果园景观上的单一性，增添了可供观赏的其他植物景观；三是配套了接待游客所必需的旅游设施。改造之后的观光果园从表面上来看仍然是生产果品，体现生产为主的功能，实际上改造了道路沿线和景观节点的植物景观，形成了更具有艺术感染力的视觉景观。景观植物的选择上坚持以尽可能减少对果树生长的影响为原则，始终保持果园果品生产的主要功能。

果树中有很多种类和品种的花和果都具有极高的观赏价值，有的还具有浓郁的芳香，如果梅、柑橘、柚、橙等，开花时节，芳香四溢。开展果园植物景观设计，应通过丰富果树种类和观赏植物种类，延长果园植物景观的观赏期和增强果园的植物景观吸引力。果树有常绿与落叶果树之分，单一种类的果园都存在景观变化上的不足，如常绿果树观赏和体验时期主要在开花和果熟期，其他的时期缺乏变化，落叶果树则在落叶后呈现萧条的景象，缺乏具观赏价值的景观，因此，单一种类的果园不适宜作观光果园。丰富植物种类是对传统果园改造的基本方法，一般做法是落叶果树果园适当增加常绿果树和多年生的观赏植物，常绿果树果园适当增加落叶果树和落叶花灌木，都可以种植一、二年生草本花卉，以丰富季节性的植物景观。在果树花季可以选用与果树同期开花的植物，以产生色彩缤纷的观赏效果，如果梅可以选用红梅不同的品种进行配置，桃园可以配置一些供观赏的碧桃和寿星桃，以给果园增光添色，大大提高果园的观赏价值。

面积较大的果园原机耕道路大多改造成游道，形成观光果园的游览观光路线，既可以将道路改造成瓜果观光走廊，也可以改造成特色植物观光游道。果园中的多条道路可以改造成观光游道，打造不同的游道植物景观。为了丰富景观，在道路的两旁可以因地制宜地选种多种观赏植物，形成花带、花境和花群景观，让果园中一路有景可赏。

果园中的景观节点一般布置在休闲建筑等旅游接待设施，节点上的植物景观以观赏植物为主，重点突出近距离观赏的效果，通常以精致花园的形式出现，特别注意景观植物的造型和色彩构图，并且做到一年四季有景可赏。

原来生产功能为主的果园讲究的是专业化、规模化和自动化，追求的是高的生产效益。优质的水果能在市场竞争中取胜，往往选择单一的果树品种进行商品化生产，不可避免地存在植物景观的单调。而观光果园的植物景观必须克服景观单一的现状，通过增加植物种类，丰富景观，实现多样化。各个观赏区域讲究植物景观主题的特色，果园之中到处是变化的植物景观层次和空间，能够让游人得到自然美和艺术美的享受，并且能够留下深刻的印象。

观光果园不仅具有游览观光功能，还有采摘体验功能，一年之中尽可能保证有较长的采摘体验期，因此，在进行果园改造时，应适当增加果树种类和品种，早中晚熟品种结合，不同种类和品种分块间植，常绿果树和落叶果树搭配，让多种果树共生于一个果园之中，不仅丰富了景色，而且实现较长时间地满足采摘体验的要求。

传统果园很少采用设施栽培，如塑料大棚、温室大棚和避雨栽培设施，现代果园增加设施之后，可以生产西瓜、草莓、番茄和火龙果等草本水果，大大增加了果园观光和采摘体验项目，对促进观光果园的经营有重要作用。温室和大棚中的水果生产可以配置热带观赏植物，形成优美的室内景观环境，供全年观赏。

(2)菜园植物景观设计。菜园不仅有生产功能，还能提供游览观赏和增加体验功能。相对果园和大田作物生产区来说，菜园一般较小，且种植的蔬菜多为一、二年生植物。一年之中种植的蔬菜种类和品种不断更替，呈现出不同的形态，决定了菜园具有多样性。菜园植物景观因具有多样性植物，其景观易产生多样的变化。为了蔬菜采摘收获的方便，一般采用畦地栽植方式，畦地一般呈南北走向，以保障通风良好。通过对栽植的蔬菜进行艺术配置可以提高蔬菜植物景观的观赏效果，创造变化丰富的蔬菜植物景观模式，如藤蔓蔬菜布置篱笆、花架和瓜果长廊，观叶蔬菜布置为模纹，也可作为花坛、花境或花带的镶边材料，开花的蔬菜布置花境和节点处主题花坛。菜园完全可以按花园的形式进行布置，创造具有花园一样的景观效果。

大多蔬菜为一、二年生植物，一年四季可以不断更换。观光菜园中可以选用多年生植物作为背景或骨架，形成菜园的景观基调，定期更换不同种类和品种的蔬菜以形成菜园在不同季节的主调。基调基本保持不变，主调植物随季节而更换，这种做法可以节约观光菜园的建设成本。

菜园有专门化的商品蔬菜生产基地，也有多样自足型的菜园。专门化的商品蔬菜生产基地一般生产单一蔬菜，有一定的规模，成片栽植可以形成区域乡村季节性大地景观，可以按大地景观设计的方法进行建设，重点突出其生产功能，适当进行景观化布置，按主题设计模纹图案，提高观赏效果。对于小面积的多样自足型菜园，则讲究营造精致植物景观，以微景观的形态出现，如花丛、花台、花带、花境和花群等，力求做到四季有花可赏，还可以在菜园之中适当配置观赏植物，增强菜园植物景观的艺术感染力。

菜园是乡村旅游的一个重要体验环境，也是对青少年开展科普教育的实训场所，种类品种和生境的多样性是观光菜园最基本的要求，有选择性地种植有代表性的各类蔬菜，并且营造不同生态类型的植物景观，以提高菜园的科普教育功能。

(3)茶园植物景观设计。茶是一种传统的饮料植物，自古以来在中国栽植极其广泛。中华民族积累了丰富的茶文化，在世界享有盛誉。全国各地修建的茶园很多，茶叶生产在园艺产业中占有重要地位。

茶园一般建在山地之中，面积较大的茶园，层层叠叠，四季翠绿，可以形成区域乡村的大地景观，过去的茶园一直是作为茶叶的生产基地，主要发挥生产功能。而今，乡村发展全域旅游业，很多茶园也竞相拓展旅游功能，对过去生产性的茶园进行改造，在增设旅游设施的同时也对茶园植物景观进行提质，使茶园朝着观光茶园方向发展。

茶园植物景观提质改造的一个重要思路就是打破茶园植物景观的单一性。茶园大面积生产的是茶叶，一般是不宜改变的，以保持茶园的生产功能。植物景观提质改造主要是在茶园内的游览道和休闲点上进行，或是在沿着游道两侧的山坡地的适当位置增加观赏植物，采用一定的方式进行配置，以形成特色的植物景观。如：沿道路种植二乔玉兰、樱花、梅花、海棠等开花的乔木，形成植物景观大道；在茶园沿路的山坡上成片种植杜鹃、紫荆、紫玉兰等花灌木，形成木本花境；或成片种植一、二年生草本和多年生宿根花卉，形成草本花卉。在不同的区域营造不同的花境，以丰富茶园的植物景观，茶园中的休闲点或是登高望远处，往往是茶园旅游观光的景观节点，属于重点打造植物景观的区域。可以选择造型优美的植物，如树木桩景或观赏价值较高的花卉植物，营造精致的植物景观，如花坛、花台、花境等景观，并且还能及时更换一、二年生花卉，使景观节点保持可观赏状态。

茶与水在茶文化环境中是不可分割的两个主要因素，在茶园植物造景时，突出主题和内涵的茶文化环境景观的打造，将中国自然山水式园林的造园手法应用于茶园植物景观的设计，水要素以动静结合的形态应用到植物景观的营造之中，让植物景观更加充满生机和活力。茶文化也属于中华优秀传统文化之一，将梅、兰、竹、菊等传统花卉应用于茶园环境建设中来，并且与传统建筑和自然山石相结合，以形成具有浓厚的传统茶文化氛围的庭院植物景观，对于茶园旅游环境打造具有重要作用。

农业公园园区内绿化体系不能一味追求人工化，应以自然野趣为主要设计目标，绿化体系应与周边农业景观相协调，并遵循适地、适树的原则，选用乡土树种，采用自然式种植的手法体现田园乡野风貌。田园绿化可以从保护耕地、改善农村环境出发，统一规划、统一治理，稳定农田林网控制面积，提高农田林网的防护效益。道路绿化应以不影响村内交通为原则，并根据道路等级、宽度、性质、周边环境等采取不同的绿化措施。水体绿化主要以保护水体生态环境为目的，选取亲水型植物，并利用现有植物进行生态修复，提升景观层次，维持生态稳定。

第四节 场地竖向规划

竖向规划即依据当地现有的地形与形貌，统筹考虑与未来建设有关的各个位置点的标高，确立它们之间的相对竖向位置关系。农业公园的竖向规划与城市区域的竖向规划不同，农业公园内的建设用地相对较少，并且具有分散的特点，因此主要考虑住宅、村落、水渠、道路与农田的标高，其他土地类型一般都具有相对稳定的竖向结构，只需保留其自然形态，无须人工改变。

农业公园竖向规划的目的有 3 个方面：一是满足规划区域范围内排水和雨水收集的需要；二是为农业公园创造生物多样的立地环境，以便形成区域良好的小气候环境和良好的生态系统；三是创造层次变化的地形，如水塘、山地、微地形等，结合建筑、植物等景观，一起形成丰富多样的美丽乡村环境。

平原区域农村的竖向规划重点应考虑改造平坦的地形，尤其是即将建设的区域范围，更要重点考虑各位置点的相对标高。通过挖湖堆山的方式改变建设区域的地形标高，坚持土方就地平衡的基本原则，尽可能避免土方长距离运输，保持挖方与填方相对平衡，以降低建设工程造价。平原地区的耕地相对较为平坦，便于实现机械化操作，也便于形成乡村大地景观，但是平原区域的景观层次却相对单调，不利于形成良好的小气候环境。平原区域的竖向规划应以建设区域为重点，以改善小气候环境和创造变化丰富的环境景观为目的，最终为发展乡村旅游业创造条件。既然平原区域的竖向规划目的之一是改良小气候环境，那么堆山的理想之处宜在建筑的西北方向，挖湖的理想之处宜在建筑的东南方向，这样有利于减轻西北风的不利影响和引进东南风，也有利于遮挡夏季西北面的太阳暴晒。平原区域的生产用地在一般情况下基本保持原有标高不变，农田的排水和灌溉以改造优化现有设施的方式进行建设。

丘陵区域农村的竖向规划，重点应考虑建设用地标高的确定，以确保安全为前提条件，临水的建筑重点考虑供水位的标高，靠山的建筑考虑选取地质安全的位置，地基开挖以不大兴土木为原则，做到随山就势，因地制宜。地基标高以便于连接周边道路交通为条件。丘陵区现有的梯田标高一般情况下保持不变，在现有的灌排水系统上进行改造和优化，不轻易改变标高。新开发的梯田和旱地因山就势分区、分片、分块确定相对标高，避免出现大的挖方和填方。新修的道路标高，沿途依山就势确定，纵坡坡度以满足道路设计规范要求为前提条件，尽可能选择土方工程量小的路线，避免过度挖方造成地质灾害。

山地区域农村的竖向规划主要考虑新建建筑区域和新开辟的道路标高，坚持因地制宜的原则，以防止水土流失和保障居住建筑用地安全为前提条件，尤其是山高坡陡的山地农村，为保持水土不宜大兴土木，必须把地质安全摆在首位，不能随意打破现有的生态安全格局。

第五节　交通游线规划

交通游线属于景观中廊道的范畴，可以增强园区的通达性，提高园区景观的多样性。道路交通状况是衡量地区经济发展水平的一个明显标志，建设通达的道路交通系统是推动社会经济持续向前发展的重要举措。农业公园的交通体系主要包括动态交通体系和静态交通体系。

动态交通包括园区的外部交通和内部交通。园区的外部交通是指到达农业公园的外部交通条件。外部道路交通条件主要分析项目地与相关的机场、高铁车站、火车客运站、火车货运站、长途汽车站、江河客运与货运码头等的车程距离与时间，与附近主要交通要道高速公路出入口车程距离与时间，通往项目地的交通与运输方式，以及现有道路的等级与路面状况，这些都是决定项目地道路交通条件是否优越和便捷的重要因素。内部交通即园区的车行道、人行道以及机耕道，主要目的是连接农业公园各功能区，同时满足消防安全与物资运输的需要，形成通达的内部交通运输系统。在满足消防安全和物资运输需要的前提下，尽可能缩短道路的长度，但必须保障道路的基本宽度和转弯半径，同时考虑自行车道的设计。

静态交通指的是停车场地的设置。随着农村旅游业的发展和家庭购车数量的增加，停车场地的需求呈急剧增加的趋势。作为对外开放的农业公园，必须为自驾游的游客提供停车位，为组团游览的游客提供大客车停车位，停车位数量与农业公园接待规模相关，通常按接待总游客数的 1/5～1/4 准备车位。农村的停车场地最好建有生态防护设施，如种植有遮阴树和瓜果藤本植物，让车停在林荫与藤荫之下。

第六节　土地利用规划

农业公园的土地利用是指从全局和长远利益出发，以农业公园全部土地为对象，合理调整土地使用结构和布局；以利用为中心，对园区土地在开发、利用、整治、保护等方面进行统筹安排和长远规划，目的在于加强土地利用的宏观控制和计划管理，合理利用土地资源。对园区各类用地的结构和布局进行调整或配置，是以园区的自然和社会经济条件、历史基础和现状特点等为基础的。

农业公园的土地一般包括耕地、园地、林地、草地、商业用地、工矿仓储用地、住宅用地、公共管理与公共服务用地、特殊用地、交通运输用地、水域及水利设施用地以及其他土地等类型。农业公园以产业结构调整和农村土地承包经营权的有序流转为途径，促进农民从土地上分离。农民从传统农业转移到旅游业，有利于加快新农村建设的步伐和城乡一体化的进程。

农用地是农业公园开发建设的基础，对农用地的利用应保证土地利用的合规性，在确保农业生产的前提下，结合生态性、观赏性、经济性、互动性等多方面营造特色田园景观。农用地主要可分为以下几类：耕地（包括永久基本农田、一般耕地）、园地、林地、其他农用地（包括设施农用地、坑塘水面、农村道路等）。

一、耕地

（一）永久基本农田

永久基本农田原则上不得以任何形式进行调整占用。重大建设项目选址难以避让的，应对相应耕地进行补划，达到进出平衡。永久基本农田的主要用途是进行粮食生产，在保证土地利用合规及粮食安全的基础上提高其景观价值，可种植观赏性较强的五色稻米、小麦、玉米等粮食作物，采用稻田画、合理轮作的方式进行粮食种植，打造特色农业公园田园农业景观。

（二）一般耕地

永久基本农田以外的耕地为一般耕地。一般耕地可在不破坏耕作层的前提下适当种植具有一定景观效果的经济作物，例如观赏蔬菜、药用草本植物等。为提高种植效率，丰富景观层次，还可采用稻田养殖的形式，包括稻虾共作、稻鸭共作等，有效节约种养成本，提供多样化的农业景观，同时有利于生态环境的可持续发展。

二、园地

园地的利用应以生态性、经济性为原则，充分利用场地内原有园地，通过种植梨、桃、枇杷、杨梅、柑橘等水果，打造集观光、旅游、采摘、休闲为一体的可交互式果园，并引进现代化栽植技术，发展无土栽培、智慧认养等，提升园地综合效益，保障果农收入。

三、林地

林地主要包括公益林和经济林。公益林的开发要以保护为前提，不得对公益林进行破坏或改变林地用途。园区内的公益林可适度开展部分经营活动，例如增添景观小品和服务设施、适度优化林种林相、配置夜间艺术照明以及临时性的林间走廊等，保障公益林生态价值。经济林的利用应采用科学布局、分类经营的方式，推进品种化栽培、标准化生产，提升经济林效益。

四、其他农用地

(一)设施农用地

一般耕地新增破坏耕作层的养殖设施应符合相关标准并获批。对于已存在的农业设施，可充分利用现有装置，如温室大棚等，打造农产品采摘体验园，丰富产业多样性，增强游客游览体验感和互动感。

(二)坑塘水面

耕地内坑塘水体不仅起到了景观作用，还兼具农业灌溉、防洪抗旱、保土固沙、净化水质等功能，是应对农业自然灾害的重要保障和维持生物多样性、农业系统稳定的重要构成。因此，对坑塘水体的疏浚应与园区内整体风貌相统一，保持原有水体形状、面积不变，同时兼具功能性，满足农业生产与灾害防治的需求。鼓励生态式驳岸，减少硬质化设施，可在不破坏耕作层的前提下适当安置部分不破坏耕作层的绿色基础设施，例如架空木栈道、亲水平台等，打造安全环保的亲水空间，还可通过种植具有一定经济效益和观赏价值的水生蔬菜(如莲藕、慈姑、茭白、水芹等)，打造田园化滨水景观，保护坑塘水面生态环境。

(三)农村道路

对农村道路的开发应遵守“因地制宜、生态优先、安全联通、经济合理”的原则，确保建设与养护并行。2017 年《土地利用现状分类》标准规定，农村道路宽度不得超过 8 m，在对道路进行拓宽时，不得占用基本农田，也应尽量减少硬质铺装，避免对耕作层的破坏。农业公园作为以农业景观为主要观赏景观的旅游场所，设计时应以农业生产和观光旅游为主要目的，同时兼顾生态效益。因此，道路的铺装在满足需求的基础上可采用经济、环保、透水性强的乡土材料，与周边环境相协调，大面积农业景观内部可穿插架空式木栈道，使游客近距离感受乡村田园风光，同时避免对耕地原有耕作层造成破坏。

第七节　生态保护规划

农业公园生态保护规划就是针对目前存在的生态环境问题和预测未来可能出现的生态环境问题制定环境保护方案和技术措施，维护农业公园良好的生态环境，实现社会经济和自然生态的可持续发展。

目前，休闲农业项目存在很多生态问题，如施用农药和除草剂过量导致生态失衡和农产品农药残留超标，造成食品安全问题，直接影响人类的健康。

农业公园针对以上生态安全问题应采用相应的对策和措施，例如：逐步减少农药和除草剂的使用量，推广使用低毒无残留的生物农药，大力推广机械和物理方法除草，积极采用生物防治的方法防治农作物病虫害；科学配方使用化肥，积极培育绿肥，大力使用有机肥，依据作物不同生育期对养分的需要精准施肥；对于工矿产生的有害物质进行严格控制，杜绝向外扩散，加强源头治理；严格控制大规模养殖，在允许的区域按适度规模发展养殖业，加强禽畜粪便的资源化利用，严格禁止直排、就地处理，鼓励实现零排放；加强白色垃圾的回收利用，及时处理地膜、泡沫、塑料包装等材料，避免农村白色污染泛滥；禁止焚烧秸秆，大力推广秸秆还田、饲料、堆肥、沼气等利用方式；降低农村水体饲养密度，提高水产品质量，防止水体富营养化；定期清除池塘等水体的淤泥，提高蓄水能力，疏通河道，减轻水旱灾害发生。

第八节　其他配套规划

一、水景观规划

乡村水景观指的是液态水在乡村表现和存在的形态，有静态水景观和动态水景观之分，有永久性水景观和季节性水景观之分。永久性乡村水景观指的是湖泊、水库、大坝、池塘、河流、溪流、叠水和瀑布，季节性乡村水景观主要指的是灌排水沟渠和水田耕地，它们有的是天然形成的，有的是人工修建的，共同构成了乡村水系统，同时也形成了乡村水景观。乡村水系统具有蓄水、灌溉、排水、泄洪、生活饮用、水产养殖、能源发电和调节小气候等生产、生活和生态功能，时时刻刻都在发挥作用。水是生命之源，是农业的命脉，万物生长离不开水；同时水又是灾害之源，水过多、水过少和水污染都会带来水生态安全问题。因此，保障水的时空分布均匀和水质良好是维持农业公园水生态系统的前提和基础，为了维持水循环安全，人类社会一直在进行着理水和治水等工作，该类工作对促进社会经济和自然生态的可持续发展发挥了重要作用。

1. 水景观现状调查与分析

农业公园区域乡村水景观现状调查的内容主要是水景观类型与分布、面积大小与容量、形态、特征、结构特点和功能作用等，调查之后再针对水景观存在的问题进行分析。

中国乡村中的大湖、大江和大河的形成与自然地理和水文环境有着密切的关系，其形态演变受人类生产活动和水文环境变化的影响，如河流改造、开挖运河和围湖造田等就是人类干预水景观形态和水系统结构的改造和建设活动。农田灌溉、发电和养殖用的水库，人工修建的大坝和池塘在人类社会的发展中发挥了重要作用；灌排水渠和农田是农耕文化传承的载体，它们与农业社会的发展息息相关。区域乡村的生态安全依赖于水系统功能的正常发挥，任何有损于水系统结构的不良因素都将影响水系统功能。近年来，区域乡村水系统由于维护与管理不到位出现了功能退化的现象，如水库、池塘和沟渠泥沙淤积较为严重，蓄排水能力受到严重影响，尤其是南方地区容易频繁发生雨多则洪、雨少则旱的水旱灾害，很多地区因水系统结构受损出现了较严重的生态安全问题。恢复和提高乡村水系统的蓄水容量和排水能力迫在眉睫，必须严格制止影响水系统结构的破坏性活动。

区域乡村水景观的类型、规模大小、形态结构和功能特性也必须进行实地调查，明确各类水景观在乡村水系统中的功能和作用。依据调查的结果，有针对性地制定保护和建设措施，以保障乡村水系统功能的正常发挥。乡村水景观除生产、生活和生态功能外，它们作为一种重要的乡村景观类型，在视觉景观上是游客重要的审美对象，其视觉效果至关重要，在分析时必须做出适宜的评价，并提出在视觉景观上提质的技术措施与方法。

区域乡村水景观自身安全和受其影响的区域生态安全也是必须调研的一个重要问题。水景观系统在区域乡村生态系统中的作用和地位，以及其存在的价值，在实地调查之后应进行评估分析，并明确水景观与其他生态因素之间的关系，以系统理论为指导，从整体生态安全的角度和要求，有针对性地协调和优化水系统结构和功能。

区域乡村各类水景观中的水质状况对水系统生态安全也有极其重要的影响，不仅影响水景观的视觉和嗅觉，而且还影响水域生态的平衡，进而影响区域生态安全。调查中最重要的是找到污染源或非理性的影响活动，强化源头治理，有针对性地制定治理技术措施。

2. 水景观保护、维护和建设

农业公园区域乡村水景观分天然水景观和人工水景观两大类。天然水景观属保护的对象，一般不允许人工干预。保护措施主要是维持其自然状态，保持其自然属性，维护其自然生态过程。在水域以外的相邻区域，国家规定了一定的保护范围，并立法保护天然水景观。为了保持区域水生态系统的完整性，国家采取了退耕还湖等技术措施，对天然湖泊的生态恢复发挥了积极作用。对于大型的水库、大坝，国家制定了禁止规模水产养殖和沿岸一定区域禁止畜禽规模养殖的相关保护法规，并正在严格执行。尤其是饮用水源的保护更加严格，同时还严格控制在水域周边开展建设活动，严格保护植被，防止水土流失，全面落实水域保护措施，有效地保障了水系统生态安全。水景观保护并非局限于国家设立的保护区内，必须对乡村所有的水景观进行保护，以保持区域乡村完整的水生态系统。区域水生态系统是一个相对独立且开放的系统，水生态系统都已融入区域整体生态系统之中，在对水景观保护的过程中，我们必须明确水景观与其他生态要素之间的关系，运用联系和局部服从整体的观点制定保护措施。

乡村水景观维护是针对水景观出现的形态和结构上的问题进行日常维修和护理，使其保持水系统功能。水景观设施在使用过程中，由于多种原因可能出现形态和结构损坏而导致功能退化，如池塘和沟渠已出现泥沙淤积的现象，需要采取定期清淤措施，土塘堤受水侵蚀必须定期采取加固措施。水景观维护就在于及时发现问题并及时有针对性地采取措施，以保障乡村水景观功能的正常发挥。

乡村水景观建设包括改造建设和新建设。改造建设是对原有的水景观不适宜部分进行改造和不完善的部分进行扩建，前提是以原有水景观为基础，改造建设是对原有水景观进行形态结构和功能上的优化，使其能更好地发挥作用，或增加配套设施和环境景观，使其在功能上更加完善，在景观效果上有更大的提升。新建设乡村水景观是针对区域乡村产业发展的需要，依据水资源条件，创造新的水体景观，从而大幅度改变区域乡村水景观形态，如：将低产低洼的非基本农田开挖成大的人工湖，形成新的区域乡村水景观；将季节性水田景观由水稻改为荷花，使之成为永久性的乡村水景观；在修建大坝后将河流水景观的流动水景观变成动态水景观和瀑布或叠水水景观。在原有水体景观中增设音乐喷泉等水景观，也是乡村水景观新建项目。

二、给排水设施规划

农业公园给水排水规划，包括现状分析、给水排水量预测、水源地选择与配套设施、给水排水系统组织、污染源预测及污水处理措施、工程投资匡算等方面。

（一）给水规划

农业公园给水规划应根据其总体规划中农业公园内部游览区、接待区、生活区、生产区统一安排的原则，确定农业公园给水方案，为给水工程设计提供指导原则及基础资料。

1. 农业公园给水管网布置

(1)针对用水区分散的特点，可采用分区分层就近供水的方法，布置供水管网。

(2)对用水量集中的旅游接待中心，可设隐蔽性水厂，同时应尽量避免在缺水区域设置用水量集中、用水量大的旅游接待等服务设施。

(3)对高山水资源缺乏区，可建蓄积雨雪水的高山蓄水库，利用地形修建高位水池。

(4)管网布置应尽量布置在整个给水区域内，无论是正常工作还是局部管网发生故障时都应保障不中断供水。

(5)干管一般沿规划道路布置，管线应符合管线综合设计的要求。

2. 用水量估算

居民：居民数×单位规模[75～100 L/(人·d)]

内宾：内宾数×单位规模[100～150 L/(人·d)]

外宾：外宾数×单位规模[150～300 L/(人·d)]

当日游客：当日游客数×1/3×单位规模[100～150 L/(人·d)]

消防用水：每 5 000 m^3 的建筑体积 5 L/s

休养所：人数×单位规模[100～150 L/(人·d)]

疗养院：居民数×单位规模[75～200 L/(人·d)]

苗圃用水：[7.5～15 $m^3/(hm^2 \cdot d)$]

（二）排水规划

农业公园排水规划主要是排放生活污水及天然降水两大体系，其主要任务是估算各规划期雨水、污水的排放量，拟定雨水、污水排放方式，布置排水管网，研究污水处理方法及其设施的选择，并研究污水综合利用的可能性。

1. 排放体制

农业公园排水体制一般采用雨水、污水分流制，散水、蓄水并重，综合治理。生活污水以散为主，借地势及管道分散排水，降水以蓄为主，因地制宜加以利用。

2. 污水量估算

生活污水量一般可采用与生活用水量相同的定额，计算公式为：

生活污水量＝规模数×单位指标

三、电力电信设施规划

电力电信设施规划包括电力规划和电信规划。

(一)电力规划

1. 规划内容

农业公园电力规划的主要任务是确定电源，布置电力网，决定电力网的电压等级，变电所的数量、容量和位置，电力网的走向，电力负荷的分布及最大负荷等。根据农业公园的供电现状及总体规划要求，提供不同的供电方案，进行技术经济比较，选定最佳方案。

2. 电力网线布置要求

(1)农业公园的高压线路架设既要考虑不破坏农业公园自然景观，要求尽量隐蔽，同时又要使供电安全经济。

(2)在地形复杂、施工及交通运输不便并影响景观的地段，要埋设电缆。

(3)在重要农业公园、景点的敏感区域可视范围内，为不影响景观环境气氛，供电线路均应设地下电缆。

(4)采用架空线与电力电缆相结合，并以架空线为主的网线布置方式。

(二)电信规划

农业公园电信规划基本要求如下。

(1)架空线路不得破坏自然景观及风景林木，架空线路与电缆埋设相结合。

(2)建立农业公园的对外通信网络，建设长途电话线路，安装电话终端机设备，开通国际及国内电话业务，确保农业公园的邮政、电信、电传及电视服务配套，保证国内、国外的通信畅通。

(3)建立农业公园内部通信网络，对较远的景点及接待点的通信，要求采用超短波调频无线电话，配套选择呼叫器，使整个农业公园组成超短波无线电通信网络。

(4)为适应科学先进的管理方法，在农业公园内部可设计算机终端中心，进行控制及管理。

农业公园内供水、供电及床位用地标准，应在表 8-1 中选用，并以下限标准为主。

表 8-1　供水供电及床位用地标准

类别	供电/(W/床)	供水/[L/(床·d)]	用地/(m^2/床)	备注
简易旅宿点	50～100	50～100	50 以下	公用卫生间
一般旅馆	100～200	100～200	50～100	六级旅馆
中级旅馆	200～400	200～400	100～200	四、五级旅馆
高级旅馆	400～1 000	400～500	200～300	二、三级旅馆
豪华旅馆	1 000 以上	500 以上	300 以上	一级旅馆
居　民	100～500	60～150	50～150	
散　客		10～30		

四、住宿设施规划

在住宿设施规划方面，主要包括以下几个方面的工作。

（一）床位规划

床位预测是住宿设施规划的重要方面。因此，必须严格限定其规模和标准，做到定性、定量、定位、定用地范围，确保预测的科学性和可操作性。床位预测一般采用如下公式进行计算：

床位数＝（平均停留天数×年住宿人数）/（年旅游天数×床位利用率）

式中4项指标值的选取要考虑到如下两个因素：第一，农业公园不同，取值也不同；第二，规划期段不同，取值也不同。

在床位规划时，还要考虑到与此有关的两个预测性规划：一个是客房数的预测，另一个是直接服务人员数的估算。

1. 客房数预测

标准间的数量为总床位数与2的商。在双人间的基础上，也设一些自然单间，以满足个别旅游者的特殊需求，数量一般为双人间总客房的10%～15%。客房的计算方法：

$$总房间数\ M=B/2+(B/2\times 10\%)-(B/2\times 2.5\%)$$

式中：B为床位数，10%为自然单间所占比例，2.5%为自然单间重复数比例。

2. 直接服务人员数估算

直接服务人员数的估算以床位数为基础，根据农业公园游客的实际情况选取相应的比例系数进行测度。

直接服务人员数＝床位数×直接服务人员与床位数的比例

这个比例从国际上来看，一般为1∶1左右，在中国的具体国情下，这个比例要低得多，一般从1∶2至1∶10不等。农业公园等级不同，所取比例不同；设施档次不同，所取比例也不同。等级越高，档次越高，比例也相应越高。

（二）档次规划

档次规划包括住宿设施的等级定位和相互间比例关系的确定。住宿设施根据设施及服务的完备度，可分为星级宾馆饭店、非星级宾馆饭店、一般招待所及社会旅馆和家庭旅馆等。总的要求是控制规模，尽量少建和不建超豪华型的宾馆饭店，要以能接近当地自然和文化的普通型住宿设施为主，主要是在服务档次上加以改善提高。

（三）择址规划

择址包括两个不同的层次：第一个层次是在大的区域内的择址，需要从全农业公园范围乃至农业公园所在区域范围进行全盘考虑，从而选出一个大致的地理位置。第二个层次是具体位置的选择，在第一个层次的基础上，确定具体的位置、建筑风貌控制和面积大小等。

以上两个层次的择址中，都要考虑到相应的档次适应关系，这一点需与上面的档次规划相协调。根据《风景名胜区规划规范》(GB/T 50298—2018)的要求,各档次的住宿设施在择址上有着相应的要求(表 8-2)。

表 8-2　住宿设施的等级择址

设施项目	服务部	旅游点	旅游村	旅游镇	旅游城	备注
简易旅宿点	×	▲	▲	▲	▲	包括野营点、公用卫生间
一般旅馆	×	△	▲	▲	▲	六级旅馆、团体旅舍
中级旅馆	×	×	▲	▲	▲	四、五级旅馆
高级旅馆	×	×	△	△	▲	二、二级旅馆
豪华旅馆	×	×	△	△	△	一级旅馆

限定说明:禁止设置×;可以设置△;应该设置▲。

五、餐饮设施规划

餐饮设施常见的可归为几种类型:第一,在著名的地方供应的传统食品餐饮店;第二,价格低廉、临时搭建的食摊;第三,在国际化、非个性化地带供应的快餐服务点;第四,精致的大型宴会餐厅;第五,销售汉堡包、三明治一类的快餐便食柜台。饮食服务设施通常布置在游览起始点、途中及目的地,中间也可间隔地设置一些零散的饮食点。根据国家《风景名胜区规划规范》,餐饮设施在选址上有着相应的要求(表 8-3)。

表 8-3　餐饮设施的等级择址

设施项目	服务部	旅游点	旅游村	旅游镇	旅游城	备注
饮食点	▲	▲	▲	▲	▲	冷热饮料、乳品、面包、糕点、糖果
饮食店	△	▲	▲	▲	▲	包括快餐、小吃、野餐烧烤点
一般餐厅	×	△	△	▲	▲	饭馆、饭铺、食堂
中级餐厅	×	×	△	△	▲	有停车车位
高级餐厅	×	×	△	△	▲	有停车车位

限定说明:禁止设置×;可以设置△;应该设置▲。

六、娱乐设施规划

娱乐设施有时作为农业公园的一个组成部分而存在和发展,但有时则是农业公园的主要吸引物,如大型的主题游乐园就属于此类。这里主要指的是一般性农业公园娱乐设施的规划。在进行娱乐设施的规划时需要考虑以下因素。

1. 娱乐场所的选址应该考虑到社会条件的限制

从大的范围来看,娱乐设施的等级应该与农业公园的地位相映衬,如文博展览类的设施在一个小的服务部内就不能设立,但在旅游镇和旅游城里则应该布局(表 8-4)。从小的范围来看，学校、医院、机关等附近则不能布局各类型的娱乐设施。

表 8-4 娱乐设施的等级择址

设施项目	服务部	旅游点	旅游村	旅游镇	旅游城	备注
文博展览	×	△	△	▲	▲	文化馆、图书馆、博物馆、科技馆、展览馆等
艺术表演	×	△	△	▲	▲	影剧院、音乐厅、杂技场、表演场
游戏娱乐	×	×	△	△	▲	游乐场、歌舞厅、俱乐部、活动中心
体育运动	×	×	△	△	△	室内外各类体育运动健身竞赛场地
其他游娱文体	×	×	×	△	△	其他游娱文体台站团体训练基地

限定说明：禁止设置×；可以设置△；应该设置▲。

2. 有与其提供的娱乐项目相适应的场地和器材设备

这些场地和设备要达到国家规定的标准和要求，如歌舞厅内的灯光照明标准。这些设备所产生的噪声必须符合国家的管理规定。其次，场地与设备应与娱乐项目相配套，以农业公园的文化底蕴为基础。

3. 注重娱乐氛围的营造

要考虑到不同客源市场对娱乐的环境有不同的需求，例如：美国游客喜欢“3D”（即 Dine、Drink、Dance，所谓的边吃、边喝、边跳舞）；中国人表现的则是“3C”（Cheers、Chat、Chow）特征，就是在喝酒、聊天和用餐过程中制造热闹场面。

七、旅游服务设施规划

运转良好的基础设施综合体系是形成旅游规模市场的保障条件。旅游服务设施规划的实现，也需要有相应的基础设施的支撑。如果旅游客流规模发展到占本地人口的一定比例，为了支持旅游的进一步发展，则通常需要重新调配资源（容量）、合理调整布局，改善基础设施水平。初次开发的农业公园，更是离不开基础设施的规划。为了支持大规模的旅游客流，接待地必须具备相当完善的基础设施，它们主要包括给水工程、污水工程、水利工程、供电工程、电信工程、供热工程和燃气工程。

农业公园服务设施是指为旅游观光者的游憩、观光以外的活动提供服务所须凭借的物质条件，是保证旅游观光者在农业公园中所需的食、住、购等方面需求的基础。旅游服务设施通常在旅游开发投资中占很大的比重，规划建设不当会浪费巨额资金，对生态环境和视觉环境产生严重污染。合理的旅游服务设施规划安排，则有利于优化产品、保护环境。

旅游服务设施规划是根据旅游接待体系规划所提出的要求，进一步确定相应硬件设施的风格、面积、位置和用地，其内容主要涉及旅馆、餐馆、商业服务等硬件设施的建设安排。

旅游服务设施规划的任务，是在旅游接待体系规划的基础上，配合旅游路线组织的规划要求和土地开发、生态环境保护的要求，科学选址与合理安排服务设施，并为基础设施规划提供依据。

1. 旅游服务设施规划内容

旅游服务设施规划的主要内容应包括 3 个方面。第一，确定服务设施的等级与空间布局。如住宿设施要从农业公园规划和整体布局的角度研究旅馆选址、容积率、高度、级别、类型，购物设施（购物中心、商业网点、地方集市、农贸市场等）的空间布局。第二，估算服务设施（旅馆、餐馆、购物、会议展览、医疗保健、银行保险等）的建筑面积、用地规模。如度假村、公寓、旅馆要根据旅游规模预测确定旅馆床位数。餐饮设施（餐厅、酒吧、快餐厅、冷饮部、野炊地）要考虑：基于文化风格的餐饮类型配置（中、西餐）、基于地域的餐饮类型配置（菜系、菜谱）、基于消费档次的餐饮类型配置（中、高、低）、基于功能的餐饮类型的配置以及餐饮与农业公园的协调配置。第三，确定旅游服务设施的风格、特色、色彩等建设规定。旅游服务设施的规划，必须坚持特色原则与和谐统一原则。服务设施规划，一般主要控制大型服务设施。小型服务设施通常经营灵活性和流变性高，但它事关农业公园的整体形象，应通过规划采取必要的引导、控制措施，以确保整个农业公园特色鲜明、和谐统一。

2. 旅游服务设施规划原则

旅游服务设施是农业公园的有机组成部分，具体分为旅行、游览、饮食、购物、娱乐、保健和其他 7 类，由于游览设施是直接为游客服务的，因此游览设施配置的适当与否直接关系到游客旅游体验的好坏。因此，旅游服务设施配置应该遵循以下原则。①旅游服务设施的配置应根据农业公园的特征、功能、规模及游客结构来确定。此外，还应该考虑用地与环境等因素。②旅游服务设施的配备应与需求相对应。既要满足游客多层次的需求，还要适应农业公园设施管理的要求。此外，还要考虑必要的弹性和利用系数，合理地配备相应类型、级别规模的游览服务设施。③旅游服务设施布局应采取相对集中与适当分散相结合的原则，以方便游客，充分发挥设施效益，也便于经营和管理。

3. 旅游服务设施配置规划

从客源市场考虑，以散客为主，农业公园过夜游客不多；以休闲、观光、科普型产品为主，对服务设施要求适量、舒适、安全。①游客服务中心。设立游客服务中心，向游客提供农业公园宣传资料、相关书籍、光碟、明信片等；互联网的网上服务加以深化，网络形象作为旅游形象的一部分得到重点发展。②餐饮设施配备。为满足都市休闲与旅游餐饮服务需求，统一提供优质清洁、无污染的餐饮服务。除此之外，与农业公园环境结合适当发展农家乐、茶室等零星服务点。③购物设施配备。旅游购物不仅是增加旅游收入的一个主要途径，还可以增加农业公园的旅游吸引力。在各个出入口地段设置小卖店。在主要游览线路上适当布置旅游购物设施，包括固定店铺、小型购物摊点、流动摊点，以满足游客的购物需求，并且可与餐饮设施有机结合。④休闲娱乐设施配备。以都市休闲为主的场所，可以配套布局一些休闲娱乐设施，包括露天剧场。⑤景点旅游服务设施。包括电话亭、小卖店、厕所、垃圾箱、指示牌、投诉中心等，这些设施一方面提供识别、依靠、洁净等物质功能，另一方面具有点缀、烘托、活跃环境气氛的功能。在规划和具体建设中要力求人工中见自然，与周围环境协调一致，给游客以舒适感。可在人流集中处设置垃圾箱，如在农业公园景点内的旅游服务接待和管理设施附近，主要游览场所、娱乐场所、主要游步道设独立的垃圾箱(游步道每 200 m 设一个垃圾箱)。在各农业公园入口处设立全景导游图，在道路交叉点设置旅游线路示意牌。在游道明显处设置造型美观的标牌，提醒游客注意安全、保护环境、防火和爱护树木等事项。在适当位置设置和周围环境相协调的生态厕所，厕所内部设施完善，卫生条件良好。⑥安全救护设施配备。为保护游客的安全，在农业公园内应该设立一定的安全救护设施，包括急救站、卫生所、治安办公室等。

第九章

农业公园规划后评价体系

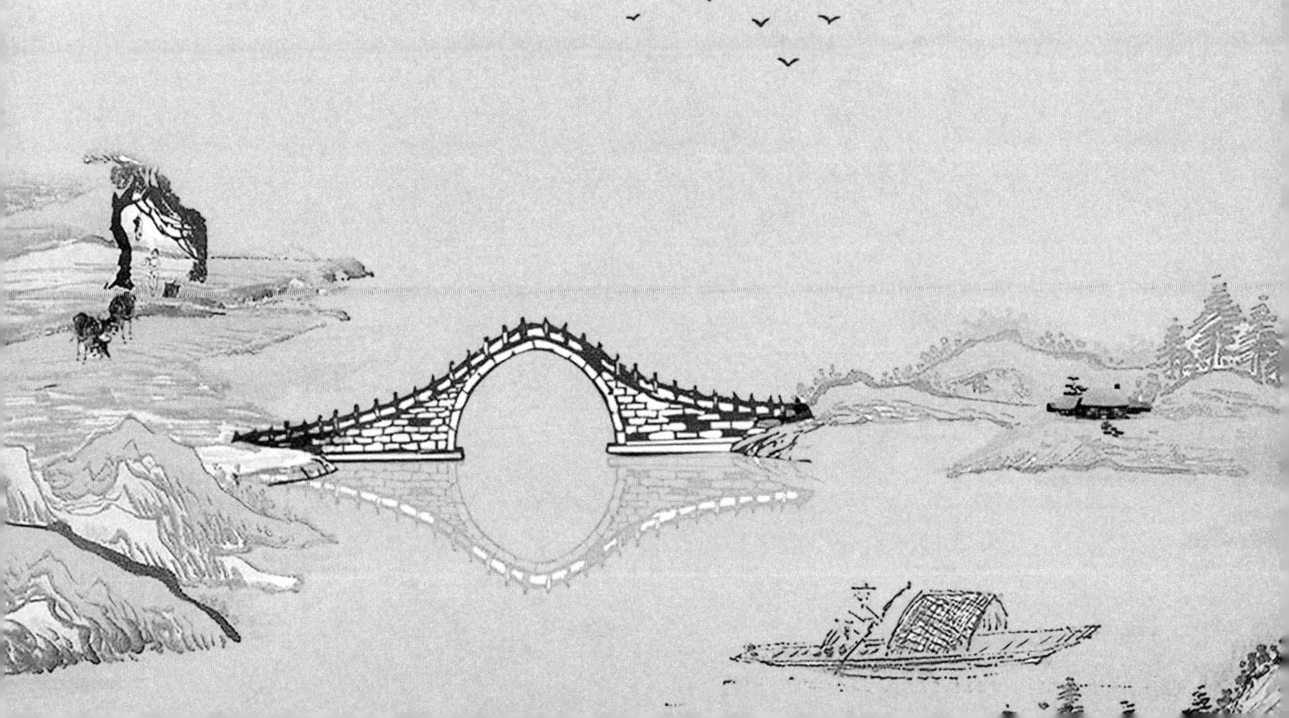

农业公园是中国乡村复合生态系统的一部分，包含自然、社会、经济子系统，子系统中包括多样的构成要素。农业公园规划后评价以系统论为重要的指导理论，在规划项目批复实施一个阶段以后，从实际出发，选取合理的评价指标，采用科学的评价方法对规划成果进行总结性评价，重点分析规划方案与实施建设情况的差距，研究造成问题的原因，提出规划调整的方向及有效的对策措施，为今后修编规划提出建议。

建立农业公园规划后评价体系，能促使管理者采用更多的手段来控制园区发展的方向，整体协调各要素之间的关系，对总体构架进行结构调整，最终促进农业公园自然、社会和经济复合生态系统的平衡和优化。

第一节　农业公园规划后评价体系的构建

一、农业公园规划后评价体系构建的原则和目的

（一）构建的原则

1. 科学性原则

评价指标必须具有科学性，评价的程序要公平合理。评价方法科学规范，评价结果才能真实、客观，因此，指标因子的选取要能够充分反映项目规划中的本质特征，同时指标含义明确，简便易测。

2. 系统性原则

系统论为研究提供了认识论基础，即整个农业公园是一个系统，必须遵循系统论的原理，用系统论的思维及方法来进行农业公园的规划和建设实践，以促进农业公园自然生态系统的平衡和社会经济系统的优化。评价指标尽可能全面完整，构建的评价指标系统能真实地反映农业公园规划和建设的主体要素，所设立的项目体系层次分明、逻辑关系明确。

3. 可操作性原则

主要从农业公园的规划和建设角度来进行考虑，选取的指标因子应能最终运用于实践，能落到实处，科学指导农业公园的规划和建设。各项指标的选择应易于在实际工作中实施，易操作易理解，具有普遍性。

4. 独立性原则

影响农业公园规划的自然生态和社会经济等方面的要素很多，选择指标时要充分考虑其代表性和独立性。既要避免信息覆盖不全的现象，又要避免为追求指标体系的完备性使指标体系太过复杂，应突出关键性指标。同时，这些指标应相互独立，不应存在相互替代、包含和交叉关系及大同小异的现象。

（二）构建的目的

（1）选取合理的评价指标，采用科学的评价方法对规划成果进行总结性评价，重点分析规划方案的策略和目标与实际开发建设情况的差距，研究造成问题的原因，发现问题、总结

经验，修正偏差，提出规划调整的方向及有效的对策措施，指导后期的规划修编工作。

(2)为已建成的农业休闲园、示范园、科技园、农业小镇、示范村等乡村休闲项目提供开发和建设思路，确定开发建设过程中的轻重缓急，做到分步开发和有序实施，为园区经营者和管理者提供决策指导和管理依据。

(3)对已建成的全国范围内的休闲农业项目、新农村建设项目或与农业产业相结合的乡村旅游景区进行综合评级，达到“一般等级”的可将其视为“农业公园”范畴。

二、评价体系的构建流程

(一)评价体系的建立

对于休闲农业项目类型的评价体系构建，不同专家学者从各种角度提出了研究见解。

本书根据文献资料所研究的内容以及中华人民共和国国家标准《旅游资源分类、调查与评价》(GB/T 18972—2017)，针对中国农业公园规划和建设过程中的具体情况，向业内专家进行咨询，确定基础指标因子。对指标因子进行归纳、整理和分类，确定评价因子的最具相关性，拟定农业公园规划后评价体系的预选指标系统，将农业公园规划后评价体系要素指标系统分为3个层次，包括1个总体目标(总目标层A层)，4个二级指标(系统层B层)，38个三级指标(指标层C层)(表9-1，表9-2)。

表9-1　农业公园规划后评价模型指标

目标层A	系统	二级指标B	三级指标C
农业公园规划后评价	自然生态系统要素	乡村优美度	山林美景度
			地貌美景度
			水域优美度
			民居聚落美景
			选址布局科学
			景观层次
			色彩丰度
			季相变化
		生态安全性	物种多样性
			物种丰富度
			景观格局优化
			生产方式丰度
			空气清新度
			气候适宜度
			水体清洁度
			农业生态安全
			植物配置合理
			水土保持功能

续表9-1

目标层 A	系统	二级指标 B	三级指标 C
农业公园规划后评价	社会经济系统要素	人文情怀性	民俗风情独特
			农耕文化浓郁
			典故谚语传说
			品牌形象表达
			历史遗产传承
			科普教育活动
			饮食文化特色
			节令节庆特色
			民间工艺特色
			产品艺术性
		配套服务性	出行运载设施
			通信视信设施
			住宿接待设施
			餐饮服务设施
			农业科技示范
			旅游产品特色
			产业结构合理
			导游标识服务
			农业科技服务
			规划管理水平

表 9-2 评价标准

评价项目	评价内容
山林美景度	山林景观优美的程度
地貌美景度	地质地貌景观优美的程度
水域优美度	河流、池塘、水库、湖泊等景观清洁和优美的程度
民居聚落美景	人居原生态环境，包括民居、村寨、聚落、历史遗迹的风格和特色
选址布局科学	项目的选址、基本功能布局与立地环境的兼容与互补状况
景观层次	景观上下、内外、左右、远近配置的层次性
色彩丰度	园区自然、物质要素色彩的变化以及搭配的艺术效果
季相变化	植物在不同季节表现的外貌，生长过程中叶、花、果的形状和色彩随季节的变化
物种多样性	园区生物物种是否多样，群落的稳定性以及与环境的关系是否和谐
物种丰富度	园区物种类型的丰富程度

续表9-2

评价项目	评价内容
景观格局优化	自然景观、生产景观、人文景观等组合格局的完整性、渗透性及其生态适宜性；斑块、廊道利于物种的分布、游客通行、动植物迁移和传播的合理性；环境容量、生态容量、资源承载力等对人类活动干扰程度的控制性
生产方式丰度	生产方式的多样性。包括传统农业、现代农业等生产方式的丰富性，对地域特色的体现和对生态环境的影响
空气清新度	空气中负离子浓度高低以及空气的洁净度
气候适宜度	光照时间、温度、降水量等对人类以及动植物生产生活的适宜程度
水体清洁度	水体有机物的含量以及自我净化能力
农业生态安全	包括农业生产安全、食品安全和生物安全等内容。农业生态系统能够保持持续生产力，不对环境造成破坏和污染，并能生产出健康、绿色、安全的农产品
植物配置合理	乔、灌木的合理搭配以及与建筑、环境之间的配置
水土保持功能	对水资源、自然地形以及对原生性生境的保护、修复与利用
民俗风情独特	当地的风土民情和地方风情，包括音乐、舞蹈、壁画、雕塑艺术、生活习惯、节令节庆、民间工艺、村规民约等
农耕文化浓郁	长期的历史发展和农业生产过程中乡村生产、贸易、艺术和体育活动形成的文化景观和生产方式
典故谚语传说	长期的历史发展和农业生产过程中流传下来的典故、谚语、传说等
品牌形象表达	品牌形象明显、宣传力广、美誉度强
历史遗产传承	乡村历史遗产保护传承的措施、效应、成果和获得的荣誉等
科普教育活动	农业科技的推广、培训和宣传，农业新品种的培育和展示，高素质农业科技人才的培养，农业科技展示以及对青少年的示范
饮食文化特色	炊餐器具、食物原料、饮食品制作等方面的特色，以及饮食文化的宣扬和传承
节令节庆特色	以特定主题活动方式，形成约定俗成、世代相传的社会活动；举行节令节庆活动的吸引力和丰富性
民间工艺特色	反映不同时代、地域或民族对物体的加工过程
产品艺术性	农产品或其他旅游商品所具有的文化性和感染性
出行运载设施	从客源地到农业公园的容易程度以及园区内部交通的便利性
通信视信设施	交通、电信、视信设施的便利性
住宿接待设施	住宿设施的配置与特色
餐饮服务设施	餐饮设施的配置与特色
农业科技示范	农业科学技术的发展程度以及示范引领作用
旅游产品特色	旅游产品的生态性、文化性、艺术性以及购物场所的特色
产业结构合理	农业产业（农、林、牧、渔）及内部产业结构和谐发展，产业模式具有耦合性，生产的产品具有绿色性，产业经济组织形式先进，经济管理模式健全
导游标识服务	导游标识系统的完善性
农业科技服务	对农业新技术、新产品的推广、示范和培训
规划管理水平	项目的规划水平、园区管理模式、运行模式和服务理念

(二) 评价体系的修正

在初步确定了3个层次42项评价因子的基础上，向休闲农业规划和旅游规划等方面的20名专家及学者展开征询，通过对专家征询意见进行甄别和分析，对预选指标因子的重要程度进行进一步调整和修改，使评价指标体系的构建更趋于合理。其中，本着科学性、系统性及突出关键性指标的原则，咨询专家建议将“配套服务性”变更为“经济服务性”，“山林美景度”“地貌美景度”“水域优美度”归纳为“山水地貌美景”，“物种丰富度”“物种多样性”合并为“物种丰富多样”，“色彩丰度”与“季相变化”合并为“季相色彩变化”，“空气清新度”“气候适宜度”“水体清洁度”合并为“环保功能优化”，“典故谚语传说”“饮食文化特色”“民间工艺特色”“节令节庆特色”“民俗风情独特”“农耕文化浓郁”合并为“民俗文化特色”，“出行运载设施”“通信视信设施”“导游标识服务”“住宿接待设施”“餐饮服务设施”合并为“配套服务特色”。部分指标有相互包含的内容，需要对这些指标进行合并，如“植物配置合理”与“景观格局优化”有相契合的方面，将其合并到“景观格局优化”。同理，咨询专家建议将“水土保持功能”合并到“环保功能优化”，“产品艺术性”归纳到“品牌形象表达”，“配套服务性”中的“农业科技服务”合并到“人文情怀性”里的“科普教育活动”。“景观层次”与“景观格局优化”内涵重叠，咨询专家建议删除，增加“田园风光美景”，能更好地体现农业公园的特色。最后形成的三级指标因子包括山水地貌美景、田园风光美景、民居聚落美景、选址布局科学、季相色彩变化、物种丰富多样、农业生态安全、环保功能优化、景观格局优化、生产方式丰度、民俗文化特色、历史遗产传承、品牌形象表达、项目定位适宜、科普教育活动、配套服务特色、产业结构特色、农业科技示范、旅游产品特色和规划管理水平共20项(表9-3，表9-4)。

表9-3 修正后的农业公园规划后评价模型指标

目标层A	系统	二级指标B	三级指标C
农业公园规划后评价	自然生态系统要素	乡村优美度	山水地貌美景
			田园风光美景
			民居聚落美景
			选址布局科学
			季相色彩变化
		生态安全性	物种丰富多样
			农业生态安全
			环保功能优化
			景观格局优化
			生产方式丰度
	社会经济系统要素	人文情怀性	民俗文化特色
			历史遗产传承
			品牌形象表达
			项目定位适宜
			科普教育活动
		经济服务性	配套服务特色
			产业结构特色
			农业科技示范
			旅游产品特色
			规划管理水平

表 9-4 修正后的评价标准

评价项目	评价内容
山水地貌美景	吸引力较强的山林、水系美景和地貌美景
田园风光美景	吸引力较强的自然田园美景
民居聚落美景	人居原生态环境，包括民居、村寨、聚落、历史遗迹等的风格和特色
选址布局科学	项目选址和基本功能布局与立地环境的兼容与互补状况。项目的位置、坡度、坡向安排科学，土壤、植被资源条件优越
季相色彩变化	在各个季节的植物的外貌特征。植物不同季节的生长过程中，叶、花、果的形状和色彩随季节而变化，这些色彩对于人的思想活动和心理活动有很大的影响，能增强农业公园景观的艺术效果
物种丰富多样	园区物种的丰富程度和多样性
农业生态安全	包括农业生产安全、食品安全和生物安全等内容。农业生态系统能够保持持续生产力，不对环境造成破坏和污染，并能生产出健康、绿色、安全的农产品
环保功能优化	包括空气清新度、气候适宜度、水体清洁度，对水资源、自然地形以及对原生性生境的保护、修复与利用，环境容量不超标
景观格局优化	自然景观、生产景观、人文景观等组合格局的完整性、渗透性及生态适宜性；斑块、廊道利于物种的分布、游客通行、动植物迁移和传播的合理性；环境容量、生态容量、资源承载力等对人类活动干扰程度的控制性
生产方式丰度	生产方式的多样性。包括传统农业、现代农业等生产方式的丰富性，对地域特色的体现和对生态环境的影响
民俗文化特色	当地的风土民情和地方风情，包括音乐、舞蹈、壁画、雕塑、生活习惯、节令节庆、民间工艺、村规民约等
历史遗产传承	乡村历史遗产保护传承的措施、效应、成果和获得的荣誉等
品牌形象表达	品牌形象明显、宣传力度大、美誉度强
项目定位适宜	项目的战略定位、主题理念与项目的契合度
科普教育活动	农业科技的推广、培训和宣传，农业新品种的培育和展示，高素质农业科技人才的培养，农业科技展示以及对青少年的示范
配套服务特色	出行运载设施、通信视信设施和导游标识设施的优化；餐饮、住宿、娱乐休闲设施的特色
产业结构特色	农业产业（农林牧渔）及内部产业结构和谐，产业模式具有耦合性，生产的产品具有绿色性，产业经济组织形式先进，经济管理模式健全
农业科技示范	农业科学技术的发展程度以及示范引领作用
旅游产品特色	旅游产品的生态性、文化性、艺术性以及购物场所的特色
规划管理水平	项目的规划水平、园区管理模式、运行模式和服务理念

（三）评价体系权重的确定

参考《旅游资源分类、调查与评价》（GB/T 18972—2017），根据农业公园规划和建设过程中的具体情况，从资源和产业禀赋等方面将农业公园分为地文风貌型、农业生产型、艺术人文型以及复合型 4 种类型，对这 4 种类型的休闲农业项目进行规划后评价研究。

应用 AHP 法对指标体系进行权重赋值，将不同指标在体系内做出的贡献进行区分，从而让评价过程更具有科学性。采取专家咨询法，选取 20 名业内专家及学者作为调查对象，以发放 AHP 软件生成问卷的形式进行调查(附录 2)，对确定的指标体系分层次进行重要性的两两比较打分。采取 9 分标度法对各矩阵展开专家判断，构建 AHP 的判断矩阵，汇总有效专家意见组成总的判断矩阵，并通过一致性验算后，得出最终的指标权重。

(四)计算综合评价值

为了更加全面、客观、准确地对项目做出评价，需要对农业公园建设成果进行综合打分，邀请高校、规划设计院、当地政府部门的业内专家及学者对评价体系的指标因子进行打分，根据前面得到的各种类型农业公园的综合评价指标权重值，采用定性与定量相结合的模糊数学综合评价法，对农业公园规划后评价指标进行量化评分。

首先，制定评价指标的评价尺度(表 9-5)，每个评价因子均分为 5 个档次，其分值相应分为 5 档，同样由不少于 20 名业内专家及学者对每项因子按百分制打分，按评分表中的标准判断并进行取值。

其次，将评分结果进行统计，再按二级权重值计算实际得分，把各位专家所打实际分值加权平均后，进行综合评判和排序。计算各指标因子得分情况，通过将各指标的实际分值加权，并将得分与权重相乘，获取各指标因子的实际得分。将各指标因子得分进行加权后，得出各类型农业公园规划后评价指数。

采用下列计算公式计算各类型农业公园规划后评价体系得分，综合评分公式如下：

$$A=\sum_{i=1}^{n} a_i \times j_i$$

式中：A 为指标评分；a_i 为指标层第 i 个指标因子评分；j_i 为指标层第 i 个指标因子的权重值。

为便于比较，结合专家意见，将各类型农业公园规划后评价要素综合评定标准确定为 5 个档次：

分数在 0～19 分为规划设计(开发建设)水平非常低；

分数在 20～39 分为规划设计(开发建设)水平较低；

分数在 40～59 分为规划设计(开发建设)水平一般；

分数在 60～79 分为规划设计(开发建设)水平良好；

分数在 80～100 分为规划设计(开发建设)水平优秀。

表 9-5　指标评分标准

指标名称	评分等级				
	0～19	20～39	40～59	60～79	80～100
山水地貌美景	不优美	一般	较优美	很优美	极优美
田园风光美景	不优美	一般	较优美	很优美	极优美
民居聚落美景	特色不强	特色一般	特色较强	特色很强	特色极强

续表9-5

指标名称	评分等级				
	0～19	20～39	40～59	60～79	80～100
选址布局科学	不科学	一般	较科学	很科学	极科学
季相色彩变化	不明显	一般	较明显	很明显	极明显
物种丰富多样	不丰富	一般	较丰富	很丰富	极丰富
农业生态安全	不安全	一般	较安全	很安全	极安全
环保功能优化	不高	一般	较高	很高	极高
景观格局优化	不高	一般	较高	很高	极高
生产方式丰度	不丰富	一般	较丰富	丰富	极丰富
民俗文化特色	不独特	一般	较独特	很独特	极独特
历史遗产传承	不完整	一般	较完整	很完整	极完整
品牌形象表达	不能表达	一般表达	较能表达	很能表达	极能表达
项目定位适宜	不适宜	一般	较适宜	很适宜	极适宜
科普教育活动	不好	一般	较好	很好	极佳
配套服务特色	不强	一般	特色较强	特色很强	特色极强
产业结构特色	不强	一般	较强	很强	极强
农业科技示范	不强	一般	较强	很强	极强
旅游产品特色	不强	一般	较强	很强	极强
规划管理水平	不高	一般	较高	很高	极高

最后，根据评价结果，分析规划与建设方面存在的问题并提出改善意见，也可进一步完善评价体系，至此评价结束。

第二节　地文风貌型农业公园规划后评价

一、主要资源类型

地文风貌型农业公园的基本结构骨架由地文风貌景观构成。地文风貌景观是指在乡村范围内，地球内、外应力综合作用于地球岩石圈而形成的各种现象与事物的总称，包括山丘、谷地、滩地、岛区等综合类地文风貌景观，地质构造类地文景观，地貌过程类地文风貌景观，水文作用类自然景观，生物作用类地文风貌景观以及人为作用类地文风貌景观等类型（表9-6）。地文风貌型农业公园的资源要素以单体的形式，或以某种要素为主，辅以其他要素组合构成地文风貌型农业公园的旅游吸引物。

表 9-6　地文风貌型农业公园主要资源类型

主类	亚类	基本类型
综合类	综合自然旅游地	山丘型旅游地、谷地型旅游地、沙砾石地形旅游地、滩地型旅游地、岛区、奇异自然现象、自然标志地
地质构造类	构造形迹	断层景观、褶曲景观、节理景观
	沉积与地层	地层剖面、钙华与泉华、矿点矿脉与矿石积聚地、生物化石点
地貌过程类	侵蚀形态	峡谷段落、沟壑地、冰川侵蚀遗迹
	堆积形态	沙丘地、岸滩、冰川观光地、积雪地
	岩石形态	凸峰、独峰、峰丛、石林、奇特与象形山石、岩壁与岩缝、丹霞、雅丹、岩石洞与岩穴、堆石洞、岩礁
	灾变遗迹	泥石流遗迹、地震遗迹、火山与熔岩
水文作用类	水域形态	观光游憩河段、观光游憩湖区、沼泽与湿地、潭池、瀑布、泉、击浪现象、冰雪地
生物作用类	生物形态	林地、草地、花卉地、野生动物栖息地、植被垂直自然带谱
人为作用类	历史遗迹	古遗址、军事遗址
	建设工程	陷落地、建筑体、水利工程、交通设施

资料来源：参考《旅游资源分类、调查与评价》(GB/T 18972—2017)。

二、规划后评价模型研究

应用 AHP 法对地文风貌型农业公园规划指标体系进行权重赋值，选取 20 名业内专家及学者作为调查对象，对确定的指标分层次进行重要性的两两比较打分，采取 9 分标度法对各矩阵展开专家判断，构建 AHP 的判断矩阵，并通过一致性验算后，得出最终的指标权重（表 9-7）。

表 9-7　地文风貌型农业公园规划后评价模型权重

目标层 A	序号	二级指标 B	权重	序号	三级指标 C	权重值
地文风貌型农业公园规划后评价	B1	乡村优美度	0.437 7	C1	山水地貌美景	0.410 6
				C2	田园风光美景	0.339 4
				C3	民居聚落美景	0.096 1
				C4	选址布局科学	0.106 6
				C5	季相色彩变化	0.047 3
	B2	生态安全性	0.367 1	C6	物种丰富多样	0.354 5
				C7	农业生态安全	0.268 9
				C8	环保功能优化	0.179 8
				C9	景观格局优化	0.083 9
				C10	生产方式丰度	0.112 9

续表9-7

目标层 A	序号	二级指标 B	权重	序号	三级指标 C	权重值
地文风貌型农业公园规划后评价	B3	人文情怀性	0.105 9	C11	民俗文化特色	0.354 6
				C12	历史遗产传承	0.268 9
				C13	品牌形象表达	0.179 8
				C14	项目定位适宜	0.083 9
				C15	科普教育活动	0.112 8
	B4	经济服务性	0.089 3	C16	配套服务特色	0.188 7
				C17	产业结构特色	0.226 1
				C18	农业科技示范	0.297 3
				C19	旅游产品特色	0.099 2
				C20	规划管理水平	0.188 7

通过表 9-8 可知，地文风貌型农业公园项目规划后评价体系中，20 项评价指标的重要性排序为：

山水地貌美景＞景观格局优化＞物种丰富多样＞季相色彩变化＞历史遗产传承＞田园风光美景＞品牌形象表达＞民居聚落美景＞配套服务特色＞农业生态安全＞农业科技示范＞环保功能优化＞规划管理水平＞旅游产品特色＞产业结构特色＞民俗文化特色＞选址布局科学＞项目定位适宜＞科普教育活动＞生产方式丰度。将指标的权重值和评价量化值代入求和公式中，就能得到该项目的总得分。

表 9-8　地文风貌型农业公园规划后评价模型权重排序

序号	中间层要素	权重	序号	中间层要素	权重
C1	山水地貌美景	0.179 7	C11	民俗文化特色	0.013 3
C2	田园风光美景	0.057 8	C12	历史遗产传承	0.066 0
C3	民居聚落美景	0.042 1	C13	品牌形象表达	0.046 7
C4	选址布局科学	0.013 1	C14	项目定位适宜	0.012 7
C5	季相色彩变化	0.098 7	C15	科普教育活动	0.009 1
C6	物种丰富多样	0.130 2	C16	配套服务特色	0.041 4
C7	农业生态安全	0.030 8	C17	产业结构特色	0.016 9
C8	环保功能优化	0.020 7	C18	农业科技示范	0.026 6
C9	景观格局优化	0.148 6	C19	旅游产品特色	0.016 9
C10	生产方式丰度	0.008 9	C20	规划管理水平	0.020 2

三、案例分析——以靖霖生态农业休闲园为例

1. 园区概况

靖霖生态农业休闲园位于桂东县寨前镇，项目占地面积约 2 700 亩（180 hm^2），属于典型的山地地形，最低海拔为 824 m，最高海拔为 1 103 m。园区水源充足，水质良好，山高林密，风光秀丽，森林覆盖率达 80％以上，生态环境一流，气候宜人。靖霖生态农业休闲园项目定位在森林旅游和生态农业的综合开发上，坚持高起点、高标准，将项目建设成为集生态农业开发、农业技术推广、青少年科普教育、老年养生休闲、康体健身、森林度假、文化体验等功能于一体的生态休闲园区。到目前为止，土特产加工区、乡村淘宝等项目已完成，同时该项目已经纳入桂东县“十三五”规划。

2. 评价分析

在对农业公园规划后评价理论和模型研究的基础上，将上一节中得出的地文风貌型农业公园规划指标体系权重应用于实践，以便更加全面、客观、准确地对项目做出评价。选取笔者实践参与的规划项目——靖霖生态农业休闲园项目，邀请 20 名来自相关领域的专家或专业从业人员按照评价因子对建设情况进行打分，将打分的赋值代入公式，将各指标因子的得分进行加权后，也可以先将打分进行加权，再将加权平均值代入公式，得出项目的评价结果：靖霖生态农业休闲园项目指标得分结果 A 为 86 分，表明该项目规划水平优秀。

根据地文风貌型农业公园规划后评价体系的权重排序（表 9-8），可知“乡村优美度”比其他系统层项目更加重要，在项目规划与开发建设中应重点打造。该类农业公园的规划和建设重点是“山水地貌美景”“景观格局优化”“物种丰富多样”“季相色彩变化”等方面的提升和建设。根据专家对地文风貌型农业公园规划后评价要素的加权打分结果的分析，靖霖生态农业休闲园项目在“产业结构特色”“农业科技示范”“景观格局优化”“配套服务特色”等方面的得分不高，在规划修编和建设中有待改进。

第三节　农业生产型农业公园规划后评价

一、主要资源类型

农业生产型农业公园是指以农业生产资料和生产方式为基础，进行农、林、牧、副、渔业专类开发或者综合开发，同时突出农业生产过程的科普教育性。农业生产型农业公园主要包括农作物种植、林业种植，畜禽养殖，水产养殖以及农产品加工等方面的资源类型（表 9-9）。

表 9-9 农业生产型农业公园主要资源类型

类型	种类	种植(养殖)方式	生产(加工)环节	科普教育
农作物种植	水稻、玉米、高粱、萝卜、白菜、芹菜、韭菜、蒜、葱、胡萝卜、菜瓜、莲花菜、菊芋、刀豆、芫荽、莴笋、黄花、辣椒、黄瓜、香菜、枇杷、柚子、杨梅、黄金梨、草莓、葡萄、苹果、桃、杏、核桃、李、樱桃、黄皮、红枣、酸枣、野杏、毛桃、沙棘、南瓜、地瓜、竹笋、生菜、西红柿	带状耕作、保水耕作、联合耕作、精细耕作、免耕种植、秸秆还田耕作、刀耕火种、游耕法耕作、砍烧法耕作、等高耕作、沟垄耕作、残茬覆盖耕作、人工直播、机器直播、撒播、条播、育苗移栽、单作、复种	选种、浸种、播种、育苗、移栽、土壤耕作、育种栽培、压蔓、灌溉、整枝、施肥、培土、松土、除草、防病、治虫、浇水、采摘、保鲜、储藏	作物的食用、药用、观赏价值;蕴含作物文化哲理的传说、歌谣、农谚、戏剧、习俗等
林业种植	垂柳、旱柳、水杉、美国红枫、枫杨、高秆女贞、构树、杉木、枸骨、鸟不宿、猫儿刺、冬青、冷杉、金丝楠木、油桐	植苗造林、分殖造林、插条造林、埋条造林、分蘖造林、分根造林、穴植法、楔形栽植		树木的观赏价值、经济价值;蕴含树木文化哲理的传说、歌谣、农谚、戏剧、习俗等
畜禽养殖	鸡、鸭、鹅、鸳鸯、鸽子、鹦鹉、鸵鸟、鸬鹚、马、驴、骡子、牛、狗、猪、羊、骆驼、家兔、猫、狗	放养、圈养、机械化饲养、笼养		与畜禽有关的生产生活方式、文化习俗,如祭驼习俗、羊肉的方法、特色,手抓羊肉的做法等
水产养殖	泥鳅、河豚、乌龟、小黄鱼、带鱼、马鲛鱼、鲳鱼、沙丁鱼、海鳗、金线鱼、石斑鱼、青鱼、鲢鱼、草鱼、鳙鱼、鲤鱼、鳊鱼、鲫鱼、鳜鱼	网箱养殖(固定式网箱、浮动式网箱、下沉式网箱)、稻田养殖、池塘养殖、河流湖泊养殖、浅海养殖	网箱、人工授精、垂直洄游、定置渔具捕捞、产卵场、索饵场、越冬场、渔场、鱼泵、渔网、鱼栅、渔用纸、夜钓、上层鱼类、底层鱼类	与水产以及养殖有关的生产生活方式、文化习俗、农谚、戏剧等
农产品加工	打鱼丸、酿造米酒、制作粉皮、做包子、包饺子、擀面条、炸馓子、炸麻圆、包粽子、打年糕、做米果、熬糖、磨豆腐、水果罐头加工、腌肉	加工设备:保鲜设备、储藏设备、加工设备、灌装设备、饲料加工设备、食品加工设备、传统设备、现代化设备等	干燥贮藏、低温贮藏、渣磨、心磨、表面汽化、水分转移、预干燥、主干燥、醒面、冲印成型、辊印成型	与农产品加工有关的生产生活方式、文化习俗等,如北方磨面,南方碾米、舂米等习俗

二、规划后评价模型研究

应用 AHP 法对农业生产型农业公园规划指标体系进行权重赋值，选取 20 名业内专家及学者作为调查对象，对确定的指标分层次进行重要性的两两比较打分，采取 9 分标度法对各矩阵展开专家判断，构建 AHP 的判断矩阵，并通过一致性验算后，得出最终的指标权重（表 9-10）。

9-10　农业生产型农业公园规划后评价模型权重

目标层 A	序号	系统层 B	权重	序号	指标层 C	权重
农业生产型农业公园规划后评价	B1	乡村优美度	0.200 1	C1	山水地貌美景	0.269 8
				C2	田园风光美景	0.072 4
				C3	民居聚落美景	0.160 0
				C4	选址布局科学	0.165 8
				C5	季相色彩变化	0.332 0
	B2	生态安全性	0.371 4	C6	物种丰富多样	0.286 0
				C7	农业生态安全	0.117 1
				C8	环保功能优化	0.158 9
				C9	景观格局优化	0.182 8
				C10	生产方式丰度	0.255 2
	B3	人文情怀性	0.297 5	C11	民俗文化特色	0.242 9
				C12	历史遗产传承	0.183 7
				C13	品牌形象表达	0.113 6
				C14	项目定位适宜	0.165 0
				C15	科普教育活动	0.294 8
	B4	经济服务性	0.131 0	C16	配套服务特色	0.242 9
				C17	产业结构特色	0.091 3
				C18	农业科技示范	0.241 4
				C19	旅游产品特色	0.198 6
				C20	规划管理水平	0.225 8

通过表 9-11 可知，农业生产型农业公园规划后评价体系中，20 项评价指标的重要性排序为：

田园风光美景＞生产方式丰度＞农业科技示范＞农业生态安全＞物种丰富多样＞民居聚落美景＞品牌形象表达＞环保功能优化＞科普教育活动＞季相色彩变化＞民俗文化特色＞景观格局优化＞项目定位适宜＞产业结构特色＞选址布局科学＞配套服务特色＞旅游产品特色＞规划管理水平＞历史遗产传承＞山水地貌美景。将指标的权重值和评价量化值代入到求和公式中，就能得到该项目的总得分。

表 9-11　农业生产型农业公园规划后评价模型权重排序

序号	指标层	权重	序号	指标层	权重
C1	山水地貌美景	0.012 0	C11	民俗文化特色	0.043 5
C2	田园风光美景	0.106 2	C12	历史遗产传承	0.014 5
C3	民居聚落美景	0.066 4	C13	品牌形象表达	0.059 0
C4	选址布局科学	0.032 0	C14	项目定位适宜	0.033 5
C5	季相色彩变化	0.049 1	C15	科普教育活动	0.054 0
C6	物种丰富多样	0.067 9	C16	配套服务特色	0.031 6
C7	农业生态安全	0.072 3	C17	产业结构特色	0.033 2
C8	环保功能优化	0.054 6	C18	农业科技示范	0.087 7
C9	景观格局优化	0.033 8	C19	旅游产品特色	0.027 9
C10	生产方式丰度	0.094 8	C20	规划管理水平	0.026 0

三、案例研究——以湖南福尚生态农业公园为例

1. 园区概况

福尚生态农业公园地处长沙县双江镇，用地现状主要为荒山荒土和部分不好耕种的叉冲旱地旱田，根据地形、山地朝向和土壤资源等特点，将园区分为入口服务区、科研培训区、生态养殖区、特菜种植区和果园采摘区 5 个功能区。规划思路是以生物多样性理论为指导，对荒山荒土和叉冲旱地旱田进行改造，布置适宜的农业生产项目，形成生态循环产业，将园区建设成为农、林、牧、渔、旅立体发展的综合园区。如今，湖南福尚生态农业公园以开发安全无污染的有机绿色农产品为卖点，产生了良好的经济和社会效益。

2. 评价分析

在对农业公园规划后评价理论和模型研究的基础上，将上一节中得出的农业生产型农业公园规划指标体系权重(表 9-10)应用于实践，选取笔者实践参与的规划项目——福尚生态农业公园项目，邀请 20 名来自相关领域的专家或专业从业人员按照评价因子对项目建设情况进行打分，先将打分进行加权，再将加权平均值代入公式，得出项目的评价结果：福尚生态农业公园项目得分结果 A 为 78 分，表明该项目建设水平良好。

根据农业生产型农业公园规划后评价体系的权重排序(表 9-11)，可知“生态安全性”比其他系统层项目更加重要，在项目开发建设中应重点打造。该类农业公园的建设重点是“田园风光美景”“生产方式丰度”“农业科技示范”“农业生态安全”。根据专家对农业生产型农业公园规划后评价要素的加权打分结果的分析，福尚生态农业公园在“品牌形象表达”“民俗文化特色”“配套服务特色”等方面的得分不高，在规划修编和建设中应加以改进。

第四节　艺术人文型农业公园规划后评价

一、主要资源分类

艺术人文型农业公园以中国乡村的历史文化、传统民俗、民居艺术、生活方式和非物质文化遗产等人文资源为主要吸引物，具有广泛的群众性基础和强烈的感染力。进行规划时必须挖掘地域优良的传统文化，突出表现具有地域特色的文化主题，同时不拒绝吸纳外来优秀的文化，形成丰富多彩的文化氛围，让城市居民到农村去体验农村的生活场景，感受具有地域特色的农耕文化，把优良的乡土文化传统发扬光大，并不断创造新的物质和精神文明，从而以农耕文化为核心推动农村旅游产业的发展。艺术人文型景观可归纳为文物景物景观、民俗风情景观、文学与艺术景观、宗教活动景观四大类（表 9-12）。

表 9-12　艺术人文型农业公园主要资源类型

类型	内容
文物景物景观	古民居、古建筑、古代园林、古墓、摩崖石刻、历史事件遗址和古代文化设施，以及古代经济、文化、科学、军事活动遗物、遗址和纪念物，现代的战场遗址、遗物、纪念物等
民俗风情景观	传统民居、传统聚落、各民族的饮食习俗、传统服饰、民间工艺品、婚丧习俗、民族歌舞和节庆活动等
文学与艺术景观	农谚、游记、风景诗词、楹联、题刻、神话传说、影视、戏曲、书法、绘画、雕塑等
宗教活动景观	土地庙、神像、寺庙、雕刻、石窟、碑、塔、壁画等

二、规划后评价模型研究

应用 AHP 法对艺术人文型农业公园规划指标体系进行权重赋值，选取 20 名业内专家及学者作为调查对象，对确定的指标分层次进行重要性的两两比较打分，采取 9 分标度法对各矩阵展开专家判断，构建 AHP 的判断矩阵，并通过一致性验算后，得出最终的指标权重（表 9-13）。

表 9-13　艺术人文型农业公园规划后评价指标

目标层 A	序号	系统层 B	权重	序号	指标层 C	权重值
艺术人文型农业公园规划后评价	B1	乡村优美度	0.342 9	C1	山水地貌美景	0.269 8
				C2	田园风光美景	0.111 8
				C3	民居聚落美景	0.166 5
				C4	选址布局科学	0.203 8
				C5	季相色彩变化	0.248 1

续表9-13

目标层 A	序号	系统层 B	权重	序号	指标层 C	权重值
艺术人文型农业公园规划后评价	B2	生态安全性	0.139 9	C6	物种丰富多样	0.284 3
				C7	农业生态安全	0.252 7
				C8	环保功能优化	0.129 6
				C9	景观格局优化	0.178 4
				C10	生产方式丰度	0.155 0
	B3	人文情怀性	0.373 4	C11	民俗文化特色	0.264 4
				C12	历史遗产传承	0.208 1
				C13	品牌形象表达	0.154 0
				C14	项目定位适宜	0.244 2
				C15	科普教育活动	0.129 3
	B4	经济服务性	0.143 8	C16	配套服务特色	0.195 3
				C17	产业结构特色	0.126 8
				C18	农业科技示范	0.248 4
				C19	旅游产品特色	0.229 2
				C20	规划管理水平	0.200 3

通过表 9-14 可知，艺术人文型农业公园规划后评价体系中，20 项评价指标的重要性排序为：

山水地貌美景＞民俗文化特色＞民居聚落美景＞历史遗产传承＞田园风光美景＞项目定位适宜＞季相色彩变化＞科普教育活动＞品牌形象表达＞物种丰富多样＞选址布局科学＞农业科技示范＞景观格局优化＞产业结构特色＞规划管理水平＞配套服务特色＞农业生态安全＞生产方式丰度＞旅游产品特色＞环保功能优化。

表 9-14 艺术人文型农业公园规划后评价模型权重排序

序号	指标层	权重	序号	指标层	权重
C1	山水地貌美景	0.098 7	C11	民俗文化特色	0.092 5
C2	田园风光美景	0.077 7	C12	历史遗产传承	0.085 1
C3	民居聚落美景	0.091 2	C13	品牌形象表达	0.048 3
C4	选址布局科学	0.038 3	C14	项目定位适宜	0.069 9
C5	季相色彩变化	0.057 5	C15	科普教育活动	0.057 1
C6	物种丰富多样	0.039 8	C16	配套服务特色	0.028 1
C7	农业生态安全	0.025 0	C17	产业结构特色	0.033 0
C8	环保功能优化	0.018 1	C18	农业科技示范	0.035 7
C9	景观格局优化	0.035 4	C19	旅游产品特色	0.018 3
C10	生产方式丰度	0.021 7	C20	规划管理水平	0.028 8

三、案例研究——以保靖县亨章村为例

1. 园区概况

亨章村位于保靖县普戎乡，距保靖县城约 25 km，具有历史悠久的土家文化和丰富多彩的民俗活动，如巴渝舞、茅古斯舞、铜铃舞等土家族歌舞以及一些特有的节庆、婚嫁活动，如团馓茶、打粑粑、吊脚楼、哭嫁、打镏子迎亲、拦门、哥背妹出嫁、丢筷子、退轿煞、抢火把等活动。项目规划和建设的总体目标是以浓郁的土家族民俗风情为突破口，将亨章村打造成集山水观光、民俗体验、户外运动、农业休闲、休闲度假为一体的特色乡村休闲度假区。到目前为止，亨章村正重点建设“一带五区”项目，即“七彩溪里”休闲观光带、“入口印象”游客综合服务区、“诗画田园”农耕文化体验区、“土风古韵”民俗风情度假区、“幽林野趣”山地运动休闲区和“茶果飘香”生态茶果生产区，部分功能区已建完，在 2016 年的中国生态文化高峰论坛开幕式上，亨章村跻身于“全国生态文化村”之列。

2. 评价分析

选取笔者实践参与过的项目——保靖县亨章村项目，邀请 20 名来自相关领域的专家或专业从业人员按照评价因子对规划方案和建设情况进行打分，先将打分进行加权，再将加权平均值代入公式(9-1)，得出项目的评价结果：保靖县亨章村项目得分结果 A 为 92 分，表明该项目规划和建设水平优秀。

根据艺术人文型农业公园规划后评价体系的权重排序(表 9-14)，可知“人文情怀性”比其他系统层项目更加重要，在项目规划与开发建设中应重点打造。该类农业公园的规划和建设重点是“山水地貌美景”“民俗文化特色”“民居聚落美景”“历史遗产传承”等方面的提升和建设。根据专家对艺术人文型农业公园规划后评价要素的加权打分结果的分析，保靖县亨章村项目在“景观格局优化”“科普教育活动”“民居聚落美景”等方面的得分不高，在以后的规划修编和项目建设中应重点考虑。

第五节　复合型农业公园规划后评价

一、主要资源分类

中国地大物博，由于地理、气候条件差异，不同的农业公园所具有的自然、物质、人文特征各有侧重，以上 3 种农业公园的分类就是由于其资源类型具有某一方面的典型特征。而在现实的休闲农业项目的开发建设中，许多的项目往往同时包含各种资源特点，是不同资源类型的集合体(表 9-15)，在规划和建设过程中应整合资源、突出特色。

表 9-15 复合型农业公园的主要资源构成

资源构成	主要内容
自然要素	是农业公园景观形成的基底和背景，由地貌、气候、水文、土壤、生物等要素组合的自然综合体，影响着农业公园的外部特征和内部结构
物质要素	是农业公园景观资源最基本的组成要素，包括被游客观察到的具体物质实体，如农作物、牲畜、林木、聚落、交通工具、人物、服饰等有形的物质；可以形成不同的农业休闲和乡村旅游资源类型，如田园风光、草原牧场、渔区景色、林区景观等
人文要素	不能被人们直接通过感官感知的无形的非物质成分，为农业公园景观资源的灵魂和精髓所在，如人们的思想意识、道德情操、价值观念、心理特征、思维方式、民族性格、风俗习惯、宗教信仰、政治观点等

资料来源：根据王云才等的《论中国乡村景观及乡村景观规划》整理。

二、规划后评价模型研究

应用 AHP 法对复合型农业公园规划指标体系进行权重赋值，选取 20 名业内专家及学者作为调查对象，对确定的指标分层次进行重要性的两两比较打分，采取 9 分标度法对各矩阵展开专家判断，构建 AHP 的判断矩阵，并通过一致性验算后，得出最终的指标权重（表 9-16）。

表 9-16 复合型农业公园规划后评价指标

目标层 A	序号	二级指标 B	权重	序号	三级指标 C	权重值
复合型农业公园规划后评价	B1	乡村优美度	0.293 4	C1	山水地貌美景	0.273 6
				C2	田园风光美景	0.105 6
				C3	民居聚落美景	0.159 3
				C4	选址布局科学	0.203 3
				C5	季相色彩变化	0.258 2
	B2	生态安全性	0.228 2	C6	物种丰富多样	0.253 5
				C7	农业生态安全	0.206 9
				C8	环保功能优化	0.142 6
				C9	景观格局优化	0.200 4
				C10	生产方式丰度	0.196 6
	B3	人文情怀性	0.168 9	C11	民俗文化特色	0.267 4
				C12	历史遗产传承	0.183 1
				C13	品牌形象表达	0.112 3
				C14	项目定位适宜	0.186 4
				C15	科普教育活动	0.250 8

续表9-16

目标层 A	序号	二级指标 B	权重	序号	三级指标 C	权重值
复合型农业公园规划后评价	B4	经济服务性	0.309 5	C16	配套服务特色	0.232 9
				C17	产业结构特色	0.104 4
				C18	农业科技示范	0.190 9
				C19	旅游产品特色	0.187 2
				C20	规划管理水平	0.284 6

通过表 9-17 可知，复合型农业公园规划后评价体系中，20 项评价指标的重要性排序为：规划管理水平＞产业结构特色＞景观格局优化＞配套服务特色＞田园风光美景＞农业科技示范＞选址布局科学＞物种丰富多样＞品牌形象表达＞项目定位适宜＞农业生态安全＞山水地貌美景＞季相色彩变化＞科普教育活动＞环保功能优化＞旅游产品特色＞民俗文化特色＞民居聚落美景＞历史遗产传承＞生产方式丰度。将指标的权重值和评价量化值代入到求和公式中，就能得到该项目的总得分，为项目规划方案的调整、提升以及园区的开发、建设战略提供依据。

表 9-17　复合型农业公园的规划后评价模型权重排序

序号	指标层	权重	序号	指标层	权重
C1	山水地貌美景	0.045 2	C11	民俗文化特色	0.031 5
C2	田园风光美景	0.059 6	C12	历史遗产传承	0.030 9
C3	民居聚落美景	0.031 0	C13	品牌形象表达	0.047 2
C4	选址布局科学	0.057 9	C14	项目定位适宜	0.046 7
C5	季相色彩变化	0.044 9	C15	科普教育活动	0.042 3
C6	物种丰富多样	0.057 8	C16	配套服务特色	0.072 1
C7	农业生态安全	0.045 7	C17	产业结构特色	0.080 3
C8	环保功能优化	0.032 6	C18	农业科技示范	0.059 1
C9	景观格局优化	0.075 8	C19	旅游产品特色	0.032 3
C10	生产方式丰度	0.019 0	C20	规划管理水平	0.088 1

三、案例研究——以杨溪河现代农业科技示范园为例

1. 园区概况

杨溪河现代农业科技示范园位于芷江县城近郊，交通便利，区位优势明显，非常有利于休闲旅游业的发展和农产品流通。芷江是湖南省历史文化名城，项目园区生态环境优越，有和平文化、民族文化、宗教文化等特有的文化资源。规划对项目的定位是成为国家级农业公

园、乡村文化旅游基地以及现代化生态农业标准化生产与示范区。截至目前，园区已形成优质稻、蔬菜、基围虾、大闸蟹、柑橘、葡萄、水蜜桃等特色优势产业。

2. 评价分析

在对农业公园规划后评价理论和模型研究的基础上，将上一节中得出的复合型农业公园规划指标权重体系（表 9-16）应用于实践，以便更加全面、客观、准确地对项目做出评价。选取笔者实践参与的规划项目——芷江杨溪河现代农业科技园项目，邀请 20 名来自相关领域的专家或专业从业人员按照评价因子对建设成果进行打分，先将打分结果进行加权，再将加权平均值代入公式（9-1），得出项目的评价结果：芷江杨溪河现代农业科技园项目得分结果 A 为 89 分，表明该项目规划水平优秀。

根据复合型农业公园规划后评价体系的权重排序（表 9-17），可知“经济服务性”比其他系统层项目更加重要，在项目修编与开发建设中应着重打造。该类农业公园的规划和建设重点是“规划管理水平”“产业结构特色”“景观格局优化”“配套服务特色”等方面的提升和建设。根据专家对复合型农业公园规划后评价要素的加权打分结果的分析，芷江杨溪河现代农业科技园项目在“景观格局优化”“科普教育活动”“环保功能优化”等方面的得分不高，在以后的项目规划提升、规划修编和项目建设中应重点考虑。

农业公园规划后评价体系主要从农业公园开发和建设角度来进行考虑，用来指导农业公园项目规划修编和方案提升，或者为建成的项目提供开发和建设思路，确定开发建设过程中的主次，为园区经营者和管理者提供决策指导和管理依据。

第十章

农业公园规划实践

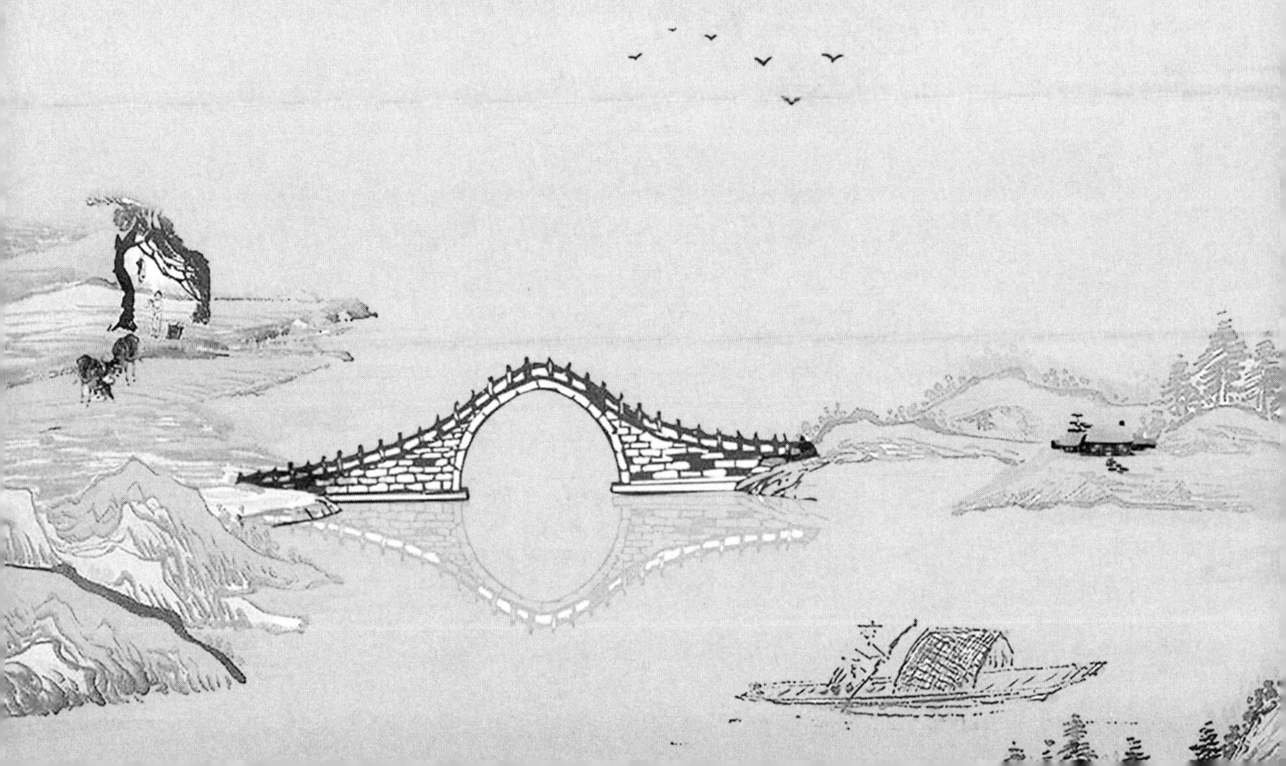

农业公园是一个综合社会、经济、生态等各方面功能的复杂系统，整合了多种学科，包含着多个子系统，具有多种要素。这些系统要素互相联系并相互作用，只有站在全局的角度，统筹和协调好各个子系统或者子功能的关系，才能使整个系统持续稳定地运行。农业公园是乡村休闲产业模式的提升和发展，作为一个新事物，现阶段我国还没有关于农业公园的规划技术规范。本章以生物多样性理论和系统理论为指导，以“长沙市莲花现代农业公园规划”为研究对象，以生态环境保护、景观资源利用、降低能耗以及合理利用土地为基本出发点，结合农业公园的特性，在借鉴前人相关研究成果以及自己规划实践的基础上，对农业公园规划做了实证研究。

第一节 规划的特色与理念

莲花现代农业公园位于湖南省长沙市岳麓区莲花镇，项目规划范围涉及莲花镇 11 个村(社区)，规划总面积约 57 000 亩(3 800 hm^2)。从 2010 年起，莲花镇连续获得长沙市“城乡一体化”发展示范镇、“湖南省同心乡村”等荣誉。笔者有幸于 2014 年参与该项目的规划编制，也参与了项目的实施过程，因此，以生物多样性理论、系统理论等为指导思想，对项目做进一步的系统研究。

一、规划流程特色

1. 规划目标的明确性

从生态、生产、生活层面，结合现状，提出园区建设的具体目标。对各部门如水利、土地、环保等逐个访谈，进行专门的双向交流，对项目的区位、产业发展、植物、农作物等资源信息做较为全面的访谈和调查，通过信息采集，综合分析获得的信息，不断修正目标，使规划目标变得具体、明确。

2. 参与主体的多元性

规划目标的确定集合了专业人员、管理者、村民、企业等相关人员的意见，是建立在科学性、民主性基础之上的，以确保所提出方案的科学性、合理性与可操作性。

3. 规划过程的循环性

在规划的过程中要引入各方利益主体的想法和意见，并将多方在不同阶段的参与(尤其是村民)作为一个必经的程序，从而能够在关键问题上实现双向交流并最终达成共识。此外，引入规划后评价体系，对规划和建设成果进行调整和提升。相对于普通的自上而下的规划，这种参与性规划将会有较长的规划周期，但能最大限度地推进生态、经济和社会利益协调的实现。

二、项目规划理念

农业公园规划理念是指导农村建设和发展的基本理论和基本要求，也是农村在建设和发展过程中必须始终坚持的基本原则和树立的基本观念。中国农村正处在一个转型发展的重要时期，为了探索一种适合中国农村建设和发展的新模式，促进农村社会经济和自然生态走上可持续发展的道路，引导各地农村制定切实可行的产业景观建设与发展方案，坚持生态、经济、文化、特色和开放五大发展理念具有极其重要的现实意义。

1. 生态理念

人类社会发展到今天，受非理性生产活动的影响，无论是城市还是农村都出现了较为严重的生态问题，人们已经认识到保持和建立良好的生态环境是社会经济和自然生态可持续发展的根本保障，否则，人类的生存将会受到严重的威胁。中国农村社会经济发展水平相对城市来说明显落后。如何改变农村落后的面貌，引导农村走上可持续发展的道路，是摆在我们面前的一个重要研究课题。近年来，为了促进农村发展，国家制定了一系列的优惠政策和措施，极其重视农村面源污染的治理。针对农村滥伐森林导致水土流失，滥用农药、化肥、除草剂导致农田生物多样性水平下降等普遍存在的生态安全问题，提出了加强生态文明建设的策略以及农村发展坚持生态保护优先的原则，在农村建设和发展过程中始终坚持生物多样性原理和生态平衡理论为指导，充分把握和建立好农村各生态要素之间的关系，从导致农村生态安全问题的源头治理入手，坚决制止农村一切非理性的农业生产活动，运用生态发展理念，制定农业公园建设与发展方案，以建立良好的农业生态系统和实现农村社会经济可持续发展的目标。

2. 经济理念

农业公园规划运用经济发展理念，不仅是倡导农村建设少花钱多办事，达到降低建设成本的目的，而且要具有经营景观的理念，即以恰到好处的建设投资营造必要的农村产业景观，然后经营景观能够获取良好的经济效益，而不是盲目投资，只求提升景观效果，不求直接经营结果，照搬照抄城市景观的做法。也可以说，把有限的投资用在最需要建设的农村产业景观上，最大限度发挥投资效益。农业公园是经营性的景观，必须讲究经济效益，使经营者能够获得直接经济效益，不像城市绿地景观是属于公益性的，主要讲究社会效益。社会效益可以是一种间接经济效益，农业公园的景观建设目的是农村发展产业，而不是做公益。农业公园建设坚持经济发展理念的另一层含义就是尽可能保持农村土地的生产功能，以充分发挥耕地的生产效益，达到保障农业经济可持续发展的目的。

3. 文化理念

中国农业公园建设必须坚持文化发展理念，即突出景观农耕文化的内涵，让所建的农业公园具有鲜明农耕文化主题。所谓的文化，其实就是物质文明和精神文明的总和，农耕文化即是在长期农业发展过程中积累下来的物质文明和精神文明的总和。中国各地农村农业的发展历程存在着较大的差异，形成了丰富多彩的农耕文化，已经成为一种特有的地域文化资源，可以为农村产业发展所利用，让游客得到独特的精神享受。农耕文化景观主题丰富，表现形式多样，农业公园必须充分挖掘具有地域特色的农耕文化，避免文化主题雷同的现象，尤其是同一区域的不同园区，更要采用不同形式展现不同主题内涵的农耕文化景观，从而创造农业公园的不同文化主题特色。

4. 特色理念

特色理念就是充分利用区域农村特有的优势产业景观资源而制定规划的发展理念。利用优势资源发展农村产业具有明显的市场竞争力，是避免同质竞争的有效手段。优势产业景观资源有的是自然形成的，有的是人工打造的，其优势就是产业发展的依托和核心竞争力，保护和利用好优势的产业景观资源是实现区域农村产业可持续发展的根本保障。特色规划理念，首先必须找出农业公园所具有的优势产业景观资源，明确其特有的开发和利用价值；然后再制定切实可行的区域农村产业发展规划，充分利用优势资源形成自己的产业特色，依靠特色，保持市场竞争力，实现区域农村可持续发展的目标。具有优势的产业景观资源是农业公园实现特色发展的前提和条件，有自然形成的优势产业景观资源可以直接加以利用，这样可以取得良好的经营效果，提高市场竞争力。如果需要人工营造产业景观，并且形成市场竞争优势，要充分利用区域农村所拥有的其他优势资源，如气候资源、水资源、土壤资源、人文资源、地理区位等优势资源，做到因地制宜，创造特色，依靠特色发展产业。农业公园产业景观特色可以体现在 3 个方面，即自然环境景观、耕地生产性景观和民居建筑景观。这些景观如果具有独特性，并且具有较高的开发和利用价值，也就便于创造特色，形成农业公园产业竞争的优势。特色永远是产业发展的核心竞争力，有特色的必须保持和发扬，没有特色的必须创造特色，这就是特色理念在农业公园产业发展中的应用。

第二节 前期论证体系

农业公园的前期论证体系就是在全面了解园区概况的情况下，进行规划前期分析，为项目规划提供较为准确的参考资料，了解资源开发的适宜性和限制性，进而制定规划目标，以保障项目规划的科学性和全局性。主要包括项目的可行性分析、生态资源与现场调查（基础资源分析、区位交通分析、土地利用现状、环境容量分析、客源市场分析）等方面的内容。

一、项目的可行性分析

项目可行性研究是通过对项目的主要内容和配套条件，如市场需求、资源供应、建设规模、工艺路线、设备选型、环境影响、资金筹措、盈利能力等方面的内容，从技术、经济、工程等方面进行调查研究和分析比较，并对项目建成以后可能取得的经济效益及社会影响进行预测，从而提出该项目是否值得投资和如何进行建设的咨询意见，为项目决策提供依据的一种综合性的分析方法。

根据国家、省市相关政策，结合长沙市莲花现代农业公园的实际情况，通过对项目建设必要性、可行性进行研究，对项目选址、投资规模、环境影响、社会效益等多方面进行了综合分析、估算和论证。长沙市莲花现代农业公园项目在开发和建设上合理利用当地的生物资源、土地资源、水资源和各种能源，在生产过程中着力推广生物农药、有机肥料，发展绿色农业，形成对农业生态环境的保护；推广微喷灌、滴灌等节水技术，提高水资源利用率；使用生态工程技术，各功能区构筑生态景观，形成独特的农业生态旅游景点。该项目改变传统的产业结构，增强产业间互动与支持效应，降低产品和服务成本，创造收益递增机会，提高产业附加值，形成产业复合的“倍增效应”，从而带动当地农村产业结构的调整和优化。项目的建设对推动生态农业发展、保护农业生态环境、调整和优化农村产业链、带动农民致富、促进经济发展等都具有重要现实意义，是解决“三农”问题的有效手段，能实现农村生态效益、经济效益和社会效益的和谐统一，对推进城乡一体化进程和促进社会主义新农村建设具有重要意义。因此，项目是可行的。

二、生态资源与现场调查

调查的主要目标是：调查收集规划区域内自然、社会和经济等方面的资料与数据，分析莲花现代农业公园项目的资源品质；了解资源开发的适宜性和限制性，进而制定规划目标，安排项目布局和配套设施，以保障项目规划的科学性和全局性。首先，成立项目组，开展资料的收集工作。收集的资料包括：项目地的气象、水文、土壤、植被等自然条件的有关资料；工农业生产、劳动力、特色产业、文化积淀、交通区位、行政区划等社会经济条件的资料；地方志、史志资料、招商材料和上位规划资料等。对项目整体的政治、经济、文化、地理状况形成初步印象，为野外实地调研做好充分准备。其次，实地调研。对项目进行全面考察，主要包括对农业公园所处的地理位置、自然条件、生态环境现状、社会经济条件、上级相关规划要求、村民意愿等方面的具体调查。通过调查，规划单位对获得的基本资料从资源、市场等方面进行综合分析，找出项目发展的优势和机遇，并摸清存在的劣势和面临的威胁。

1. 基础资源分析

从 2014 年 12 月起，笔者对项目进行了数次现场踏勘，在莲花镇政府领导和工作人员的协助下，掌握了第一手的资料。以《旅游资源分类、调查与评价方法》(GB/T 18972—2017)为依据，将莲花现代农业公园的乡村旅游资源分为 5 个主类 16 个亚类(表 10-1)，5 个主类分别为乡村自然生态景观、乡村田园景观、乡村遗产与建筑景观、乡村人文活动与民俗文化及乡村旅游商品。

2. 区位交通分析

园区雄踞湘江新区核心区，南面是湘潭，北边是长沙的高新技术开发区，京珠西线、黄桥大道、雨莲大道、长韶娄高速等骨干公路贯穿境内，距长沙汽车西站 17 km，距猴子石大桥 12 km，距黄花国际机场 35 km，车程均在半小时以内，融入了长沙市“15 min 生活圈”，为人流、物流、资源流的集聚奠定了基础。

表 10-1　莲花现代农业公园乡村旅游资源

主类	亚类	数量/个
乡村自然生态景观	地文景观	3
	水域风光	2
	生物景观	3
乡村田园景观	农业生产景观	8
	田园风光景观	10
乡村遗产与建筑景观	历史事件活动遗址	2
	宗教与祭祀活动场所	3
	景观建筑与附属性建筑	3

续表10-1

主类	亚类	数量/个
乡村人文与民俗文化	民间人物	4
	民间文艺	3
	民间习俗	2
	民间传说	5
	旅游节庆	5
乡村旅游商品	菜品饮食	5
	农林畜产品与制品	6
	水产品与制品	1

资料来源：莲花镇政府。

3. 土地利用现状

根据土地利用现状分析，耕地占总用地的18.23%，山林占68.02%，水面占3.49%，城镇建设用地占0.6%，村庄建设用地占9.45%，耕地占地面积的比例较少，通过土地流转和土地整理的方法，能高效、集约利用土地。目前，园内已引进部分现代农业产业项目，土地流转规模达2万亩(1 334 hm^2)。创造具有多样性的高效复合化的土地利用模式，采用功能最优的原则改善空间的能量和能量的利用率，是未来土地利用规划的工作重点。

4. 环境容量分析

游客休闲旅游活动的超载运行会造成农业公园资源和环境不可逆转的负面影响，因此，合理控制环境容量是莲花现代农业公园生态和产业可持续发展的重要保证。笔者从生态环境容量、空间环境容量、设施环境容量、社会环境容量以及心理环境容量5个方面，对长沙市莲花现代农业公园的环境容量进行了估测，结果表明：其环境容量值为13 927人次/d，设施环境容量是莲花现代农业公园休闲旅游发展中最主要的限制因子。结果对于园区的建设和经营具有实际的指导意义。

5. 客源市场分析

通过对莲花现代农业公园的前期调查分析得知：园区现阶段处于初级发展阶段，淡旺季明显，产品多样性和整体吸引力亟待提高；可采取加强园区自然山水的保护和利用、丰富产品种类、延伸产品产业链以及加强基础设施建设等措施。在客源市场分析方面，根据园区的项目资源特点以及城市游客的需求，莲花现代农业公园的客源市场主要有4种市场需求：少年儿童的乡村科普教育、年轻人的农事体验与乡村娱乐、中年人的会议培训与身心放松、老年人的健身疗养和休闲度假。其中，少年儿童的乡村科普教育、老年人的健身疗养和休闲度假两类人群的旅游需求越来越旺盛。在市场定位上(表10-2)，在长沙、株洲、湘潭两型实验区获批发展和“3+5”城市圈逐步融合发展的背景下，长沙、株洲、湘潭和周边的岳阳、益阳、衡阳、娄底、常德都应该被看成莲花现代农业公园的第一大主要客源市场，与其相邻的江西、湖北、广东等也应视为重要的省外客源市场。在完成对园区项目的基本开发以及吃、住、行、游、购、娱等设施配套齐全的同时，要坚持加大营销宣传力度，形成品牌，推动项目走向全省，走向全国。

表 10-2 莲花现代农业公园市场定位分析

市场类别	市场定位	消费特征
核心市场	以长沙、株洲、湘潭为主体的湖南“3+5”城市群（长沙、株洲、湘潭三市和周边的岳阳、益阳、衡阳、娄底、常德）	果蔬采摘、商务会议、休闲游憩、生态观光、娱乐体验、婚礼庆典、科普教育
重点市场	珠三角市场、江西、湖北、贵州等周边城市分流市场	商务会议、休闲游憩、生态观光、娱乐体验
机会市场	全国其他市场、海外市场	生态示范、休闲度假、商务会议

6. SWOT 分析

通过对园区的 SWOT 分析（表 10-3），帮助规划人员找出对莲花现代农业公园发展有利的、值得发扬的因素，以及对项目发展不利的、应该避开的因素，发现存在的问题，找出解决办法，并明确以后的发展方向。

表 10-3 莲花现代农业公园 SWOT 分析

类别	分析内容
优势	交通区位明显； 生态环境优越； 文化底蕴深厚； 后发优势
劣势	农业生态功能脆弱，土地资源退化，土壤、水质污染严重； 基础配套设施不完善； 整体风貌不佳，景观格局缺乏整体统筹； 农村产业效益不佳
机遇	国家对新农村建设、“三农”问题以及乡村休闲旅游的重视； 莲花镇作为先导区的城乡统筹示范镇将在其中大大受益； 获得多项荣誉，政府大力扶持
挑战	如何在两型示范方面成为示范； 如何实现产业的升级和转型； 如何面对与周边同类农业休闲项目的同质性竞争

莲花现代农业公园项目开发主要面临如下问题：

（1）农业生态。农业生态功能脆弱，土地资源退化，饮用水源和农业用水受到污染，规划区内农村社会经济和社会发展受到生态环境因素的制约。农村地区家禽放养现象普遍，畜禽粪便随处可见。有些养殖户的污水未经处理或处理不符合要求就直接排放，污染周边的环境。病死的畜禽未进行安全处理直接丢弃，容易造成瘟疫的蔓延，影响村民的生活。

（2）生态环境。城乡居民的生活和生产活动对规划区良好生态本底环境的破坏越来越严重，生态保育、生态恢复与生态环境的建设又严重落后，这对规划区优良的生态本底产生了很大的影响，给人们的生产和生活带来严重的危害。园区尚未建立可实施的生态保护措施和对策以及综合决策机制，且公众参与生态保护事项的积极性不高，生态保护的政策和法规与标准体系不完善，这些都是生态保护工作开展的重大阻碍。

(3)景观格局。园区风貌建设没有很好地传承莲花镇的自然地理优势，空间格局及与自然环境的空间关系缺乏统筹规划和总体引导，对城乡空间整体秩序控制欠缺考虑，重要节点不够突出。建筑形态、体量与周边自然山水关系欠缺推敲和研究，对山水环境的景观利用意识比较薄弱。

(4)建筑形态。缺乏整体设计，建筑风格、色彩和体量欠佳。当地传统风貌建筑已经基本消失，大多数建筑以现代风貌为主，或是现代与传统风貌相结合。这种现代风格的形成主要是居民的自建行为造成的。由于缺乏专业的设计和引导，居民往往根据自身喜好进行建设，因而建筑品质不高，建筑在形式、风格、色彩、体量等方面不协调，杂乱无章；居民自建更多的是依据自己的经济实力，部分建筑在墙上贴瓷砖，显得生硬呆板。

(5)道路交通。缺乏城乡一体的整体规划和建设，乡村区域道路交通设施的质量和等级基本上还在按照乡村道路标准来配套建设，没有形成城乡互联互通的综合交通网络体系。尚未建构起绿色低碳、生态健康出行的理念及支撑体系。城乡道路运输节能减排，城乡一体的绿道网络，以及绿色低碳、生态健康出行的理念意识等方面都还有待加强建设。道路交通设施不完备，设施质量和等级亟待提高，对城乡道路的硬化、绿化、亮化以及停车、加油、维护保养等基础性设施投入不足，无法满足城乡一体的人流、物流、停车等基本要求。

(6)农村产业。农业综合效益不高，产品附加值低，农村地域产业结构以单一农业为主，农业产业化经营处于初级阶段。虽然区域内自然景观资源丰富，生态良好，但附加在生态和农业基础上的旅游开发层次低。

(7)给水工程设施。自来水工程和安全饮水工程尚在进行中，规划区内绝大部分农村地区居民生活以及企业生产用水未纳入城市集中供水的范围，依靠打井取用地下水，某些地区因防治水污染措施不到位等原因造成地下水质量不符合相关要求。农民的节水意识依旧十分淡薄，用水效率低下。农业灌溉依然采用大水漫灌的传统粗放型灌溉方式，单位用水的产出明显低于全国的先进水平和发达国家水平。

(8)排水工程设施。规划区产生的污水没有经过处理或初步处理，大量污水自流排入水体、农田和低洼地或通过渗井渗透到地下。生活和生产污水对于农村居住环境、水环境污染面广且比较严重。农村污水处理技术水平差，由于地形条件复杂、设施共享率较低，污水处理设施的建设投入和运营成本大幅度提高，而且水量变化大、水质波动大，对处理工艺的抗冲击能力要求比较高。此外，污水处理基建投资大、运行费用昂贵、运行维护技术难度大，农村居民难以承受。

(9)环卫工程设施。环境卫生“脏、乱、差”现象比较突出，垃圾收集设施严重不足、垃圾运输环节缺失、垃圾处理设施匮乏，生活垃圾绝大部分未经无害化处理，乱丢垃圾现象严重。目前绝大部分行政村的生活垃圾未能实现“村收集、镇中转、集中处理”的良好模式，仍未进行有效处理。源头垃圾分类的推广刚刚起步，全区农村生活垃圾处理率非常低。畜禽养殖场的污水、粪渣及恶臭气体未经任何处理或处理不合格，便就地排放、堆积或投入水体中，严重污染了水体，威胁农村居民的饮用水安全。

(10)防灾工程设施。存在以下消防隐患：规划区内森林覆盖率高，居民点较分散，其建设缺乏规划，晒场、薪柴房、仓库布置不合理；村庄建筑密度大、间距小，连排形式多，主屋与侧房为连体建筑现象多，老式土木结构房子多，农村道路不符合消防规范要求；农村地区消防设施缺乏，村民的消防意识不强。有些居民点的选址存在地质灾害隐患，且有些山体的水土流失严重，致使这些居民点受到山体滑坡和泥石流的危害。规划区属南方降雨充沛的地区，降雨期集中在上半年，区内的主要河流和各山塘水库易发洪水灾害，而下半年降雨较少，又是干旱易发季节，所以既要防洪水，又要防干旱。

第三节　项目策划体系

项目的策划体系以生物多样性理论为指导，突出景观多样、文化融合和产业创新等理念，利用规划区良好的生态本底环境形成异质互补性的农业景观单元斑块。项目策划体系主要包括目标定位、功能分区、项目布局、产业发展等内容。生态优先、强化特色、优化疏导、整合提升、打造精品，是莲花农业公园项目策划体系的基本要求。

一、目标定位

在莲花现代农业公园内规划25～30个生物多样性农业生产单元或农村产业单元（产业项目）。如果把整个农业公园环境作为基质单元，那么每个单元就是一个斑块，根据斑块在生物多样性构建中所起到的作用，对其大小、形状等特性进行控制。线状的绿带、道路、河流廊道把各个单元串联起来。线状或带状廊道景观，具有通道和阻隔的双重作用，同时还具有物种过滤、为某些物种提供栖息地等重要功能。莲花现代农业公园内的斑块、廊道和基质景观要素形成网络，共同维护园区内的生物多样性，达到过滤污染物、防止水土流失、调控洪水的目的，形成产业发展的复合生态环境。

每个单元承包给事业性单位作为单位的后勤基地或者承包给其他致力于建设莲花现代农业公园的业主，突出农业景观特色、文化景观特色、食物风味特色和服务功能特色，形成具有生态性、自足性、异质性和互补性的农业项目。加强景观单元的廊道建设，新建或调整绿带廊道、河流廊道和道路廊道，建设慢行系统，提高景观的多样性。慢行交通系统包括临山滨水的健身休闲型（自行车专用）和承担交通功能的城市慢行网络（自行车与行人专用）两种类型，尽可能减少或限时禁止一切机动车使用。

以“三农”为基础，以“三生”为导向，以项目推进为抓手，挖掘湖湘文化和农耕文化特色，创意实现“农业公园化、主题化、景观化”；构建安全的生态环境体系，确保园区发展的生态底线，促进生态环境改善、提高资源利用效率、提升产业发展品质；使莲花现代农业公园成为城乡统筹发展的区域标杆、新型增长模式的产业典范、环境友好的山水宜居乡村。

二、项目布局

莲花现代农业公园的功能和产业布局实际上是以生物多样性农业生产单元和农村产业单元为构建模式，利用当地的山林植被、水库湖泊、田园风光、历史民俗等资源，形成若干个多功能异质互补的休闲单元即特色产业项目(表 10-4),具有生态农业、养生养老、医疗照护、商务休闲、科普教育、主题游乐和休闲度假等多重功能,并融入多种体验活动,进行多元化经营,以促进农田生态可持续利用和农业产业的可持续发展。

表 10-4　莲花现代农业公园策划项目

项目名称	内容
沿河自行车绿道	在桐木河段 6.5 km 自行车道建设的基础上,沿莲花河打造东西向贯穿整个园区的自行车绿道系统,串联沿线项目,并融入佛教文化和儒家传统"和"文化的内涵和形式。目前自行车道建设已完成
农业博物馆	建筑面积为 500 m^2,弘扬湖湘农耕文化,交流农业科学技术,传播农业知识,为农业和农村经济发展服务。通过旧房改造完成项目建设
蓝莓基地	占地 850 亩(约 56.7 hm^2),与中南林业科技大学全面合作开发;以蓝莓、樱桃、嘉宝果等高品质小浆果种植为基础,以鲜果采摘、果品深加工、特色果文化饮品和酒吧等为经营方向,建成高标准种植示范基地。目前已开发系列养生饮料,如蓝莓果汁、蓝莓酒、嘉宝果酒等产品
草业基地	占地面积 8 000 余亩(约 533 hm^2),基地主要以生态草毯种植与培育、名优园林植物栽培、生态养生等产业为发展方向。目前已完成天泉草业文化广场、智能温室大棚和生物有机肥厂建设
景和苗木基地	占地 500 余亩(约 33 hm^2),拟打造成省内一流的苗木生产、培育、销售基地。目前基地已初具规模,种有水杉、红叶石楠、红叶桃、金丝垂柳、红枫、樱花等苗木,市场销售情况良好
四季田园	占地 3 000 亩(约 200 hm^2),法式农庄风格,规划有葡萄庄园、四季果园、生态畜牧区、花卉苗圃区、绿色有机蔬菜采摘区、农业观光体验区、企业会所、老年公寓、度假小屋等项目
开心农场	占地 240 亩(16 hm^2),以开发迷迭香产品带动营养餐饮和健康疗养。目前已开发迷迭香酒、迷迭香醋、迷迭香手工皂、精油、香包、枕头等一系列产品,即将开发迷迭香为主的菜系
南洲湖休闲农庄	占地 1 320 亩(88 hm^2),以打造正宗的柴火饭庄为主题。目前,园区能够提供垂钓、户外拓展、农事体验、儿童游乐等农业休闲项目
圣峰水果养生基地	占地 1 000 多亩(约 66.7 hm^2),坐落于莲花山大山之巅,生态环境优良,主要种植本土特色优质水果
立承休闲农庄	有机绿色农庄,坚持"保护生态,有机生产"的理念,严格按绿色食品、有机食品的技术规范和标准生产绿色食品、有机食品
森馨舒养生养老创意农业园	占地 375 亩(25 hm^2),以创意农业、台湾精致农业、休闲景观农业等作为主要元素,引进台湾新品种、新技术、新概念,建设生态种养、医疗康复保健、养生养老休闲项目
稀土肥料研发中心	占地 1 000 亩(约 66.7 hm^2),以稀土肥料研究、实验、推广为主要目的,并作为单位的后勤基地

续表10-4

项目名称	内容
素质教育基地	占地 10 万 m^2。长沙市唯一的市级示范性综合实践基地，该基地集教学、游玩、拓展训练、生产实践于一体，可同时容纳 800～1 000 名学生开展综合实践活动，是全市乃至全省最大的学生课外活动基地
长沙市气象公园	占地 11 740 m^2，为国家级气候监测、分析与应用研究实验中心，成为向社会公众开放的气象与天文科技知识普及的重要基地，园林式的建筑将成为莲花镇的新地标

规划区内城乡居民的生活和生产活动所造成的破坏越来越严重，对规划区的生态本底产生了很大的影响，同时，园区一二三产业的发展，都以生物多样的景观资源为基础，进行合理利用和统筹构建，因此，规划中不仅要突出农业生态产业模式示范，还要注重经营模式示范。第一，建设异质互补性农业景观单元。在园区范围内打破目前以家庭为单元的联产承包责任制模式，在尽量不改变土地使用性质的前提下，将园区内的土地形成异质互补型农业景观单元（多功能农业产业项目），每个项目单元包括商品型特色农业区、自足型多样化农业生产区、管理与接待中心、风景林地、村民宅基地与道路用地 5 个部分。第二，组成全新的经济实体。通过引进有经济实力的投资主体，充分发挥主要投资者的核心作用，鼓励和引导农民参与经营活动，组织农民形成利益共同体，采用股份制形式，建立健全经营管理制度，在保障投资者利益的同时，让广大农民共享经营成果，按股分红，实现有计划和有序经营。使新组成的经济实体，真正成为当地农民就业的好平台，一方面农民不断获得劳务工资收入，另一方面，通过经济实体开展养生、休闲、度假等服务活动，充分利用农民闲置住房，让农民获取服务性收入，达到有效增加农民收入的目的。

在空间布局上，莲花现代农业公园以自然山水构成生态基底，形成“1223”结构骨架为主的项目空间布局，即“一核、两翼、两轴、三集镇”（图 10-1）。“一核”指莲花镇农业产业发展极核。“两轴”是指雨莲线为轴的美丽乡村农业景观带和以乡村绿道为轴的绿色观光走廊游览带（百花走廊）。“两翼”是在发展驱动极核的基础上，沿两条轴线向东西两侧推进发展，形成扇形发展的两翼空间组团。“三集镇”即莲花集镇、东塘集镇、桐木集镇。重点项目有蓝莓基地、草业基地、四季田园、开心农场、果蔬基地、沿河自行车绿道、农业博物馆等项目，将农业生产、农耕文化与绿色休闲紧密结合起来。

在功能定位上，农业生产功能依旧是莲花现代农业公园最基本的功能，也是农业公园的社会功能，即能为社会提供农产品，它是由农业公园耕地的性质所决定的，但是为了提高农业公园的经济效益，又必须利用农业公园的生产环境拓展其他功能。园区的产业项目单元都拥有不同类型的产业景观，依据其功能和景观特点可在每个项目内部分为四大基本区域，即农业生产区、自然景观区、生活居住区和入口标识区，各个分区内容和景观形态各异。

在发展时序上，利用园区自身最具有特色的资源或旅游基础，首先重点发展某个或几个生态、文化功能突出的项目，如沿河自行车绿道、农业博物馆、蓝莓基地和草业基地等项目，然后围绕这些项目，逐渐开发其他资源，丰富其内涵。一方面使本来竞争力不强的单个资源或项目能以核心为依托发挥作用；另一方面使园区整体更独特，具有吸引力。

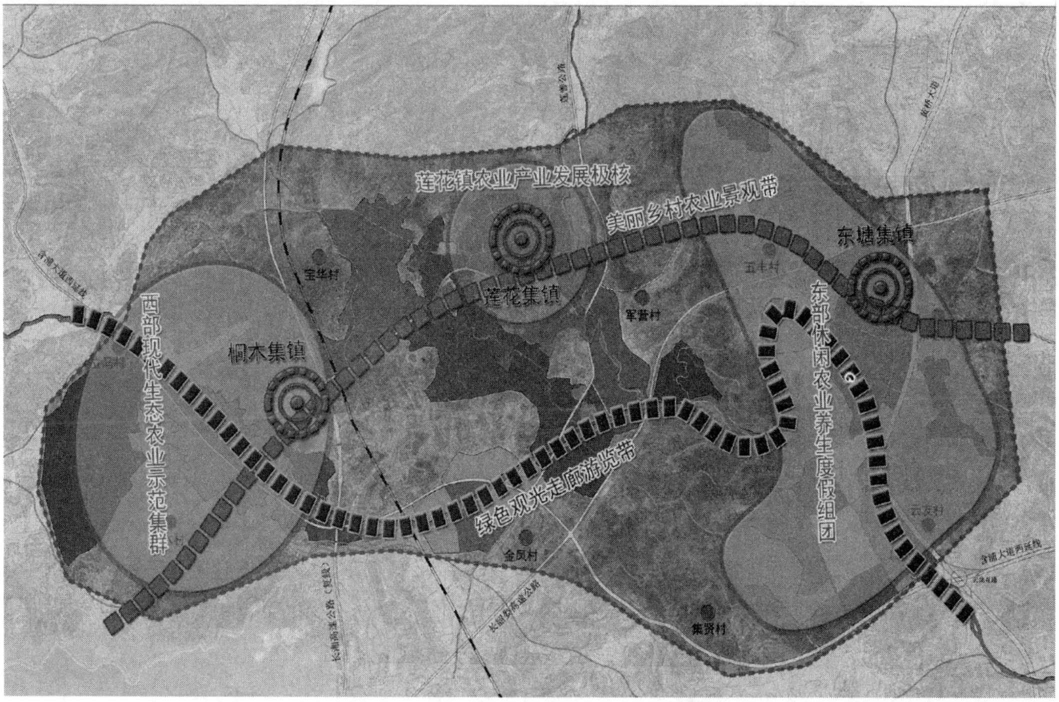

图 10-1　莲花现代农业公园项目空间布局

三、产业发展

莲花现代农业公园区在规划前产业基础相对薄弱，“两型示范”方面尚无基础，必须选准产业发展方向，实现产业升级和转型。莲花现代农业公园产业发展定位为：以“两型”为指导思想，立足多样化的景观环境，进行产业升级和转型，提升第一产业，延长农业产业链；发展农产品深加工，增加农产品附加值，培育若干农业产业龙头；依托现状资源，“三产”发展有机融合，相互促进，通过都市区的辐射和“长沙—花明楼—灰汤—韶山”旅游带的带动，在莲花现代农业公园大力发展旅游休闲产业。

根据规划目标和产业定位，莲花现代农业公园形成“一园、两轴、三片区、多节点”的产业布局结构(图 10-2)。“一园”即桐木现代农业产业园，形成具有莲花特色的现代农业示范基地。“两轴”是指以雨莲线为轴的美丽乡村农业景观带和以莲花河为轴的绿色观光走廊游览带。“三片区”包括集镇片区、桐木片区和五丰-东塘片区。集镇片区即莲花集镇，具有风貌展示、农业示范、教育培训、接待管理服务等多种功能，为游客的需求提供基础服务。桐木片区即以桐木村为核心的西部现代生态农业示范片区。五丰-东塘片区即以五丰村和东塘村为核心的东部休闲农业养生度假片区。“多节点”为农业公园内的多个产业项目和示范基地，如蓝莓基地、景和苗木基地、开心农场、圣峰水果养生基地、森馨舒养生养老创意农业园、南洲湖休闲农庄、素质教育基地等项目。

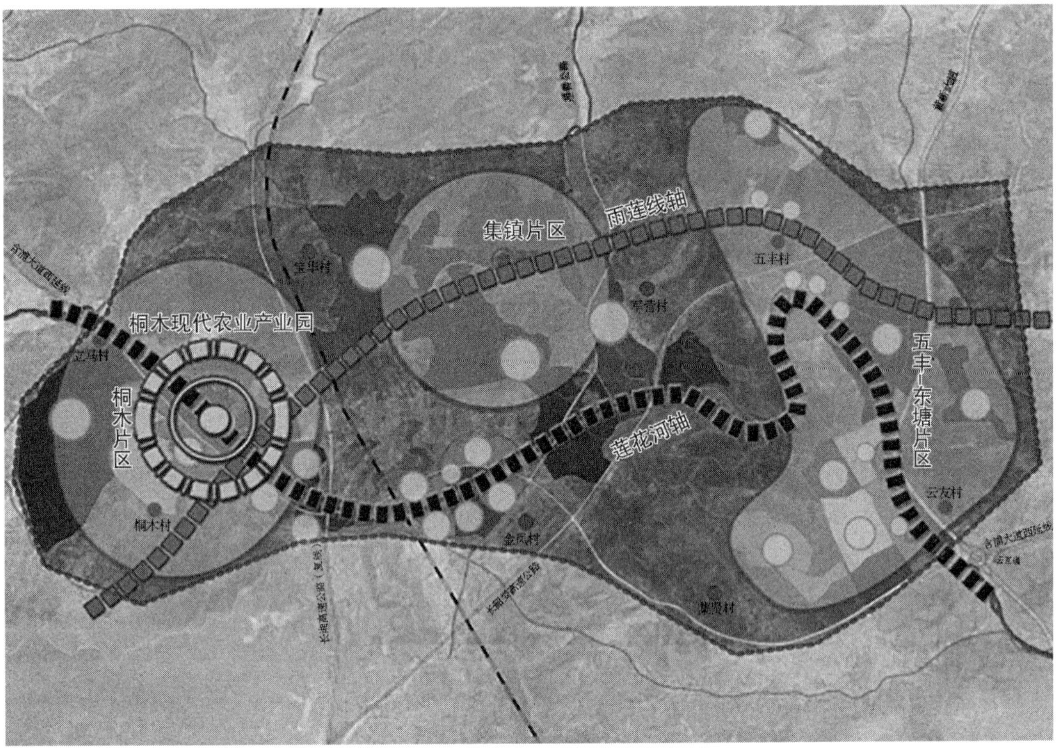

图 10-2　莲花现代农业公园产业布局

第四节　产业配套体系

农业公园产业配套体系的规划，应该以生态性和经济性为前提，以资源节约、环境友好为原则，安排配套设施，加强廊道建设，增加景观的多样性，构建有利于生物多样性发展的景观格局，在对物质流的运用上要尽量减少能源浪费和过度消耗。

一、农业生产规划

我国是粮食生产与消费大国，因此，农业生产功能只能加强不能削弱。随着城市化水平的不断提高，农业休闲产业将会更加兴旺发达，但是农村产业不管如何发展，农村的生产功能永远不能变，农村耕地必须保护，不能削弱农业的基础地位，必须保持农村耕地的生产能力，农村生产性产业景观的主导地位不能变。

在莲花现代农业公园的产业发展过程中，农业生产也是根本和基础。农业生产环境包括农作物的品种、农业生产方式、农业生产设施等内容，具有多样化的特点。基于生物多样性原理进行农业公园农业生产功能方面的研究，推广种养结合的生态农业，有利于良性农业生态系统的建立，对于解决目前农田污染严重和生物多样性水平低带来的生态安全问题具有极其重要的现实意义。因地制宜是莲花现代农业公园农业生产规划始终坚持的重要原则。

莲花现代农业公园开展多样自足型农业生产，不仅要满足农民生产者的需要，还要满足来农业公园消费的游客的需要，其多样的农产品在消费之后多余的部分，可以让游客购买或作为旅游产品让游客继续消费，完全不需要上市销售。利用多样的立地生产条件开展多样的农业生产，如果没有多样的立地生产条件，则需创造多样的条件，以便实施种养结合的农业生产项目和全面推广生态农业模式，同时创造丰富多样的农业生产性景观，以满足游客对旅游环境的需要。莲花现代农业公园多样自足型农业的多样体现在生产的种类和品种的多样、生产环境景观的多样，通常的生产对象包括大田农作物，果树、蔬菜、茶叶、花卉等园艺植物，药用植物，能源与油料植物等，动物包括常见的家畜和家禽、各种鱼类和特种动物，不包括规模化养殖的动物。多样自足型农业实施的是小规模的种植和养殖，种养结合，品种多样，采用轮作、间作和套作的耕作制度，以保持农田系统的生物多样性水平，并且，在进行多样化农业生产的同时，适当配置具有较高观赏价值的景观植物，从视觉上提高耕作环境的美景度，以便为游客提供良好的景观环境。

对于发展特色商品型农业，莲花现代农业公园选择有竞争力的农业生产项目，并充分利用农业公园所在地的优势资源开展农业生产，实现规模化、专业化、机械化，以期以最低廉的生产成本，获得最优的农产品，保障在市场竞争中获胜，获得较好的经济效益。农业公园开展商品农业生产的产品是在销售之后实现其价值的，因此市场销售结果决定经营的成败，农业公园必须规划具竞争力的特色农业项目，才是商品农业生产可持续发展的根本保障。

农业生产不仅要实现品种的多样化，还必须采用轮作、间作、套作相结合的耕作制度，使耕地的立地环境朝着多样化的方向进行改良。首先营造生物多样的立地环境，再种植多样的作物品种，在规划区域耕地范围内形成生物多样性的农业公园，创建病虫害的天然屏障，逐步减少农药和化学肥料的施用量，维持良好的耕地土壤结构，从而建立良好的农田生态系统，实现农业生产的可持续发展。

二、旅游产业规划

中国大部分乡镇都是发展传统农业，莲花镇也不例外，以出卖农产品为主要目的，产品单一，同时许多乡村资源不能充分转变为产业经济。发展乡村旅游产业是在农业生产的基础上，利用农业生产环境发展起来的一项新型产业，是农村可持续发展的经济支撑，也是中国农村实现就地城镇化的一种新模式。旅游产业是一种多元的产业体系，复合性是其主要特征。莲花现代农业公园在资源、文化等方面都具备很好的条件，可以在旅游产业方面成为出色的示范。

农业公园产业环境建设与城市公园绿地建设有着明显的区别：它是一种农业生产性的环境，因此，莲花现代农业公园必须重点突出农业生产的内容，确保农业生产功能不削弱，形成生产性的作物大地景观，采用油茶、马铃薯、棉花、水稻、高粱、玉米、小麦、荞麦、荷花等作物品种，实行规模化种植，形成具有艺术感染力的田园景观生产环境，在点和线上讲究农作物与景观植物的配置方式，营造丰富多样的花境、花丛、花带和花群景观，还可以在景观节点布置桩景、花坛、花境等植物景观，将农业生产的内容以花园的形式展现给游客，实现农业公园处处有景可赏。农业生产环境在增加了旅游功能后，将原有的耕作道改造成游道，围绕旅游的目标进行改造，同时兼顾耕作道的功能，尽可能减少硬化，采用自然与生态的做法，形成便捷的游道系统，宽度依据游客量的多少和位置进行确定，避免做得太宽浪费农业耕作用地。

旅游活动要满足不同年龄层次和不同兴趣爱好的游客的需求，将莲花现代农业公园的旅游类型分为3类：农业观光体验游、山水生态休闲游、特色文化感受游。农业观光体验游包括生态农业观光、特色农业观光、特色农家体验等，山水生态休闲游包括莲花山生态游、莲花河户外体育休闲、生态疗养休闲等活动，特色文化感受游是依托莲花现代农业公园特有的文化资源，开展"和"文化休闲旅游，拓展佛教文化和儒家传统文化的内涵和形式，开展多种旅游活动。

结合莲花现代农业公园特殊的地形地貌开展特色农业观光和美食项目，让游客在体验田园风光的同时，享受农副产品。充分利用规划区域内的水塘（非饮用水源）、农地、山体和河道开展户外体育休闲与健身活动，如户外高尔夫模拟赛、户外卡丁车基地、滑草场和田间劳作等活动，将户外体育健身活动融入休闲娱乐当中。在尝试农村宅基地流转的政策基础上，选择部分村庄居民点，对农民宅基地实施"招拍挂"，整合土地资源，然后吸引开发商进行商业主题地产的开发，如文艺村（吸引作家、画家等购房入住）等形式，形成特色文化居住品牌，又能促进地方特色的塑造。

三、景观风貌控制

景观风貌是农业公园多样化的自然环境与人造环境的外在表现。在莲花农业公园规划中构筑"两廊""二片""三心""多点"的空间景观结构。"两廊"为以莲花河乡村绿道为轴的绿色景观通廊和以雨莲线为轴的美丽乡村农业景观通廊；"二片"分别为西部现代生态农业示范片区和东部休闲农业养生度假片区；"三心"为莲花集镇、东塘集镇、桐木集镇景观区，是展示城镇形象的窗口和集中服务区，通过对镇区的建筑和道路进行统一规划，对建筑风格色彩进行协调指引，对规划空间进行有机组织和塑造，打造良好的城镇景观风貌，并成为镇域不同景观分区的核心；"多点"主要为生物多样性产业单元点、区域的制高点、人流汇集的活动点、景观点、城镇广场、居民点、风景秀美的水库以及山峦等。

在建筑风貌上，保持现有的自然肌理，对建筑进行改造，重点改造建筑外观及周边环境，形成白墙灰瓦坡屋顶的建筑风格，建设以反映湖湘文化为主题的旅游风貌小镇。村庄居民点以传统农家小院为主，民居隐藏于树林之中。改变过去水体驳岸形态生硬的处理方式，采用自然和生态的方式进行改造，减少垂直硬化和直线化的建造模式，突出采用水生植物进行造景，创造充满生机、生物多样的水环境景观。山林地、交通公路沿线，进行风景林种植，形成良好的景观廊道。规划大片的农业种植区，利用农作物的规模种植，形成随季节变化的大地农业景观。

四、植物景观规划

多样性是维持植物群落景观稳定的基本特征，在莲花现代农业公园景观绿化规划中，既要强调种类、结构、生境多样化，又要突出自然化与乡土化，避免过于城市化和园林化的景观配置方式，还要注意生态安全，重视外来入侵物种和有害生物的危害。

莲花现代农业公园在树种选择上，宜多选用本土植物，考虑四季枝叶花果的变化，以形成丰富的四季景观效果，且注重与周围环境的协调（表 10-5）。按农业公园立地环境的不同，一般将植物景观分为 3 种类型，即林地植物景观、田园植物景观和建筑植物景观。

表 10-5　莲花现代农业公园主要绿化植物配置

位置	植物类型
上层乔木	柚子、柑橘、枇杷、梨树、桃树、李树、杏、李、杨梅等
中层小乔木	锦带花、石榴、海棠、梅、木芙蓉、蜡梅等
下层灌木及地被	茶叶、麦冬、茶花、黄花菜、紫云英、山茶花、绣线菊、芍药、牡丹、食用栀子、甘蓝、甜菜等
耐水性及水生植物	荷花、水芋头、千屈菜、黄菖蒲、再力花、梭鱼草、花叶芦竹、莼菜、菱角、水芋头、芡实、藜蒿、水芹菜、茭瓜等
作物景观	荞麦、水稻、小麦、玉米、棉花、高粱、荷花、马铃薯和油菜等

1. 林地植物景观

分为自然林和人工林两种类型。自然林是自然形成的植物景观，主要是突出其在农业公园中的生态功能，一般情况下不允许人工干预，尽可能保持其自然状态，仅在影响景观风貌的地段用人工培育的观赏植物进行局部种植，以提高局部天然林的观赏效果。人工林是人工种植的植物景观，多属于经济林树种，具有生产功能，同时具有一定的景观和生态功能，允许定期进行间伐，或者根据规划的蓝图，对林地进行少量改造。

2. 田园植物景观

包括作物景观、蔬菜景观、茶园景观、果树景观、花卉景观和苗木景观等。大田农作物景观是在大的生产面上形成的植物景观，在游览线和景观节点上配置成片的农作物景观，形成季节性的大地景观植物。水稻、小麦、玉米、棉花、高粱、荷花、马铃薯和油菜都是季节性的作物景观素材。不同的田园植物景观在生长季上呈现一定的形态和色彩上的变化，利用农作物、果树、蔬菜、花卉和苗木等不同的种类和品种，形成丰富多彩的植物景观类型，使莲花现代农业公园四季有景可赏。利用排水沟渠，种植湿生植物，形成花溪景观；利用现有的鱼塘与开挖的人工湖种植荷花，形成荷塘景观；利用大片的药材和花卉，形成大地花卉景观。田园植物景观不仅具有重要的观赏价值，还可以为乡村旅游产业的开展提供多样化的景观环境，实现更多的经济附加价值。

3. 建筑植物景观

在建筑植物景观的选择上，尽量选择种植乡土树种。运用对景、借景等传统的园林设计手法，创造植物景观节点。结合零星空地布置宅前屋后绿化，优先选用具生产功能的农作物、果树、药材等乡土植物。沿墙种植植物，形成墙角绿化；也可种植攀缘瓜果蔬菜，形成垂直绿化。植物景观与建筑结合在一起，形成舒适、美观的居住、休闲环境，同时，植物景观对改善建筑小气候环境发挥着重要的作用。

五、场地竖向规划

莲花现代农业公园内地形丰富多样，在地形改造时，应坚持土方就地平衡的基本原则，尽可能避免土方长距离运输，保持挖方与填方相对平衡，以降低建设工程造价。多样化的地形改造能形成多样的地貌类型，丰富园区的景观层次，并形成多样的小气候环境。

莲花现代农业公园大部分的土地较平坦，便于实现机械化操作，形成乡村大地景观，缺点是景观相对单调，不利于形成良好的小气候环境，可通过挖湖堆山的方式改变建设区域的地形标高。堆山的理想之处宜在建筑的西北方向，挖湖的理想之处宜在建筑的东南方向，这样有利于减轻西北风的不利影响和引进东南风，也有利于遮挡夏季西北面的太阳暴晒。在进行建筑设计时，临水的建筑重点考虑供水位的标高，靠山的建筑考虑选取地质安全的位置，地基开挖以不大兴土木为原则，做到随山就势，因地制宜。梯田标高一般情况下保持不变，在现有的灌排水系统上进行改造和优化，不轻易改变标高。新开发的梯田和旱地因山就势，分区分片分块确定相对标高，避免出现大的挖方和填方。新修的道路标高，沿地势而定，纵坡坡度以满足道路设计规范要求为前提条件，尽可能选择土方工程量小的路线，避免修路过度挖方造成地质灾害。

六、交通游线规划

交通游线属于景观中廊道的范畴，莲花现代农业公园内的廊道可分为绿带廊道、河流廊道和道路廊道等，廊道可以增强园区的通达性，同时通过分割作用在不同情况下提高或降低景观的多样性。多样性农业单元内部尽可能减少或限时禁止一切机动车使用，建设慢行系统，贯彻执行“节能、节水、节地、治污”，着力推进节能减排，以保护当地的生态环境。

1. 道路交通系统

在对外交通方面，通过含浦大道西延线、莲善公路、长湘高速公路复线、长花灰韶旅游专线和黄桥大道等实现与城市干道网络便捷联系。内部交通方面，打造园区内部绿色旅游专用线，内部旅游交通路线将贯穿不同的农业产业项目，将项目点贯穿起来。在每个农业项目内部规划机耕道和游步道，承载各个园区内部的机耕、运输和游客参观等功能。双向两车道的硬化路面宽度不低于 5 m，路面宽度不低于 7 m，单向车道硬化路面宽度不低于 3.5 m，路面宽度不低于 4.5 m，田间机耕道路面硬化宽度不低于 3 m，路面宽度不低于 4 m，机动车道保障转弯半径不低于 8 m，道路端点设回车场地。游步道依地形地势而设置，宽度为 0.6～3.0 m 不等，游客量大的区域主游道一般为 1.8～3.0 m，次游道为 1.2～1.8 m，林中及花园小径为 0.6～1.2 m。在慢行系统方面，在桐木河段 6.5 km 自行车道建设的基础上，沿莲花河往西打造自行车绿道系统，形成一条东西向贯穿整个园区的自行车道，为游客提供畅享“绿意慢生活”的健康休闲方式。农业公园游道修建坚持经济、适用和美观的原则，路面材料尽可能就地取材，最好利用纯天然材料，如石材、木材、砖、瓦等材料，突出地方特色，体现乡土风格。

2. 游览路线系统

游览线路主要考虑不同类型的线路组织，莲花现代农业公园规划都市游、市域游、市级游 3 种路线。都市游，在大河西内部组织线路，以市民周末一日游为主；市域、市际游，以把园区纳入周边旅游目的地如韶山、铜官窑、橘子洲头、岳阳楼、张家界等知名旅游景点为主要目的，推动莲花现代农业公园的旅游发展，打出项目旅游知名度。

七、土地利用规划

土地是多样化景观环境形成的基础，也是农业生产和旅游产业发展的基本物质条件。莲花现代农业公园以资源节约、环境友好为指导思想，采取土地整理和土地流转的土地利用方式调整园区土地利用结构和布局。由于莲花现代农业公园位于湘江西岸的低矮丘陵区，耕地特别是水田分布广阔，地势相对平坦，适合进行土地整理，规划对项目区的田、水、路、林、村等进行综合整治，以增加有效耕地面积，改善农业生产条件与生态环境。土地流转主要为耕地、林地、宅基地的流转，土地流转是以使用权出租，强调农民“失地不失权、失地不失业、失地不失利”。园区采用农地规模化经营，以入股或租赁的形式进行土地流转，将城市的资源与要素引入农村，组建公司或者开发农业项目。目前，随着格林花卉、德普置业葡萄基地等项目成功签约，顺利落户莲花现代农业公园，进一步实现了集体土地整村流转后“公司＋农户＋合作社”的经营模式，农民就近择业并参与公司分红，真正做到了“离土不离乡”。

八、生态保护规划

莲花现代农业公园生态环境保护工作主要表现在大气、声环境、水环境、土壤等方面，应针对已造成的生态破坏进行修复和预测未来可能出现的生态环境问题，对园区的环境提出综合整治策略，以维护农业公园良好的生态环境，实现社会经济和自然生态的可持续发展。

在大气环境保护方面，根据《环境空气质量标准》(GB 3095—2012)的规定，规划园区空气质量达到二级标准(表 10-6)。采取有效措施降低大气污染物产生，对废气排放浓度不能达到国家规定排放标准的企业进行整顿，从源头上减少大气污染的产生。加强农村清洁能源推广利用工作，减少二氧化硫、二氧化碳排放量。鼓励村民使用沼气、石油液化气、太阳能等清洁能源，改变农村烧煤、烧柴等污染型能源结构。

表 10-6　二类区环境空气污染物浓度限值

浓度限值	污染物项目/(mg/m^3)		
	SO_2	NO_2	TSP
年平均	0.06	0.04	0.20
日平均	0.15	0.08	0.30

资料来源：《环境空气质量标准》(GB 3095—2012)，其中，二类功能区为居住区、商业交通居民混合区、文化区、工业区和农村地区。

在声环境保护方面，加强园区对噪声的监测和管理，噪声控制在 45 dB 以下，对工业噪声超标的企业要进行技术改造；规划区域交通干线噪声环境，要求质量达标率为 80%，高速公路、快速道路两侧各建设 20 m 绿化隔离带。

在土壤环境保护方面，坚持治理和预测并举的方式，控制土壤污染的源头，严格控制工业及采矿业污染、农业面源污染和生活废弃物排放。推广应用无公害和有机农产品、绿色食品生产技术，严禁国家禁用的农药在市场流通，从源头上防止新的土壤污染，降低化肥、农药、除草剂等化学物质对土壤结构的破坏，以免影响园区的生物多样性水平。

在水环境保护方面，要保护饮用水源，禁止在水库、大坝等保护性的水域周边开展建设活动和养殖活动，定期清除池塘等水体的淤泥，提高蓄水能力，疏通河道减轻水旱灾害发生。对池塘和沟渠采取加固措施，保护水边植被，防止水土流失，全面落实水域保护措施，维持莲花现代农业公园完整的水生态系统。

九、其他配套建设

1. 给排水配套

莲花现代农业公园内的给排水方案和生活用水方案应根据实际需求，结合地形条件，采取灵活、可行的方案，保证给、排水设施的规划与建设在数量上相互协调。结合园区道路规划和园区水体规划，建设通畅的给排水体系，保障区内的基础设施运作正常，同时不污染生态环境。

供水模式分为内生型供水和区域协调供水两种模式。内生型供水通过采用地下水、茅栗冲水库引水以及原水厂扩建；区域协调供水规划从二水厂沿长花灰娄公路及黄桥大道供水。严禁污水未经处理直接排入周边水体，村庄居民点采用人工湿地生活污水处理或三格化粪池污水处理的方式。分散的生物多样性产业单元内采用人工湿地生活污水处理或单独设污水处理站(图 10-3)。雨水经沟渠自由排放，进入周边水体、农田；污水集中收集进入人工湿地或化粪池。

图 10-3　人工湿地生活污水处理

［图片来源：《长沙市莲花现代农业公园规划》(2014)］

2. 环卫设施配套

规划对园区实施垃圾分类和定点回收体系，彻底整治和改变垃圾污染问题。在莲花桥镇区规划配套建设一个垃圾转运站，根据 300 m 步行半径设置垃圾收集点。布置分类收集垃圾筒，由环卫部门专车集中转运至垃圾回收中心分类，可再生垃圾进行回收，其余运至垃圾处理中心进行处理。村庄居民点的垃圾以分类收集为主，每户设不同类型的垃圾桶，分别筛选可降解、可回收、不能降解的垃圾。医疗等特种垃圾，集中收集，转运至长株潭特殊垃圾处理中心进行处理。公共厕所建设应符合《环境卫生设施设置标准》(CJJ 27—2012)的要求，力争达到二类以上标准。公共厕所应布局合理，数量能满足游客需求，标识应醒目美观，建筑造型与景观环境相协调(图 10-4)。

图 10-4 景观厕所意向图

[图片来源:《长沙市莲花现代农业公园规划》(2014)]

3. 旅游服务设施

旅游服务设施的建设是莲花现代农业公园开展休闲旅游业的先决条件,是游客集散、餐饮、住宿、开展其他旅游活动的必要载体,是构成农业公园第三产业正常进行的基础要素。旅游服务设施主要是指为游客提供各种服务的场所,主要包括住房服务设施、餐饮服务设施、购物服务设施和娱乐服务设施。在异质性单元内开发乡村度假酒店和乡村客栈,住宿设施的建筑风格应与当地传统建筑风格相协调,与周边自然环境相融合。还可利用农民的住宅,开展农家接待,提高园区接待能力。利用莲花现代农业公园农产品资源丰富的优势,建立园区食品供应基地,开展绿色饮食系列,主推绿色、有机农副产品,如有机大米、有机蔬菜、绿色鲜果以及绿色禽肉,扶持已有的特色品牌企业,如蓝莓基地、蔬菜基地、水果基地等,形成园区的产品特色。分别在莲花集镇、桐木集镇和东塘集镇建设 3 个乡村旅游购物中心,聚集乡村旅游商品,形成规模化效应。结合乡土文化,开发乡村工艺品,同时,大力鼓励具有特殊手艺的民间手工艺人自主创意设计旅游商品,为当地农民提供个性化的创业平台,同时也有利于莲花现代农业公园乡村旅游商品品牌的形成。

4. 能源利用

莲花现代农业公园采用以常规能源为主,生物质能源、太阳能、风能等新能源为辅的能源结构。通过能源优化和新技术的推广应用,加强节能减排和资源的循环利用,减少污染物排放,实现生产、生活节能,推进废弃物能源化、资源化利用,为莲花现代农业公园的生态环境友好创造基础条件。完成电力工程的改造升级,在莲花现代农业公园建设 110 kV 变电站;推广普及太阳能技术,建设太阳能发电站;建设风能发电设施,道路两边建议采用风光互补节能技术,推广太阳能路灯;加强沼气等生物质能源技术的提升和改良,通过沼气池带动"一池三改",推广"畜-沼-果""畜-沼-粮""畜-沼-菜"等农业循环经济模式、"生态养殖业-沼气-有机肥料-高效种植业"的农业循环经济模式,规划建立 2 个或 3 个沼气集中示范工程,配置大中型沼气工程 1 万 m^3;建立和推广"种植业—秸秆还田—种植业"和"种植业—秸秆—食用菌—有机肥(饲料)—种植业"等农业循环经济模式;在桐木村建设秸秆气化厂 1 座,农作物秸秆综合利用率达到 95%以上;建立生态补偿机制,逐步淘汰一批能源利用率低、污染排放高的工业企业,建成一批农业循环经济的示范企业和生产基地。

5. 综合防灾

莲花现代农业公园内的坎、坡、悬崖均依规范设置警示牌,以提醒游人在攀登或游玩时提高警惕。加强消防水源的建设,利用水塘作为消防水源。对存在地质灾害隐患的居民点进行搬迁,对现有道路沿线灾害隐患地段进行加固,加强水土固定;严格按照国家规定开垦和间伐森林,严格防止水土流失和泥石流等地质灾害,加强石漠化治理,优化森林生态环境。

第五节　规划后评价体系

生态系统是各种生物与其周围环境所构成的自然综合体,所有的物种都是生态系统的组成部分。在生态系统之中,不仅各个物种之间相互依赖,彼此制约,而且生物与其周围的各种环境因子也是相互作用的。农业公园复合生态系统由自然、经济和社会 3 个子系统构成,各个子系统又包含多样的系统要素,通过对系统要素不断的统筹、协调、反馈、修复,才使整个系统持续稳定地运行。对莲花现代农业公园项目进行规划后评价的目的是对规划成果进行总结性评价,重点分析规划方案与实施建设情况的差距,研究造成问题的原因,既提出规划调整的方向及有效的对策措施,又为今后修编规划提出建议。

莲花镇农业公园属于复合型农业公园的范畴,应用 AHP 法对复合型农业公园规划后评价要素进行权重赋值,选取 20 名业内专家及学者作为调查对象,对确定的指标分层次进行重要性的两两比较打分,采取 9 分标度法对各矩阵展开专家判断,构建 AHP 的判断矩阵,并通过一致性验算后,得出最终的指标权重(表 9-16)。为了更加全面、客观、准确地对项目做出评价,特邀请 20 名来自相关领域的专家或专业从业人员分析规划方案与实施建设情况的差距,对照评价因子对建设成果进行打分,将打分的赋值带代入公式(9-1),将各指标因子的得分进行加权,也可以先将打分进行加权,再将加权平均值代入公式,得出项目的评价结果:莲花现代农业公园项目指标得分结果 A 为 88 分,表明该项目规划水平优秀。

规划后评价系统的目的是对农业公园规划和开发建设工作中的轻重缓急做到心中有数,着力打造好重要环节,兼顾好次要环节,做到分步开发和有序实施,使农业公园的开发建设实现科学、合理、良性发展。根据复合型农业公园规划后评价要素的权重排序(表 9-17),可知“经济服务性”比其他系统层项目更加重要,在项目规划与开发建设中应重点打造,该类农业公园的规划和建设重点是“规划管理水平”“产业结构特色”“景观格局优化”“配套服务特色”等方面的提升和建设。根据专家对复合型农业公园规划后评价要素的加权打分结果的分析,可以看出莲花现代农业公园项目在“民居聚落美景”“旅游产品特色”“民俗文化特色”等方面的得分不高,在规划修编和建设中有待改进。

建立农业公园规划后评价体系,促使管理者采用更多的手段来控制园区发展的方向,整体协调产业要素之间的关系,反馈开发和建设中出现的问题,对总体构架进行结构调整,形成动态循环的规划周期,可操作性更强,具有更多的比较优势。

参考文献

[1]李宁宁．粮食安全约束下中国农村生物质能产业发展研究[D]．哈尔滨:东北林业大学，2011.

[2]范水生．休闲农场规划的理论与方法研究[D]．福州:福建农林大学，2007.

[3]尹弘,张兵,张金玲．中国现代农业旅游发展模式浅析:基于全国 203 个农业旅游示范点的总结研究[J]．云南地理环境研究，2007，19(1)：122-126.

[4]Frater J. Farm tourism in England：planning，funding，promotion and some Lessons from Europe[J]. Tourism Management，1983，4(3)：167-179.

[5]L. B. W. Nieuwkamp. Zone modelling in ecotourim[C] // 生态旅游规划与发展．国际研讨会论文集，1996.

[6]Bill BramwelI，Bernard hnB. Rural tourism and rural evelopment[M]. UK：Channel View Publications，1994.

[7]Contini C，Scarpellini P，Polidori R. Agri-tourism and rural development：the Low-Valdelsa case，Italy [J]. Tourism Review，2009，64(4)：27-36.

[8]Bryld E. Potentials，problems，and policy implications for urban agriculture in developing countries[J]. Agriculture & Human Values，2003，20(1)：79-86.

[9]杜宗斌．近五年国外乡村旅游研究进展与启示[J]．湖州师范学院学报，2010(2)：111-114.

[10]林源源．国外农业旅游的运行经验及启示[J]．农业经济问题，2009(12)：101-103.

[11]陈芳，冯革新．德国市民农园的历史发展及现代启示[J]．国际城市规划，2008，23(2)：78-82.

[12]Lerup Lars. After the City[M]. Cambridge：MIT Press，2000.

[13]尹菲．美国、法国、意大利和日本农业观光旅游研究[J]．世界农业，2013(8)：100-103.

[14]王洁佳，陈巍．国外农业旅游及发展实例分析[J]．世界农业，2013(5)：99-101.

[15]Landscape Design 杂志社．日本最新景观设计[M]．刘云俊,译．大连：大连理工大学出版社，2001：90-93.

[16]李甲贵，贾金荣．澳大利亚葡萄酒产业发展政策与启示[J]．农业经济问题，2010(6)：106-109.

[17]沈世伟，许静娜，黄晓岑．法国葡萄酒旅游发展的经验与启示[J]．宁波大学学报(人文版)，2016，29(3)：95-99.

[18]张蓓，万俊毅，文晓巍．国外农业旅游的模式比较与经验借鉴[J]．农业经济问题，2011(5)：100-105.

[19]李建华，林国华．台湾休闲农业发展研究及对大陆的启示[J]．中国农业科技导报，

2007，9(2)：89-92.

[20]郭焕成，任国柱．我国休闲农业发展现状与对策研究[J]．北京第二外国语学院学报，2007(1)：66-71.

[21]杨国良．观光农园旅游区开发与规划研究[J]．四川师范大学学报(自然科学版)，2001，24(6)：622-625.

[22]王仰麟，祁黄雄．区域观光农业规划的理论与案例研究：以防城港市十万大山北麓(上思县)为例[J]．人文地理，1999(1)：21-25.

[23]陈征．观光农业园区规划方法及其评价研究[J]．农业现代化研究，2009，30(6)：692-695.

[24]宋妮，姜卫兵，翁忙玲，等．长三角地区休闲农庄规划建设现状和发展对策初探[C]//海峡两岸休闲农业发展学术研讨会，2010.

[25]伽红凯，王雨霏，邹铃．中国休闲农业研究综述[J]．天津农业科学，2016，22(2)：64-68.

[26]郭红芳．国内休闲农业研究综述[J]．旅游论坛，2007，18(6)：933-937.

[27]任开荣，董继刚．休闲农业研究述评[J]．中国农业资源与区划，2016，37(3)：195-203.

[28]许贤棠，刘大均，胡静，等．国家级乡村旅游地的空间分布特征及影响因素：以全国休闲农业与乡村旅游示范点为例[J]．经济地理，2015，35(9)：182-188.

[29]阚如良，杨小平，郑宇飞，等．休闲农业资源开发与评价：以三峡步步升文化村为例[J]．生态经济，2015，31(4)：103-106.

[30]卢云亭．生态旅游与可持续旅游发展[J]．经济地理，1996(1)：106-112.

[31]宋晓虹．生态旅游农业的发展及其创新意义[J]．贵州农业科学，2002，30(1)：59-62.

[32]于颖．我国农业生态旅游的可持续发展研究：以赤壁市沧湖农业生态旅游开发区为例[D]．武汉：华中师范大学，2008.

[33]程天矫．农业旅游的生态规划设计方法研究[D]．咸阳：西北农林科技大学，2006.

[34]项载昌．生态农业旅游及其开发规划理论的初步探讨[D]．昆明：云南师范大学，2005.

[35]王鋆，高岩．关于休闲农业的定义与内涵的研究综述[J]．上海农业科技，2015(4)：18-19.

[36]吴承照．现代城市游憩规划设计理论与方法[M]．北京：中国建筑工业出版社，1998.

[37]张伟．汇聚各类要素发展休闲农业[J]．江苏农村经济，2016(4)：32-33.

[38]朱长宁，鲁庆尧，王树进．基于拓展计划行为理论的休闲农业旅游行为意向研究[J]．西北农林科技大学学报(社会科学版)，2016，16(5)：143-149.

[39]颜文华．休闲农业旅游产品开发模式创新研究[J]．中国农业资源与区划，2015，36(7)：123-128.

[40]姬亚岚，张玫．多功能农业框架下休闲农业组织模式比较：一个系统思考方法[J]．农业技术经济，2012(4)：86-95.

[41]李旭东，谢晋．农业转型升级阶段农村休闲农业发展模式研究[J]．农业经济，2015

(7)：78-79.
[42]陈爱梅，邵小慧．海南省城郊休闲农业发展模式研析[J]. 农业经济，2015(8)：28-29.
[43]张广海，包乌兰托亚．我国休闲农业产业化及其模式研究[J]. 经济问题探索，2012(10)：30-37.
[44]黄志红．休闲农业的体验营销模式构建及其定位研究[J]. 农村经济，2009(10)：51-54.
[45]宋毅，曾芳芳，朱朝枝．福建省古村落休闲农业开发博弈研究[J]. 东南学术，2016(3)：68-75.
[46]弓志刚，原梅生．休闲农业产业化发展的组织创新研究[J]. 财贸经济，2009(1)：114-117.
[47]范水生，朱朝枝．休闲农业的概念与内涵原探[J]. 东南学术，2011(2)：72-78.
[48]成升魁，徐增让，李琛，等．休闲农业研究进展及其若干理论问题[J]. 旅游学刊，2005，20(5)：26-30.
[49]杨晓娜．推动休闲农业发展延伸农业产业功能[J]. 吉林农业，2015(10)：34-35.
[50]张晨，马莹，罗强，等．休闲农业刍议：兼谈上海休闲农业的挑战和机遇[J]. 中国农学通报，2014，30(8)：315-320.
[51]张胜利．新农村建设视阈的休闲农业发展策略研究[J]. 湖南农业大学学报(自然科学版)，2013(S1)：152-154.
[52]梁辰浩，夏颖翀．产业融合创意休闲农业旅游研究：以浙江休闲农业旅游为例[J]. 社会科学家，2016(5)：85-89.
[53]王丽丽，王锦旺，蔡丽红．河北省休闲农业发展研究：以环首都经济圈为视角[J]. 河北经贸大学学报，2016，37(3)：109-114.
[54]覃子珍．利用网络平台促进海南休闲农业旅游发展[J]. 热带农业科学，2010，30(1)：44-46.
[55]唐凯江，杨启智，李玫玫．"互联网+"休闲农业运营模式演化研究[J]. 农村经济，2015(11)：28-34.
[56]谭城．"互联网+"时代发展休闲农业的思考[J]. 北京农业，2015(22)：192-194.
[57]方巧凤，梅燕，雷雯．"互联网+"时代下对休闲农业旅游的研究[J]. 广东蚕业，2016(2)：46-47.
[58]Sorace A. Value to Wildlife of Urban-Agricultural Parks: A Case Study from Rome Urban Area[J]. Environmental Management, 2001, 28(4): 547-560.
[59]Serrano J A S. Pen-urban agriculture, Agricultural Natural Parks and local markets for farm produce and livestock: a productive territorial response to the subordination of the countryside to the city[J]. Revista Electró nica De Geografí a Y Ciencias Sociales, 2015(19): 502.
[60]Sturm II J, Kirby K J, Watkins C. Development and dynamics of agricultural parks in West Africa [C]// The Ecological History of European Forests: Based on Presentations Given at the International Conference on Advances in Forest and Woodland His-

tory, Held at the University of Nottingham in September. 1998.

[61]Liira J, Lõhmus K, Tuisk E. Old manor parks as potential habitats for forest flora in agricultural landscapes of Estonia[J]. Biological Conservation, 2012, 146(1): 144-154.

[62]Agrawal M, Singh B, Rajput M, et al. Effect of air pollution on peri-urban agriculture: a case study[J]. Environmental Pollution, 2003, 126(3): 323-329.

[63]Novelli S, Giau B. Conservation, enhancement and promotion of the greenbelt land around Asti: a peri-urban Agricultural Park[J]. 2010. P. 57-68.

[64]Braga L M M. Rural Production Arquitecture: the Agricultural Park as an enhancement possibility based on heritage resources of the "irrigated perimeters" on Northeastern Brazil[J]. European Child & Adolescent Psychiatry, 2010, 19(4): 379-388.

[65]Migliorini P, Scaltriti B. Evaluation of sustainability of the farms in the Agricultural Park of South Milan and their production chain[J]. New Medit, 2012, 11(4): 53-56.

[66]Harada K. Local use of agricultural lands and natural resources as the commons in Gunung Halimun National Park, West Java, Indonesia[J]. International Journal of Sustainable Development & World Ecology, 2005, 12(1): 34-47.

[67]姜韦超，陈哲，顾大治．归田园游：大圩都市农业公园发展现状调研[J]．安徽农业科学，2009，37(13)：6269-6271.

[68]骆中钊．农业公园的规划设计原则[J]．村委主任，2012(1)：21-21.

[69]高宁，胡迅．基于多功能农业理论的都市农业公园规划设计：以莫干山红枫农业公园为例[J]．南方建筑，2012(5)：82-86.

[70]张华如．现代都市农业公园规划建设有关问题探讨[J]．安徽农业科学，2007，35(36)：11816-11817.

[71]郑阳，孙明高，辛培刚．对农业公园总体规划设计的探索：以聊城市"凤凰苑"农业公园为例[J]．山东农业大学学报(自然科学版)，2004，35(2)：280-283.

[72]侯满平，石英．国家农业公园新概念：首次系统解读[J]．新农业，2015(2)：20-22.

[73]游明伦，杨政水．城市农业公园的内涵、模式及路径[J]．贵州农业科学，2014(12)：267-272.

[74]秦华，易小林．农业公园景观规划的理论与方法探析：以重庆市黔江生态农业观光园规划为例[J]．中国农学通报，2005，21(8)：282-285.

[75]黄静，杨政水，王锋．城市农业公园的功能定位探讨[J]．安徽农业科学，2014(16)：5139-5141.

[76]冯沛园．城市农业公园的规划与探索[D]．南京：南京农业大学，2014.

[77]杨政水，王锋，黄静．城市农业公园的休闲需求分析[J]．安徽农业科学，2014(11)：3316-3318.

[78]金卫斌，雷慰慈，陶仲仁，等．关于建立湿地农业公园的思考：建设洪湖湿地农业公园的可行性初探[J]．湖北农学院学报，2001，21(4)：352-354.

[79]冯艺佳，李倞，王向荣．农业公园活动安排与组织模式研究[J]．中国园林，2015，31(12)：69-74.
[80]卞文志．农业公园：旅游的高端形态[J]．乡镇论坛，2014(33)：14-15.
[81]宋俊．谈现代农业公园景观的发展[J]．城市建设理论研究，2013(2)：134.
[82]蜀茗．首批"中国农业公园"新鲜出炉　滕头村、前卫村等榜上有名[J]．中华建设，2009(5)：38-39.
[83]Watson R. 生态学家面临的全球问题的共同主题[J]．应用生态学杂志，1999(36)：1-10.
[84]Naeem S. 生物多样性与生态系统功能：对自然生命支持过程的维持[R]．华盛顿：美国生态学协会，1999：1-26.
[85]Wilson E O. The Biological Diversity Crisis[J]. Bioscience，1985，35(11)：700-706.
[86]Butchart S H，Walpole M，Collen B，et al. Global biodiversity：indicators of recent declines. [J]. Science，2010，328(5982)：1164-1168.
[87]陈灵芝．中国的生物多样性现状及其保护对策[M]．北京：科学出版社，1993：1-15.
[88]蒋志刚，马克平，韩兴国．保护生物学[M]．杭州：浙江科学技术出版社，1997.
[89]Mark B. Bush. Ecology of a Changing Planet：关于变化中的地球[M]．北京：清华大学出版社，2003 ：31-32.
[90]李慧蓉．生物多样性和生态系统功能研究综述[J]．生态学杂志，2004，23(3)：109-114.
[91]马克平，米湘成，魏伟，等．生物多样性研究中的几个热点问题[C]．第五届全国生物多样性保护与持续利用研讨会论文集，2004：23-44.
[92]马克平．试论生物多样性的概念[J]．生物多样性，1993，1(1)：20-22.
[93]肖笃宁，李秀珍．当代景观生态学的进展和展望[J]．地理科学，1997，17(4)：356-364.
[94]王伯荪，王昌伟，彭少麟．生物多样性刍议[J]．中山大学学报(自然科学版)，2005，44(6)：68-70.
[95]傅伯杰，陈利顶，马克明，等．景观生态学原理及应用[M]．北京：科学出版社，2001：121-136.
[96]宋丁全．生物多样性基本概念及其数学方法[J]．金陵科技学院学报，2004，20(2)：1-4.
[97]蒋志刚，马克平，韩兴国．保护生物学[M]．杭州：浙江科学技术出版社，1997：148-160.
[98]王英杰．中国的生物多样性及其发展[J]．科学与社会，1995(4)：1-4.
[99]俞孔坚，李迪华，段铁武．生物多样性保护的景观规划途径[J]．生物多样性，1998，6(3)：205-212.
[100]Forman，Richard T T. 景观与区域生态学的一般原埋[J]．肖笃宁，译．生态学杂志，1996(3)：74-79.
[101]俞孔坚．生物保护的景观生态安全格局[J]．生态学报，1999(1)：8-16.

[102]俞孔坚，李迪华．城乡与区域规划的景观生态模式[J]．国外城市规划，1997(3)：27-31.
[103]姬晓娜．城市生物多样性保护的景观规划途径[J]．城市问题，2006(6)：16-20.
[104]陈波，包志毅．景观生态规划途径在生物多样性保护中的综合应用[J]．中国园林，2003，19(5)：51-53.
[105]李延梅，牛栋，张志强，等．国际生物多样性研究科学计划与热点述评[J]．生态学报，2009，4(29)：2115-2123.
[106]Ives A R，Carpenter S R. Stability and diversity of ecosystems [J]. Science，2007，317(5834)：58-62.
[107]Loreau M，De M C. Biodiversity and ecosystem stability：a synthesis of underlying mechanisms[J]. Ecology Letters，2013，16(Supplement s1)：106-115.
[108]Wilson E. O. The Diversity of Live[M]. Cambridge：The Belknap Press of Harvard University Press，1992.
[109]Li C，He X，Zhu S，et al. Crop diversity for yield increase[J]. PLoS One，2009，4(11)：1-6.
[110]Li L，Li S M，Sun J H，et al. Diversity enhances agricultural productivity via rhizosphere phosphorus facilitation on phosphorus-deficient soils[J]. Proceedings of the National Academy of Sciences，2007，104(27)：11192-11196.
[111]Ala W A，Geldenhuys C J，Prabhu R. Perceptions of ClimateVariability and Pest-Disease Incidence on Crops and AdaptiveForest- Agricultural Practices[J]. Culture，Agriculture，Food andEnvironment，2012(34)：53-67.
[112]高东，何霞红，朱有勇．农业生物多样性持续控制有害生物的机理研究进展[J]．植物生态学报，2010，34(9)：1107-1116.
[113]俞孔坚，李迪华．城乡与区域规划的景观生态模式[J]．国外城市规划，1997 (3)：27-31.
[114]郑云开，尤民生．农业景观生物多样性与害虫生态控制[J]．生态学报，2009，29(3)：1508-1518.
[115]邹珊，李想，杨敬华．湖南省创意休闲农业发展水平综合评价研究[J]．农业现代化研究，2017，38(1)：111-118.
[116]马思捷，严世东．我国休闲农业发展态势、问题与对策研究[J]．中国农业资源与区划，2016 (9)：160-164.
[117]李涛，刘家明，刘锐，等．基于“生产-生活-生态”适宜性的休闲农业旅游开发[J]．经济地理，2016 (12)：169-176.
[118]王丽丽，蔡丽红，王锦旺．我国休闲农业产业化发展研究：述评与启示[J]．中国农业资源与区划，2016，37(1)：207-212.
[119]夏征农，刘大钧．大辞海：农业科学卷[M]．上海：上海辞书出版社，2009：11-13.
[120]胡乔木，姜椿芳，梅益．中国大百科全书[M]．北京：中国大百科全书出社，1993.
[121]毋青松．现代都市农业发展战略研究[D]．太原：山西农业大学，2013.

[122]舒尔茨．改造传统农业[D]. 北京:商务印书馆．2021.

[123]黄映晖，史亚军．都市农业发展动因及功能的国际比较[J]. 北京农学院学报，2007，22(1)：54-58.

[124]檀学文．城市农业与可持续城市化[J]. 世界农业，2001(3)：21-23.

[125]张立生，姚士谋．我国高科技农业发展的新空间:“都市型农业”的发展研究[J]. 中国农业资源与区划，1999，20(3)：46-51.

[126]廖森泰，周灿芳，郑业鲁．都市农业发展的传统理论与创新思路[J]. 广东农业科学，2007(1)：83-86.

[127](北齐)魏收．景穆十二王列传[M]. 福州：福建人民出版社，2004.

[128]魏琦丽．浙北地区乡村公园发展现状及评价[D]. 杭州:浙江农林大学，2014.

[129]GB/T 50280—98,城市规划基本术语标准[S]. 北京:中国建筑工业出版社，2006.

[130]杨丛余，周建华．基于朴门永续设计理念的城市农业公园规划设计策略[J]. 西南师范大学学报(自然科学版)，2017，42(3)：101-106.

[131]王锋，杨政水，赵会芳，等．中小城市建设城市农业公园的产业选择探讨[J]. 农村经济与科技，2017，28(3)：46-48.

[132]庄晨辉. 乡村公园[M]. 北京：中国林业出版社，2009.

[133]李晓文，胡远满，肖笃宁．景观生态学与生物多样性保护[J]. 生态学报，1999，19(3)：399-407.

[134]许国志．系统科学[M]. 上海：上海科技教育出版社，2000：14.

[135]刘峰．旅游地理学在中国的发展回顾[J]. 地理研究，1999，18(4)：434.

[136]金波，蔡运龙．西方国家旅游地理学进展[J]. 人文地理，2002，17(3)：36.

[137]董巍，刘昕，孙铭，等．生态旅游承载力评价与功能分区研究:以金华市为例[J]. 复旦学报(自然科学版)，2004，43(6)：1024-1029.

[138]Simón F J G，Narangajavana Y，Marqués D P. Carrying capacity in the tourism industry：a case study of Hengistbury Head[J]. Tourism management，2004，25(2)：275-283.

[139]Rahmani A，Fakhraee A，Karami S，et al. A Quantitative Approach to Estimating Carrying Capacity in Determining the Ecological Capability of Urban Tourism Areas (Case Study：Eram Boulevard of Hamadan city)[J]. Asia Pacific Journal of Tourism Research，2015，20(7)：1-15.

[140]Meshkini A，Heydari T，Nemati T. Quantitative Estimation of Tourism Carrying Capacity of Zanjanroud Riverine[J]. Geography and Environmental Planning，2013，24(3)：75-92.

[141]Wagar J A. The carrying capacity of wild lands for recreation[J]. Forest Science，1964，10(Supplement 7)：1-24.

[142]Sousa R C D，Pereira L C C，Costa R M D，et al. Tourism carrying capacity on estuarine beaches in the Brazilian Amazon region[J]. Journal of Coastal Research，2014(70)：545-550.

[143]Saarinen J. Traditions of sustainability in tourism studies[J]. Annals of tourism research, 2006, 33(4):1121-1140.
[144]Saveriades A. Establishing the social tourism carrying capacity for the tourist resorts of the east coast of the Republic of Cyprus[J]. Tourism management, 2000, 21(2): 147-156.
[145]Marion J L. A review and synthesis of recreation ecology research supporting carrying capacity and visitor use management decisionmaking[J]. Journal of Forestry, 2016, 114(3):339-351.
[146]Sharma R. Evaluating total carrying capacity of tourism using impact indicators [J]. Global Journal of Environmental Science & Management, 2016, 2(22): 187-196.
[147]赵红红．苏州旅游环境容量问题初探[J]．城市规划，1983(3)：46-53.
[148]保继刚，楚义芳．旅游地理学(3 版)[M]．北京：高等教育出版社，2012：189-192.
[149]楚义芳．旅游的空间经济分析[M]．西安：陕西人民出版社，1992.
[150]明庆忠，李宏，王斌．试论旅游环境容量的新概念体系[J]．云南师范大学学报，1999，19(5)：53-57.
[151]杨锐．风景区环境容量初探:建立风景区环境容量概念体系[J]．城市规划汇刊，1996(6)：12-15.
[152]戴学军，丁登山，林辰．可持续旅游下旅游环境容量的量测问题探讨[J]．人文地理，2002，17(6)：32-36.
[153]崔凤军，杨永慎．泰山旅游环境承载力及其时空分异特征与利用强度研究[J]．地理研究，1997，16(4)：47-55.
[154]李艳娜，张国智．旅游环境容量的定量分析:以九寨沟为例[J]．西部论坛，2000(6)：32-34.
[155]李睿，戎良．杭州西溪国家湿地公园生态旅游环境容量[J]．应用生态学报，2007，18(10)：2301-2307.
[156]刘益．大型风景旅游区旅游环境容量测算方法的再探讨[J]．旅游学刊，2004，19(6)：42-46.
[157]艾训儒，易咏梅，吴威龙，等．恩施大峡谷七星寨景区旅游环境容量研究[J]．湖北民族学院学报(自然科学版)，2011，29(4)：431-434.
[158]董瑞杰，董治宝．巴丹吉林沙漠景区旅游环境容量[J]．中国沙漠，2014，34(5)：1424-1433.
[159]陈雪，王海滔，郭明友．苏州园林旅游环境容量存在问题与对策研究[J]．无锡商业职业技术学院学报，2016，16(2)：33-37.
[160]靳美娟，王迎春．蜀南竹海旅游环境容量的测算及分析[J]．中国农学通报，2016(10)：200-204.
[161]卢松，陆林，徐茗，等．古村落旅游地旅游环境容量初探:以世界文化遗产西递古村落为例[J]．地理研究，2005，24(4)：581-590.

[162]黄成林．黄山风景区旅游物质容量初步研究[J]．长江流域资源与环境，1997，6 (2)：173-178.

[163]吴丽媛，陈传明，侯雨峰．武夷山风景名胜区旅游环境容量研究[J]．资源开发与市场，2016，32(1)：108-111.

[164]胡长龙．园林规划设计[M]．北京：中国农业出版社，2002.

[165]王晓俊．园林艺术原理[M]．北京:中国农业出版社，2011.

[166]邹先进，陈进红．现代农业导论[M]．成都：四川大学出版社，2005.

[167]柏成寿．外来入侵物种管理与生物多样性保护[J]．环境保护，2002(8)：21-23.

[168]Zhang Y Z, Zhou D J, Xiong Y W , et al. Hemorrhagic fever caused bya novel tick-borne Bunyavirus in Huaiyangshan, China[J]. Chin J Epidemiol. 2011, 32(3): 209 220.

[169]王福才，张秋芬，姚兰，等．唐山市居民区有害生物危害状况调查[J]．中国媒介生物学及控制杂志，2007，18(3)：233.

[170]朱水芳，陈乃中，李伟才，等．外来生物入侵及其国境控制体系构想[J]．植物检疫，2004，18(1)：32-36.

[171]陈刚,刘海新,罗洪,等．城市森林病虫害的发生及防治[J]．中国园艺文摘,2010(12)：99-82.

[172]阮琳,冯爱卿,蔡奕,等．广州市园林害虫防治状况及其生态治理对策[J]．园林科技信息,2005(4):32-36.

[173] Schorn S, Pfister K, Reulen H, et al. Occurrence of Babesia spp. Rickettsia spp. and Bartonella spp. in Bavarian public parks,Germany[J]. Parasite & Vector, 2011(4):1-9.

[174]Smith F D,Ballantane R,Morg E R, et al. Prevalence distributionand risk associated with tick infestation of dogs in Great Britain[J]. Medical and Veterinary Entomology,2011,25(4):377-384.

[175]Jennett, Amy L, Faith D, et al. Tick infestation risk for dogs in a peri-urban park [J]. Parasites & Vectors, 2013, 6(1):1-10.

[176]刘枫．林业有害生物防治成本估算要素构成[J]．四川林业科技,2014(3):76-78.

[177]李四华．常德市园林绿地病虫害防治现状与生态治理对策[J]．农业科技通讯,2009(6):110-113.

[178]邓启明,张秋芳,周曙东．外来入侵物种的危害及其安全管理问题[J]．自然灾害学报，2006(2)：25-31.

[179]鞠瑞亭,李跃忠,杜予州,等．蔗扁蛾在中国的入侵成因分析[J]．植物检疫，2005(3)：129-131.

[180]高建亮,赵林艳,赵林峰．我国外来入侵种的危害及防治对策初探[J]．湖南林业科技，2005(6):72-75.

[181]陈波,包志毅．建设城市森林需要警惕生物入侵[J]．城市问题,2004(5):12-16.

[182]Guimei T, Guibin L, Yao H, et al. Biological risk analysis of green land in china

[J]. Fresenius environmental bulletin, 2016, 25(12):5499-5510.
[183]张则乐,鞠瑞亭. 上海市绿化林业有害生物预警体系建设探讨[J]. 中国森林病虫,2008,27(3):42-44.
[184]夏聪,黄华枝. 广州城市绿地园林植物有害生物预警监控体系建设[J]. 广东园林,2009(5):64-66.
[185]鞠瑞亭,徐颖,易建平,等. 城市绿地有害生物风险分析体系构建及应用[J]. 植物保护学报,2005,32(2):179-184.
[186]闫峻,王焱,闫甄珍,等. 城市森林有害生物发生形势与防控对策[J]. 中国森林病虫,2012,31(4):42-45.
[187]张宗炳. 害虫综合治理的概念与要点[J]. 植物保护,1980,12(1): 29-31.
[188]戈峰. 害虫生态调控的原理与方法[J]. 生态学杂志,1998,17(2): 38-42.
[189]邱雪芹. 林业绿化有害生物防治技术探讨[J]. 南方农业,2014,8(27):38-39.
[190]高江,罗时娟. 绿化树木林业有害生物防治技术[J]. 南方农业,2014,8(27):34-35.
[191]骆强,周丙昌. 生物入侵对林业有害生物防治的影响[J]. 北京农业,2014(15):81.
[192]孟社利,张创峰,马龙. 林业有害生物防治中生物防治技术的应用[J]. 现代园艺,2015(18):63-64.
[193]王凤云. 城镇绿化植物有害生物发生特点和防控对策[J]. 中国农业信息,2014(23):53.
[194]苏雪娇. 做好林业有害生物防治工作的几点建议[J]. 黑龙江科学,2014(3):274.
[195]李志兴. 我国森林病虫害风险管理机制研究[D]. 北京:中国政法大学, 2011.
[196]王力喜. 贵州省防治和控制林业有害生物的对策及措施[J]. 林业科学,2015(2):36-37.
[197]强胜,曹学章. 中国异域杂草的考察与分析[J]. 植物资源与环境学报,2000(4):34-38.
[198]国家林业局外来有害生物预防与管理赴美考察组. 美国林业外来有害生物的预防与管理[J]. 中国森林病虫,2003,22(5):41-44.
[199]陈波,包志毅. 建设城市森林需要警惕生物入侵[J]. 城市问题,2004(5):12-16.
[200]姚和金,陈志军,蓝卸云,等. 外来入侵种对我国园林绿地的危害及防治措施[J]. 世界林业研究,2009,22(3):76-80.

附录 1　调研样本基本情况

名称	面积	定位、布局或项目特点	产业特色	文化资源	生态环境	配套	市场需求
上海孙桥现代农业园区	400 hm^2	全国第一个综合性现代农业开发区，设置玻璃温室、水培种植区、育苗温室、瓜果园、农业展览馆、嘉爱宠物乐园、巴西昆虫馆、熊蜂园等体验和娱乐项目	依托现代高科技发展设施农业	无特色文化资源	空气新鲜	已配套部分基础和服务设施	需求量大，淡旺季不明显
上海多利农庄	116.67 hm^2	从土壤的改良培育、有机肥研制、有机植保、产品现代化包装到全程冷链配送等各个环节均有严格的管理和把控，实现有机食品质量追溯和现代农业系统综合管理	有机农业智慧农庄	无特色文化资源	空气新鲜	已配套部分基础和服务设施	需求量大，淡旺季不明显
无锡田园东方	416.4 hm^2	建设水蜜桃生产示范园、果品设施栽培示范园、有机农场示范园、蔬果水产种养示范园、休闲农业观光示范区、果品加工、物流园区、苗木育苗区、综合管理服务中心、原乡民宿、特色农产品集市等项目	现代农业旅游农业	书院文化、禅宗文化、农耕文化和地质科普文化等	生态环境良好，具有火山地貌	已配套部分基础和服务设施	需求量大，淡旺季明显
苏州江南农耕文化园	33.33 hm^2	建设农耕历史体验区、土地利用区、动物养殖区、农家休闲区、乡村能源区、江南作坊区、农家谚语区、果树采摘区、生肖区九大功能区	农耕文化体验	江南农耕文化	空气新鲜	已配套部分基础和服务设施	需求量一般，淡旺季明显

续表

名称	面积	定位、布局或项目特点	产业特色	文化资源	生态环境	配套	市场需求
崇明前卫村	250 hm^2	曾先后获得联合国“生态环境全球500佳提名奖”“全国第一低碳示范村”等荣誉。设置了瀛洲古村、鸳鸯楼、垂钓中心、生态广场、采摘园等项目	生态农业 休闲旅游	知青文化 农耕文化 民俗文化	风清、水洁、地净	已配套部分基础和服务设施，不完善	需求量大，淡旺季明显
兰陵国家农业公园	1 333.33 hm^2	山东省唯一一个国家农业公园试点项目，已先后改造提升了5万 m^2 智能温室、农展馆、农耕文化广场、华夏菜园、锦绣兰陵、农科蔬苑、湿地公园、热带雨林馆、沂蒙山农耕博物馆、竹林水岸、新天地游乐场等多个项目	循环农业 科技农业 休闲旅游	农耕文化	空气清新	已配套部分基础和服务设施，不够完善	需求量大，淡旺季明显
金口镇凤凰村	95.96 hm^2	中国传统村落、全国生态文化村、国家规划示范村、省级旅游特色村、青岛市乡村旅游特色村。主要项目有古宅古建和北阡贝丘遗址等	传统农业	北辛文化 教育文化	生态环境良好，景色优美	基础和服务设施不完善	需求量小，淡旺季明显
北戴河集发生态农业观光园	240 hm^2	中国首家生态农业旅游观光4A级景区。高科技农业展示为主题，分为特种蔬菜种植示范区、名贵花卉种植示范区、特种畜禽养殖示范区和休闲餐饮娱乐区四大区域	科技农业 休闲观光	无特色文化资源	空气清新，风景秀丽	已配套部分基础和服务设施，不完善	需求量大，淡旺季明显

续表

名称	面积	定位、布局或项目特点	产业特色	文化资源	生态环境	配套	市场需求
蟹岛度假村	220 hm^2	以产销“绿色食品”为最大特色，以餐饮、娱乐、健身为载体。整个园区分四大块：种植园区、养殖园区、科技园区和旅游度假园区	生态农业 休闲旅游	无特色文化资源	环境优雅，空气清新	已配套部分基础和服务设施，较完善	需求量大，淡旺季明显
小汤山现代农业科技示范园	153.33 hm^2	北京市首批国家级农业科技园区，形成了“七区一园”格局：以工厂化育苗为主的林木种苗区；以应用“3S”定位系统生产为主的精准农业区；以名、特、优、新水产品生产为主的水产养殖区；以饲料、食品、蔬菜加工为主的农产品加工区等	科技农业 精准农业 有机农业 加工农业	无特色文化资源	空气清新	已配套部分基础和服务设施，较完善	需求量大，淡旺季明显
蓝调庄园（朝阳区金盏乡）	80 hm^2	亚洲面积最大的香草观光主题景区，建筑为法式农庄风格。设置蓝调薰衣草园、蓝调仙境薰衣草特色温泉、婚礼会所、儿童农庄等项目	文化创意 休闲旅游	薰衣草文化 爱情文化	原生态的田园景观	已配套部分基础和服务设施，较完善	需求量大，淡旺季明显
黄冈千叶湖农业生态园	200 hm^2	主要经营项目有：蔬菜、水果、苗木花卉种植、销售、采摘；农产品初加工、销售；苏派园林风格的农家乐餐饮等项目	现代农业 休闲旅游	无特色文化资源	空气清新	已配套部分基础和服务设施，不够完善	需求量一般，淡旺季明显
武汉如意现代农业观光园	33.33 hm^2	建成科技农业观赏区、农业博览科普区、生态蔬果采摘区、养殖垂钓区、露营烧烤区、生态餐饮区、康乐休闲区、特产购物区、欢乐演艺区、酒店会议区等服务功能板块	设施农业 观光农业 循环农业	无特色文化资源	空气清新	已配套部分基础和服务设施，不够完善	需求量一般，淡旺季明显

续表

名称	面积	定位、布局或项目特点	产业特色	文化资源	生态环境	配套	市场需求
绿世界生态艺术农庄	13.33 hm^2	分为餐饮娱乐区、垂钓健身区、会议培训区、田园果蔬区、耕作体验区、度假休养区、特种养殖区。建设有机特色蔬菜、有机葡萄、有机草莓基地、全智能种苗培育基地、有机生态养殖园、真卿书画院、垂钓服务中心及亲水茶吧等项目	有机农业观光旅游	无特色文化资源	空气清新	已配套部分基础和服务设施，不够完善	需求量大，淡旺季明显
润泉山庄	33.33 hm^2	开辟了特色生态养殖基地和绿色种植基地。配套建设了垂钓、水上娱乐、休闲健身、餐饮、会务、绿色农产品供应等服务项目	休闲度假	无特色文化资源	空气清新	已配套部分基础和服务设施	需求量一般，淡旺季明显
浩博农庄	33.33 hm^2	建有特色蔬菜园区、百果园、香草园、野趣园、拓展基地、山顶观景台等项目。采用温室大棚、有机基质栽培、振频杀虫、喷灌滴灌等现代农业生产技术	设施农业休闲度假	无特色文化资源	空气清新	已配套部分基础和服务设施，较完善	需求量一般，淡旺季明显
天艺山庄	70 hm^2	集餐饮住宿、垂钓、休闲度假、会务培训、儿童游乐、小水果（红枣、葡萄）种植加工、盆景赏石生产展示、花卉苗木种植、生态蔬菜种植加工、土鸡鸭鹅养殖销售、鱼养殖销售、农民合作生产等综合性休闲农业发展开发事业于一体	生态农业苗木产业休闲观光	无特色文化资源	空气清新	已配套部分基础和服务设施	需求量一般，淡旺季明显

续表

名称	面积	定位、布局或项目特点	产业特色	文化资源	生态环境	配套	市场需求
紫鹊界梯田	3 733.33 hm^2	中国农业文化遗产之一，梯田水利灌溉工程被授牌列入首批世界灌溉工程遗产名录。有月牙山、瑶人冲、老马函、八卦冲、九龙坡、山顶紫鹊阁等核心项目	梯田产业休闲旅游	南方稻作文化与苗瑶山地渔猎文化交融糅合	原生态的乡村环境	已配套部分基础和服务设施，不完善	需求量大，淡旺季明显
云上茶旅文化园	386.67 hm^2	为“黑茶文化涉外基地”，建设高标准生态有机茶园、茶文化展览馆、茶文化活动广场、大型停车场、云海观景台、日出观景亭以及茶园沿线怪石林等一系列景点及配套设施	黑茶产业休闲旅游	茶文化 苗瑶文化	优良的生态环境，迤逦的自然风光	基础和服务设施不完善	需求量一般，淡旺季明显
光明村	80C hm^2	为“湖南省社会主义新农村建设示范村”，分为四大功能区：休闲养生区、农业观光体验区、旅游度假区、滨水生态休闲区，推出“五谷、八景”作为光明村乡村旅游的主要景点	农业休闲旅游	农耕文化	生态环境良好	已配套部分基础和服务设施，不够完善	需求量一般，淡旺季明显
金龙村	—	被称为“山坝子上的童话彩色村”“九色玫瑰庄园”。项目建设内容包括种植观赏玫瑰，食用玫瑰；建设玫瑰花微型景观等	玫瑰产业艺术创新休闲旅游	民族文化 爱情文化	生态环境良好	已配套部分基础和服务设施，不够完善	需求量大，淡旺季明显
富民一丘田杨梅庄园	133.33 hm^2	建有精品杨梅园、精品葡萄园、玫瑰园、瓜果园、湿地景观、草坪休闲、农业高科技展示区等项目。是“四季瓜果飘香”的高原特色农业示范区	高原特色农业示范休闲旅游	无特色文化资源	环境优美、空气清新	已配套部分基础和服务设施	需求量大，淡旺季明显

续表

名称	面积	定位、布局或项目特点	产业特色	文化资源	生态环境	配套	市场需求
成都三圣花乡“五朵金花”旅游区	1 200 hm^2	建设花乡农居(红砂村)、幸福梅林(幸福村)、江家菜地(江家堰村)、东篱菊园(驸马村)、荷塘月色(万福村)等5个景区	观光农业乡村旅游	农耕文化	环境优美、空气清新	已配套部分基础和服务设施	需求量大，淡旺季明显
新津县花舞人间景区	200 hm^2	全球郁金香展示时间最长景区，景区拥有郁金香节、杜鹃花节、鲁冰花节、向日葵节、百合花节、野菊花节、花粉节、兰花红叶节等八大主题花节。设置有金沙沟戏水、森林漂流、云海泛舟等特色水上项目	观光农业乡村旅游	花文化	生态环境良好	已配套部分基础和服务设施，不够完善	需求量较大，淡旺季明显
音寨村	—	丰富多彩的自然景观、布依风情、观光农业和特色布衣饮食，万亩油菜花和数千亩酥李花形成独具魅力的金海雪山景观，布依山寨隐约其中	依托民族文化和自然风光发展旅游	完整保存布依族的民族文化和习俗	原生态的自然田园风光	已配套部分基础和服务设施，不够完善	需求量较大，淡旺季明显
长鹿休闲度假农庄	40 hm^2	由“长鹿休闲度假村”“机动游乐主题公园”“水世界主题公园”“农家乐主题公园”和“动物主题公园”等五大园区组成。设置农家菜园、禾田、梯田式百花园、百果园、百草园、酿酒坊、豆腐坊、陶乐居等农家特色项目	观光农业乡村旅游	岭南历史文化 农耕文化	生态环境良好、空气清新	已配套部分基础和服务设施，较完善	需求量大，淡旺季明显

续表

名称	面积	定位、布局或项目特点	产业特色	文化资源	生态环境	配套	市场需求
深圳海上田园	173 hm^2	设有基塘田园、农家风情寨、欢乐天地、田园广场、生态文明馆、生态度假村、水乡新邨、桃林苑、生态科普雕塑群、红树林实验基地等十大景区。配套树居、船居、螺姬居、平安居、富贵居、水上木屋等客房共有200余间	观光农业休闲旅游	无特色文化资源	溪流众多、密林遍布、绿草如茵、鸟语花香、空气清新	已配套部分基础和服务设施，服务设施较完善	需求量大，淡旺季明显
十鼓文化村	5 hm^2	亚洲第一座鼓乐主题国际艺术村，最明显的地标为仁德糖厂烟囱以及13个主题设施，包括简介馆、鼓博馆、击鼓体验教室、十鼓蔬苑、小剧场、水槽剧场、烟囱广场、森林呼吸步道、十鼓祈福馆等主题设施	鼓乐艺术与观光旅游结合	鼓乐艺术文化	空气清新、环境幽雅	已配套部分基础和服务设施	需求量大，淡旺季明显
阳朔世外桃源		为全国首批农业旅游示范点和世界旅游组织推荐旅游地，主要由荷花池、燕子湖、燕子洞、侗乡风情和原始部落组成	依托民俗文化与自然风光发展旅游	侗族、壮族、苗族风土人情	山水秀美	基础和服务设施不够完善	需求量一般，淡旺季明显
火山泉休闲农庄	12 hm^2	海南省休闲农业优秀示范点。设置棋牌垂钓、企业拓展、户外烧烤、篝火晚会、帐篷露营、真人CS、果蔬采摘和儿童乐园等项目	生态农业乡村旅游	无特色文化资源	空气清新	已配套部分基础和服务设施	需求量大，淡旺季明显
向阳村	—	“美丽乡村”试点工作的试点村之一。建设家庭旅馆业、豆腐加工作坊、炒制咖啡豆、加工特色美食等项目	依托福山咖啡文化风情镇	无特色文化资源	空气清新	不够完善	需求量不大，淡旺季明显

续表

名称	面积	定位、布局或项目特点	产业特色	文化资源	生态环境	配套	市场需求
誉城 9 号休闲农庄	8 hm^2	依托海口火山口旅游风景度假区，以农家休闲为消费主题。建设有机果蔬种植、生态养殖、木屋别墅、绿道骑行、湖中泛舟、水边垂钓等项目	观光农业乡村旅游	无特色文化资源	风景优美，空气清新	已配套部分基础和服务设施	需求量大，淡旺季明显
大荔县畅家农业公园	666.67 hm^2	基本建成农业种植示范区、农耕文化体验区、民俗文化展示区、传统美食小吃区、花卉育苗观光区、传统民居保护六大功能区。美食街开业不到一年即被拆除	观光农业乡村旅游	地域文化农耕文化	空气清新	已配套部分基础和服务设施，不够完善	需求量不大，淡旺季明显
杨凌现代农业示范园	13 500 hm^2	是中国第一个农业高新技术产业示范区，国家旅游局命名的首批全国农业旅游示范点。园区形成奶畜、果林、蔬菜、花卉、食用菌、良种、农产品加工和观光旅游等八大产业	设施农业循环农业休闲农业	无特色文化资源	空气清新	已配套部分基础和服务设施	需求量大，淡旺季明显
伏尔加庄园	60 hm^2	以俄罗斯文化为主题的庄园。主要景点有阿什河流、凡巴甫洛夫城堡、圣尼古拉大教堂、巴尼亚洗浴、俄罗斯人家等	依托俄罗斯文化风情发展乡村旅游	俄罗斯文化	生态环境优良、风景秀丽	已配套部分基础和服务设施	需求量大，淡旺季明显
绿岛旅游度假区	2 800 hm^2	分为六大功能区，建设有绿岛森林公园、紫薇仙庄、佳地骏杰会骑马俱乐部、比华利农业园区等项目	依托自然田园风情发展乡村旅游	北方民俗风情	景色优美、环境幽雅、气候宜人	已配套部分基础和服务设施	需求量大，淡旺季明显

附录 2　调查问卷

一、休闲农业园区调查问卷

您好！非常感谢您能够配合我们完成这次调查。请您根据自己的实际情况，说出您最直接、最真实的感受和想法，本次调查不会对您的生活产生任何负面影响。调查不记名，答案也无对错之分，所获数据资料只是用于总量分析的学术性研究。感谢您的支持与帮助！

(1)本园区的选址特点：

□近郊　□依托于热门的景区、景点　□依托于自身良好的自然和人文资源

□其他

(2)经营模式：

□农户　□企业　□企业＋农户　□政府＋企业＋农户　□村集体＋企业＋农户

(3)投资规模：

□500 万元以下　□500 万～2 000 万元　□2 001 万～1 亿元　□1 亿元以上

(4)游客人均每天花费：

□50 元以下　□50～100 元　□101～200 元　□200 元以上

(5)游客每次来园区停留的时间：

□半天　□1 天　□2 天　□2 天以上

(6)年旅游接待人数：

□5 000 以下　□5 000～10 万　□10 万～1 000 万　□100 万以上

(7)从业人员受教育情况：

□高中以下　□高中及中专　□大学生　□研究生

(8)是否有建设用地的扩张和其他土地利用性质的改变：

□是　□否

(9)是否施用化肥、农药：

□是　□否

(10)旅游淡旺季是否明显：

□是　□否

如果是，旺季一般是什么时候：□节假日　□出现季节性景观时

□平时

(11)是否拥有自己独特的文化资源：

□是　□否

(12)园区的主要资源类型：

□自然生态本底资源为主　□农业生产景观资源为主　□历史人文景观资源为主

□其他

(13)园区主要的项目设置类型：

□农业观光 □农产品采摘 □农产品加工 □产品购买 □家庭农场

□生态养殖 □棋牌垂钓 □民俗体验 □农事体验 □运动拓展 □儿童乐园

□特色餐饮 □特色住宿 □健康养生 □其他

(14)园区是否有请专业公司做策划和规划方案：

□是 □否

如果有，园区是否按照策划和规划方案实施：□是 □否

(15)您认为目前园区发展的主要问题有：

□土地利用 □资金投入 □客源市场 □基础配套 □管理运营 □其他

二、休闲农业园区游客调查问卷

您好！非常感谢您能够配合我们完成这次调查。请您根据自己的实际情况，说出您最直接、最真实的感受和想法，本次调查不会对您的生活产生任何负面影响。调查不记名，答案也无对错之分，所获数据资料只是用于总量分析的学术性研究。感谢您的支持与帮助！

(1)您的年龄段：

□1～19岁 □20～29岁 □30～45岁 □46～60岁

(2)您的收入范围：

□2 000元以下 □2 000～4 000元 □4 001～6 000元 □6 000元以上

(3)您使用何种交通工具来到园区：

□自行车 □公共汽车 □出租车 □大巴车 □自驾车

(4)这是您第几次来该园区：

□1次 □2次 □3次 □ 3次以上

(5)您了解园区的媒介：

□电视 □广播 □报刊 □网络 □宣传单(册) □旅行社 □其他方式

(6)您来到园区的目的是：

□会议 □培训 □游乐 □休闲 □疗愈心灵 □探亲访友 □其他

(7)园区农作物的季节性是否会影响您游览目的地的选择：

□是 □否

(8)园区景观的文化性是否突出：

□是 □否

(9)您在园区发现的生态景观：

□乡土野生植物 □青蛙、小鸟、兔子、野鸡等动物 □路面、水池很少硬化

□生态排水沟渠等设施 □其他

(10)您认为园区最吸引您的是：

□自然美景 □生态环境 □娱乐设施 □体验活动 □文化景观

□科普教育 □旅游商品 □餐饮特色 □住宿特色 □节庆策划

□服务周到 □卫生条件 □其他

(11)您最不满意的是：

□自然美景 □生态环境 □娱乐设施 □体验活动 □文化景观

□科普教育 □旅游商品 □餐饮特色 □住宿特色 □节庆策划

□服务周到 □卫生条件 □其他

(12)您最关注的配套设施是：

□标识系统 □道路系统(包括停车场) □餐饮设施 □住宿设施

□环卫设施(公共厕所、垃圾桶及化粪池等) □水电设施 □通信网络 □其他

三、农业公园规划后评价调查问卷(AHP 软件生成)

农业公园规划后评价体系调查问卷

调查表创建日期 / /

1. 问题描述

农业公园规划后评价体系构建的目的是确定农业公园规划设计方案和开发建设中的主次和轻重缓急，以期在实际工作中做到有序实施和分步开发，指导规划方案的提升和规划修编，同时对已建成的休闲农业项目或农业公园进行评价分级。此调查问卷以农业公园规划后评价为调查目标，对其多种影响因素使用层次分析法进行分析。层次模型如下图：

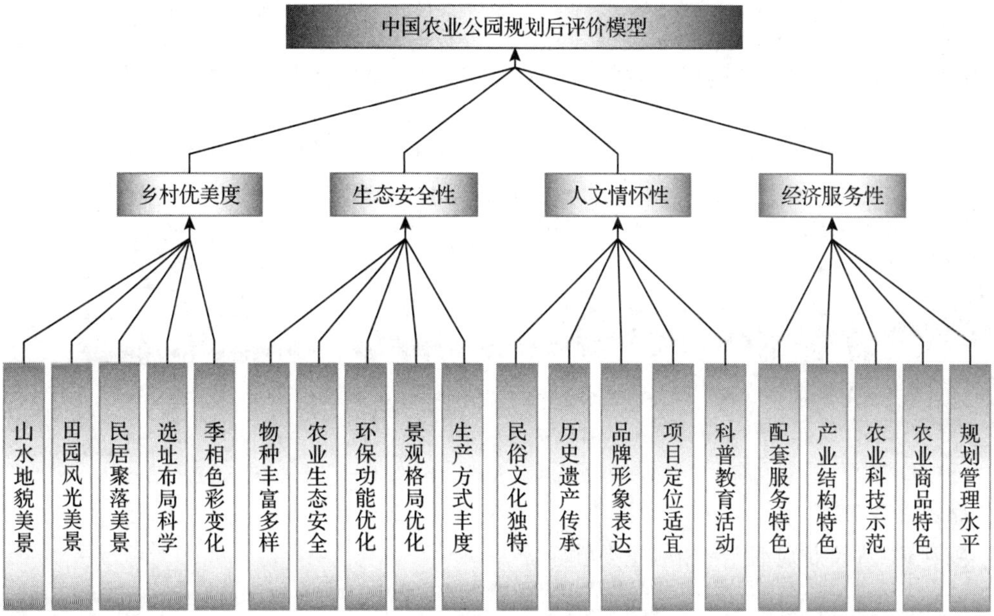

2. 问卷填写说明

此调查问卷的目的在于确定农业公园规划后评价模型各影响因素之间相对权重。调查问卷根据层次分析法的形式设计。这种方法是在同一个层次对影响因素重要性进行两两比较。衡量尺度划分为 9 个等级，其中 9、7、5、3、1 的数值分别对应绝对重要、十分重要、比较

重要、稍微重要、同样重要，8、6、4、2 表示重要程度介于相邻的两个等级之间。靠左边的等级单元格表示左列因素比右列因素重要，靠右边的等级单元格表示右列因素比左列因素重要。根据您的看法，点击相应的单元格即可。

单元格点击后会改变颜色，标识您对这项两两比较的判断数据。

示例：对于买车来说，您认为一辆汽车的安全性重要，还是价格重要？

如果您认为一辆汽车的安全性相对于价格十分重要(7)，那么请在左侧(7，十分重要)的单元格中点击。如果想取消数据输入(即不能/不想给出这个两两比较的问题的判断数据)，双击同样重要(1)单元格即可，此行数据输入单元格将全部变为淡绿色。

样表：下列各组两两比较要素，对于“买车”的相对重要性如何？

A	重要性比较																	B
安全性	◀9	◀8	◀7	◀6	◀5	◀4	◀3	◀2	1	2▶	3▶	4▶	5▶	6▶	7▶	8▶	9▶	价格

注意：Excel 2003 格式的调查表需要启用宏才能正常工作，否则无法通过点击单元格输入两两比较数据！

3. 问卷内容

●第 2 层要素

■评估“农业公园规划后评价模型”的相对重要性

人文情怀性	包括：品牌形象表达,历史遗产传承,项目定位适宜,民俗文化独特,科普教育活动
经济服务性	包括：配套服务特色,农业商品特色,农业科技示范,产业结构特色,规划管理水平
乡村优美度	包括：山水地貌美景,选址布局科学,民居聚落美景,田园风光美景,季相色彩变化
生态安全性	包括：物种丰富多样,景观格局优化,环保功能优化,农业生态安全,生产方式丰度

下列各组两两比较要素，对于“农业公园规划后评价模型”的相对重要性如何？

A	重要性比较																	B
人文情怀性	◀9	◀8	◀7	◀6	◀5	◀4	◀3	◀2	1	2▶	3▶	4▶	5▶	6▶	7▶	8▶	9▶	经济服务性
人文情怀性	◀9	◀8	◀7	◀6	◀5	◀4	◀3	◀2	1	2▶	3▶	4▶	5▶	6▶	7▶	8▶	9▶	乡村优美度
人文情怀性	◀9	◀8	◀7	◀6	◀5	◀4	◀3	◀2	1	2▶	3▶	4▶	5▶	6▶	7▶	8▶	9▶	生态安全性
经济服务性	◀9	◀8	◀7	◀6	◀5	◀4	◀3	◀2	1	2▶	3▶	4▶	5▶	6▶	7▶	8▶	9▶	乡村优美度
经济服务性	◀9	◀8	◀7	◀6	◀5	◀4	◀3	◀2	1	2▶	3▶	4▶	5▶	6▶	7▶	8▶	9▶	生态安全性
乡村优美度	◀9	◀8	◀7	◀6	◀5	◀4	◀3	◀2	1	2▶	3▶	4▶	5▶	6▶	7▶	8▶	9▶	生态安全性

●第 3 层要素

■评估“人文情怀性”的相对重要性

品牌形象表达	
历史遗产传承	
项目定位适宜	
民俗文化独特	
科普教育活动	

下列各组两两比较要素，对于“人文情怀性”的相对重要性如何？

A	重要性比较																	B
品牌形象表达	◄9	◄8	◄7	◄6	◄5	◄4	◄3	◄2	1	2►	3►	4►	5►	6►	7►	8►	9►	历史遗产传承
品牌形象表达	◄9	◄8	◄7	◄6	◄5	◄4	◄3	◄2	1	2►	3►	4►	5►	6►	7►	8►	9►	项目定位适宜
品牌形象表达	◄9	◄8	◄7	◄6	◄5	◄4	◄3	◄2	1	2►	3►	4►	5►	6►	7►	8►	9►	民俗文化独特
品牌形象表达	◄9	◄8	◄7	◄6	◄5	◄4	◄3	◄2	1	2►	3►	4►	5►	6►	7►	8►	9►	科普教育活动
历史遗产传承	◄9	◄8	◄7	◄6	◄5	◄4	◄3	◄2	1	2►	3►	4►	5►	6►	7►	8►	9►	项目定位适宜
历史遗产传承	◄9	◄8	◄7	◄6	◄5	◄4	◄3	◄2	1	2►	3►	4►	5►	6►	7►	8►	9►	民俗文化独特
历史遗产传承	◄9	◄8	◄7	◄6	◄5	◄4	◄3	◄2	1	2►	3►	4►	5►	6►	7►	8►	9►	科普教育活动
项目定位适宜	◄9	◄8	◄7	◄6	◄5	◄4	◄3	◄2	1	2►	3►	4►	5►	6►	7►	8►	9►	民俗文化独特
项目定位适宜	◄9	◄8	◄7	◄6	◄5	◄4	◄3	◄2	1	2►	3►	4►	5►	6►	7►	8►	9►	科普教育活动
民俗文化独特	◄9	◄8	◄7	◄6	◄5	◄4	◄3	◄2	1	2►	3►	4►	5►	6►	7►	8►	9►	科普教育活动

■评估“经济服务性”的相对重要性

配套服务特色	
农业商品特色	
农业科技示范	
产业结构特色	
规划管理水平	

下列各组两两比较要素，对于“经济服务性”的相对重要性如何？

A	重要性比较																	B
配套服务特色	◀9	◀8	◀7	◀6	◀5	◀4	◀3	◀2	1	2▶	3▶	4▶	5▶	6▶	7▶	8▶	9▶	农业商品特色
配套服务特色	◀9	◀8	◀7	◀6	◀5	◀4	◀3	◀2	1	2▶	3▶	4▶	5▶	6▶	7▶	8▶	9▶	农业科技示范
配套服务特色	◀9	◀8	◀7	◀6	◀5	◀4	◀3	◀2	1	2▶	3▶	4▶	5▶	6▶	7▶	8▶	9▶	产业结构特色
配套服务特色	◀9	◀8	◀7	◀6	◀5	◀4	◀3	◀2	1	2▶	3▶	4▶	5▶	6▶	7▶	8▶	9▶	规划管理水平
农业商品特色	◀9	◀8	◀7	◀6	◀5	◀4	◀3	◀2	1	2▶	3▶	4▶	5▶	6▶	7▶	8▶	9▶	农业科技示范
农业商品特色	◀9	◀8	◀7	◀6	◀5	◀4	◀3	◀2	1	2▶	3▶	4▶	5▶	6▶	7▶	8▶	9▶	产业结构特色
农业商品特色	◀9	◀8	◀7	◀6	◀5	◀4	◀3	◀2	1	2▶	3▶	4▶	5▶	6▶	7▶	8▶	9▶	规划管理水平
农业科技示范	◀9	◀8	◀7	◀6	◀5	◀4	◀3	◀2	1	2▶	3▶	4▶	5▶	6▶	7▶	8▶	9▶	产业结构特色
农业科技示范	◀9	◀8	◀7	◀6	◀5	◀4	◀3	◀2	1	2▶	3▶	4▶	5▶	6▶	7▶	8▶	9▶	规划管理水平
产业结构特色	◀9	◀8	◀7	◀6	◀5	◀4	◀3	◀2	1	2▶	3▶	4▶	5▶	6▶	7▶	8▶	9▶	规划管理水平

■评估“乡村优美度”的相对重要性

山水地貌美景	
选址布局科学	
民居聚落美景	
田园风光美景	
季相色彩变化	

下列各组两两比较要素，对于“乡村优美度”的相对重要性如何？

A	重要性比较																	B
山水地貌美景	◀9	◀8	◀7	◀6	◀5	◀4	◀3	◀2	1	2▶	3▶	4▶	5▶	6▶	7▶	8▶	9▶	选址布局科学
山水地貌美景	◀9	◀8	◀7	◀6	◀5	◀4	◀3	◀2	1	2▶	3▶	4▶	5▶	6▶	7▶	8▶	9▶	民居聚落美景
山水地貌美景	◀9	◀8	◀7	◀6	◀5	◀4	◀3	◀2	1	2▶	3▶	4▶	5▶	6▶	7▶	8▶	9▶	田园风光美景
山水地貌美景	◀9	◀8	◀7	◀6	◀5	◀4	◀3	◀2	1	2▶	3▶	4▶	5▶	6▶	7▶	8▶	9▶	季相色彩变化
选址布局科学	◀9	◀8	◀7	◀6	◀5	◀4	◀3	◀2	1	2▶	3▶	4▶	5▶	6▶	7▶	8▶	9▶	民居聚落美景
选址布局科学	◀9	◀8	◀7	◀6	◀5	◀4	◀3	◀2	1	2▶	3▶	4▶	5▶	6▶	7▶	8▶	9▶	田园风光美景
选址布局科学	◀9	◀8	◀7	◀6	◀5	◀4	◀3	◀2	1	2▶	3▶	4▶	5▶	6▶	7▶	8▶	9▶	季相色彩变化
民居聚落美景	◀9	◀8	◀7	◀6	◀5	◀4	◀3	◀2	1	2▶	3▶	4▶	5▶	6▶	7▶	8▶	9▶	田园风光美景
民居聚落美景	◀9	◀8	◀7	◀6	◀5	◀4	◀3	◀2	1	2▶	3▶	4▶	5▶	6▶	7▶	8▶	9▶	季相色彩变化
田园风光美景	◀9	◀8	◀7	◀6	◀5	◀4	◀3	◀2	1	2▶	3▶	4▶	5▶	6▶	7▶	8▶	9▶	季相色彩变化

■评估“生态安全性”的相对重要性

物种丰富多样	
景观格局优化	
环保功能优化	
农业生态安全	
生产方式丰度	

下列各组两两比较要素，对于“生态安全性”的相对重要性如何？

A	重要性比较																	B
物种丰富多样	◀9	◀8	◀7	◀6	◀5	◀4	◀3	◀2	1	2▶	3▶	4▶	5▶	6▶	7▶	8▶	9▶	景观格局优化
物种丰富多样	◀9	◀8	◀7	◀6	◀5	◀4	◀3	◀2	1	2▶	3▶	4▶	5▶	6▶	7▶	8▶	9▶	环保功能优化
物种丰富多样	◀9	◀8	◀7	◀6	◀5	◀4	◀3	◀2	1	2▶	3▶	4▶	5▶	6▶	7▶	8▶	9▶	农业生态安全
物种丰富多样	◀9	◀8	◀7	◀6	◀5	◀4	◀3	◀2	1	2▶	3▶	4▶	5▶	6▶	7▶	8▶	9▶	生产方式丰度
景观格局优化	◀9	◀8	◀7	◀6	◀5	◀4	◀3	◀2	1	2▶	3▶	4▶	5▶	6▶	7▶	8▶	9▶	环保功能优化
景观格局优化	◀9	◀8	◀7	◀6	◀5	◀4	◀3	◀2	1	2▶	3▶	4▶	5▶	6▶	7▶	8▶	9▶	农业生态安全
景观格局优化	◀9	◀8	◀7	◀6	◀5	◀4	◀3	◀2	1	2▶	3▶	4▶	5▶	6▶	7▶	8▶	9▶	生产方式丰度
环保功能优化	◀9	◀8	◀7	◀6	◀5	◀4	◀3	◀2	1	2▶	3▶	4▶	5▶	6▶	7▶	8▶	9▶	农业生态安全
环保功能优化	◀9	◀8	◀7	◀6	◀5	◀4	◀3	◀2	1	2▶	3▶	4▶	5▶	6▶	7▶	8▶	9▶	生产方式丰度
农业生态安全	◀9	◀8	◀7	◀6	◀5	◀4	◀3	◀2	1	2▶	3▶	4▶	5▶	6▶	7▶	8▶	9▶	生产方式丰度

问卷结束，谢谢合作！